武汉统计年鉴

WUHAN STATISTICAL YEARBOOK

2022

（总第34期，NO.34）

武 汉 市 统 计 局

WUHAN MUNICIPAL BUREAU OF STATISTICS

国家统计局武汉调查队

NBS SURVEY OFFICE IN WUHAN

中国统计出版社

China Statistics Press

图书在版编目(CIP)数据

武汉统计年鉴. 2022 = Wuhan Statistical Yearbook 2022 : 汉英对照 / 武汉市统计局, 国家统计局武汉调查队编. - - 北京 : 中国统计出版社, 2022.11
ISBN 978-7-5230-0014-4

Ⅰ. ①武… Ⅱ. ①武… ②国… Ⅲ. ①统计资料-武汉-2022-年鉴-汉、英 Ⅳ. ①C832.631-54

中国版本图书馆 CIP 数据核字(2022)第 206068 号

武汉统计年鉴 2022

作　　者 / 武汉市统计局　国家统计局武汉调查队
责任编辑 / 钟　钰
装帧设计 / 潘正琼
出版发行 / 中国统计出版社有限公司
地　　址 / 北京市丰台区西三环南路甲 6 号
邮政编码 / 100073
电　　话 / 邮购(010)63376909　书店(010)68783171
网　　址 / http://www.zgtjcbs.com
印　　刷 / 武汉市仁大印务有限公司
经　　销 / 新华书店
开　　本 / 890mm×1240mm 1/16
字　　数 / 680 千字
印　　张 / 23.5
版　　别 / 2022 年 11 月第 1 版
版　　次 / 2022 年 11 月第 1 次印刷
定　　价 / 300.00 元　Price: 300.00 yuan(RMB)

如有印装差错,由本社发行部调换。

《武汉统计年鉴2022》编辑部

总　　编: 夏喜平　赖建军

副 总 编: 何志刚　刘忠庆　蒋　于　杨红喜　胡开锋　应小莉　邓传发　董杰方　夏国华　黄　辉　肖红华　贺晓林　胡有喜　郭淑华　陈小清　熊良均

编　　辑: 王　青　王保汉　王　婷　方　芳　艾　欣　帅国豪　刘鹏辉　李玉兰　李昌勋　张晓勇　吴　麒　杨　丹　杨晓东　陈　阳　陈　巍　肖　玮　林　洪　赵国雄　胡　红　胡红九　祝友胜　桂永超　郭　力　唐均祥　徐志黎　黄　萍　曾　卫　潘正琼　黎　朗

执行编辑: 潘正琼　赵国雄

成　　员: 余　晖　王　蒙　王　涵　张　雯　田　甜　徐长雄　瞿　芳　操文慧

英文翻译: 余　晖　王　蒙　王　涵　张　雯

Editorial Department of *Wuhan Statistical Yearbook* 2022

编 辑 说 明

一、《武汉统计年鉴2022》以大量数据，全面、系统地反映了武汉市2021年经济、科技和社会发展情况，是一本信息密集的资料性年刊和工具书。

二、全书内容由统计公报等12部分组成。包括综合、核算，人口与劳动统计，工业、能源消费，农业，固定资产投资与建筑业，公用事业，公共交通及邮电，贸易、外经、旅游，财政金融和保险，物价指数和人民生活，科技、教育、文化，分区资料等方面的数据和区主要统计资料。为便于读者正确使用统计资料，篇首加注了简要说明，篇末附有主要统计指标解释。

三、本年鉴辑入的统计数据，以2021年为主，重点指标还列出了中华人民共和国成立以来主要历史年份的统计数据。部分资料来自抽样调查。

四、根据最新掌握的统计资料以及国家新的统计制度之规定，本年鉴对过去发表的一些重要统计资料重新予以核实，对部分历史数据进行了调整。因此，读者在使用历史资料时，凡与本年鉴有出入的，均以本年鉴为准。

五、本年鉴各表中，有关对全表的注解均在该表的上方，对表中部分指标的注解则在该表的下方。

六、资料中所使用的度量衡单位均采用国际标准计量单位。

七、本年鉴表中的使用符号说明："－"表示无数据；"…"表示数据不足本表最小单位；"空格"表示该项统计指标数据不详或无该项数据；"#"表示其中的主要数据；"＊"或"①"表示本表下有注解。

八、本年鉴中的部分数据由于单位取舍不同产生的计算误差均未作机械调整。

EDITORS NOTES

I.*Wuhan Statistical Yearbook 2022* is an annual statistical publication with dense information. It comprehensively and systematically reflects the achievements of Wuhan economic, technological and social development in 2021 making use of a large number of statistical data.

Ⅱ. This annual publication contains twelve parts such as features, including General Survey, Population and Employment, Industry、Consumption of energy, Agriculture, Investment in Fixed Assets, Public Utilities, Transportation、Post and Telecommunications, Trade、International Cooperation、Tourism, Finance、Banking and Insurance, Price Indices and People's Livelihood, Science and Technology、Education、Culture, and Main Statistical Information on the administrative areas of Wuhan. There are brief introductions at the beginning of each part so that readers are able to use correctly statistical data in it. In addittion, Explanatory Notes on Main Statistical Indicators are provided at the end of each section.

Ⅲ. Most of the statistical data in this yearbook is based on all kinds of 2021's reports. The statistical data of main historic years since 1949 for some key indicators are listed in it. Some of the data are from sample survey.

Ⅳ. According to the up – to – data statistical information and the newnational stipulation conncerned, some data in this yearbook has been revised after verifying a number of important statistical data released in the past. Therefore, readers should use data in this yearbook in case that it is not in accord with this yearbook.

V. The notes concerning the whole table are placed at the upper part of the book, while the notes concerning the individual indicators are at the bottom of the table.

VI. The units of measurement used in this book are international standard measurement ones.

VII. Notations used in this book: " – " indicates no data in the item; "…" indicates that the figures are not large enough to be measured with the smallest unit in the table; the blank indicates that the data aren't available; "#" indicates the major items in the tabel; " * " indicates "see the footnotes below".

Ⅷ. The calculating errors of some data in this yearbook caused by the unit conversion aren't adjusted mechanically.

五、固定资产投资与建筑业

INVESTMENT IN FIXED ASSETS CONSTRUCTION

六、公用事业
URBAN PUBLIC UTILITIES

七、公共交通、邮电
PUBLIC TRANSPORTATION, POST AND TELECOMMUNTCATIONS

八、贸易、外经、旅游业
DOMESTIC TRADE, FOREIGN TRADE, ECONOMIC COOPERATION AND TOURISM

九、财政、金融和保险

FINANCE, BANKING AND INSURANCE

十二、分区资料

STATISTICS FOR DISTRICT

特　　　　载

FEATURE ARTICLES

2021年武汉市国民经济和社会发展统计公报

武汉市统计局　国家统计局武汉调查队

2021年，全市上下坚持以习近平新时代中国特色社会主义思想为指导，以隆重庆祝党的百年华诞为强大动力，在省委、省政府的坚强领导下，统筹常态化疫情防控和经济社会发展，统筹发展和安全，努力把因疫情造成的损失补回来，把应有的正增长追回来，经济发展重回"主赛道"，高质量发展取得新成效，交出"全年精彩"武汉答卷，实现了"十四五"良好开局。

一、综合

初步核算，2021年，全市实现地区生产总值(GDP)17716.76亿元，按可比价格计算，比上年增长12.2%。其中，第一产业增加值444.21亿元，增长8.7%；第二产业增加值6208.34亿元，增长12.1%；第三产业增加值11064.21亿元，增长12.3%。三次产业结构由2020年的2.6∶35.6∶61.8调整为2.5∶35.0∶62.5。按常住人口计算，全市人均地区生产总值135251元，比上年增长1.7%。

图1　2021年武汉市三次产业结构

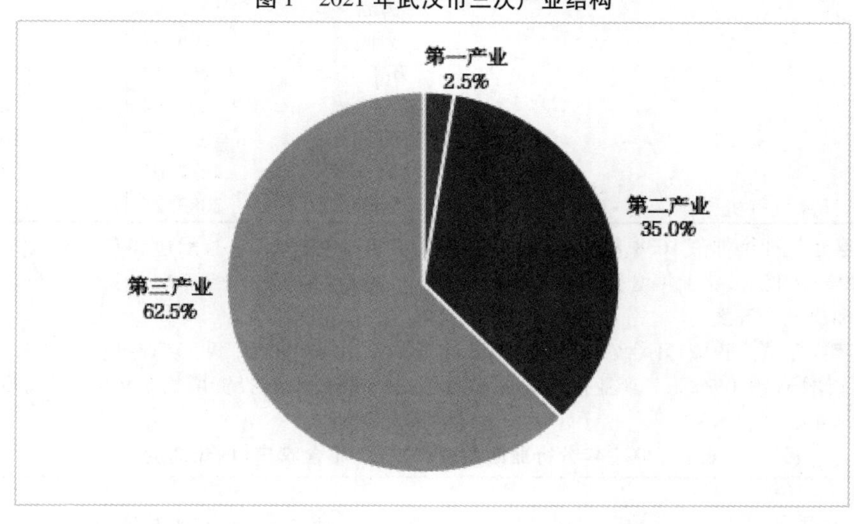

人口：年末全市常住人口1364.89万人，比上年末增加120.12万人，其中城镇常住人口1154.15万人，占总人口比重(常住人口城镇化率)为84.56%，比上年末提高0.25个百分点。年末全市户籍人口934.1万人。全年户籍出生人口8.2万人，出生率8.97‰；死亡人口5.4万人，死亡率5.90‰。

就业：全年城镇新增就业29.98万人，比上年增长31.4%。年末城镇登记失业率2.92%，比上年末下降0.12个百分点。

价格：全市居民消费价格比上年上涨0.6%。从分类看，八大类商品及服务价格"四涨四跌"，其中，生活用品及服务、居住、交通通信、教育文化娱乐价格分别上涨0.1%、0.3%、4.5%和2.9%；衣着、医疗保健、食品烟酒、其他用品及服务价格分别下降0.3%、0.4%、0.9%和2.7%。12月份，武汉新建商品住宅价格同比上涨3.7%。

市场主体：年末全市市场主体157.23万户，比上年增长11.26%，其中，企业68.81万户，增长12.78%；个体工商户87.87万户，增长10.10%。全年新登记市场主体26.96万户，增长44.56%，其中，新登记企业13.18万户，增长39.32%；新登记个体工商户13.72万户，增长49.95%。

二、农业

全年农林牧渔及服务业增加值470.32亿元，比上年增长9.5%。主要农产品中，粮食产量90.75万吨，增长1.3%；蔬菜产量820.59万吨，增长5.5%；水产品产量43.72万吨，增长2.4%；禽蛋产量10.84万吨，增长3.5%；生猪出栏186.75万头，增长63.9%；家禽出笼3675.68万只，增长6.7%。全市各类新型农业经营主体7869家，增长13.7%。农产品网络零售额293亿元。

三、工业和建筑业

工业：全年工业增加值4586.49亿元，比上年增长14.1%。规模以上工业增加值增长14.2%。其中，计算机、通信和其他电子设备制造业增长48.8%，石油、煤炭及其他燃料加工业增长21.9%，非金属矿物制品业增长25.3%，化学原料和化学制品制造业增长43.1%。

全年规模以上工业企业营业收入15256.06亿元，增长19.3%；利润总额979.61亿元，增长47.3%。

全年规模以上工业中，高技术制造业增加值增长34.6%，增速高规上工业20.4个百分点。

表1　2021年主要工业产品产量及其增长速度

产品名称	单位	产量	比上年增长（%）
生铁	万吨	1313.96	-6.3
钢材	万吨	1608.27	3.9
汽车	万辆	139.35	-1.6
#轿车	万辆	78.15	-7.7
卷烟	万箱	269.87	1.4
原油加工量	万吨	829.57	43.5
发电量	亿千瓦时	259.11	13.1
机制纸及纸板(外购原纸加工除外)	万吨	72.08	13.0
房间空气调节器	万台	2003.82	17.5
布	万米	4208.15	1.9
服装	万件	6644.71	22.0
饮料	万吨	427.06	16.5
显示器	万台	1635.21	12.3
乙烯	万吨	106.39	52.5
光纤	万千米	11263.17	31.1
光缆	万芯千米	5281.54	6.3
水泥	万吨	1007.77	14.4
手机	万台	4837.03	93.1
电子计算机整机	万台	2083.27	19.5

建筑业：全年全社会建筑业增加值1638.89亿元，比上年增长7.0%。全年具有总承包和专业承包资质等级的建筑业企业完成建筑业总产值12292.21亿元，比上年增长16.1%。

四、固定资产投资和房地产开发

固定资产投资：全年固定资产投资（不含农户）比上年增长12.9%。按产业分，第一产业投资下降3.2%；第二产业投资增长10.0%，其中工业投资增长10.0%；第三产业投资增长13.9%，其中基础设施投资增长3.9%。民间投资增长18.6%，占固定资产投资的比重为49.4%。

表2　2021年分行业固定资产投资（不含农户）增长速度

行　业	比上年增长（%）
农、林、牧、渔业	3.5
采矿业	-78.5
制造业	8.8
电力、燃气及水的生产和供应业	31.8
建筑业	25.3
批发和零售业	-3.2
交通运输、仓储和邮政业	10.2
住宿和餐饮业	-47.6
信息传输、软件和信息技术服务业	-7.0
金融业	-67.6
房地产业	16.3
租赁和商务服务业	165.9
科学研究、技术服务业	59.5
水利、环境和公共设施管理业	0.4
居民服务和其他服务业	100.9
教育	34.9
卫生和社会工作	41.7
文化、体育和娱乐业	-45.7
公共管理、社会保障和社会组织	49.0

房地产开发：全年房地产开发投资比上年增长17.2%。其中，住宅投资增长23.4%，办公楼投资增长3.3%，商业营业用房

投资下降 3.6%。全市房屋施工面积 16251.62 万平方米,比上年增长 4.4%。其中,本年新开工面积 2599.74 万平方米,下降 29.1%。全年房屋竣工面积 771.17 万平方米,下降 0.9%。

保障性住房建设:全年城中村改造、棚户区改造分别完成 0.87 万户、2.45 万户。保障性住房投资 131.44 亿元,建成保障性住房 2.66 万套,筹集租赁房 10.80 万套。

五、市场消费

全年社会消费品零售总额 6795.04 亿元,比上年增长 10.5%。按商品形态分,商品零售额 6459.98 亿元,增长 9.7%;餐饮收入 335.06 亿元,增长 29.5%。按销售类值分,限额以上单位 15 大类商品零售额中,日用品类增长 7.9%,家用电器和音像器材类增长 31.5%,建筑及装潢材料类增长 10.8%,中西药品类增长 3.1%,通讯器材类增长 42.3%。全年限上企业网上实物商品零售额增长 25.4%,占限上社零额的比重为 29.8%,占比较上年提高 2.6 个百分点。

图 2　2017－2021 年社会消费品零售总额

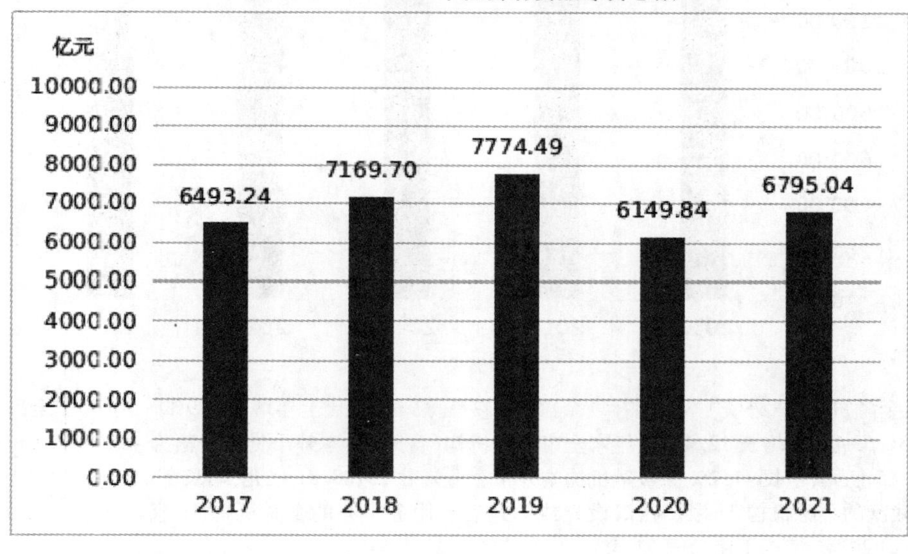

六、对外开放

对外经济:全年武汉地区进出口总额 3359.4 亿元,比上年增长 24.0%。其中,出口 1929.0 亿元,增长 35.7%;进口 1430.4 亿元,增长 11.2%。一般贸易进出口 2113.7 亿元,增长 15.5%;加工贸易进出口 512.4 亿元,增长 32.7%。全年高新技术产品进出口额 1796.0 亿元,增长 22.3%。跨境电商交易额 6.83 亿美元,增长 100.3%。对外承包工程完成营业额 55.20 亿美元,增长 24.7%。

图 3　2017－2021 年货物进出口总额

引进外资:全年实际利用外资增长 12.6%。全市新批外商投资企业 326 家,比上年增长 78.1%。历年累计引进世界 500 强企业 309 家,比上年新增 3 家。

对外交流:全市共有外国驻汉领事馆 4 个;国际友好城市 28 个;国际友好交流城市 88 个,比上年新增 3 个;境外驻汉代表机构22家,比上年新增1家。

七、财政、金融和保险

财政:全年一般公共预算总收入2914.24亿元,比上年增长21.8%,其中地方一般公共预算收入1578.65亿元,增长28.3%。在地方一般公共预算收入中,税收收入1350.58亿元,增长29.7%。一般公共预算支出2219.34亿元,增长9.8%。

图4 2017-2021年地方一般公共预算收入

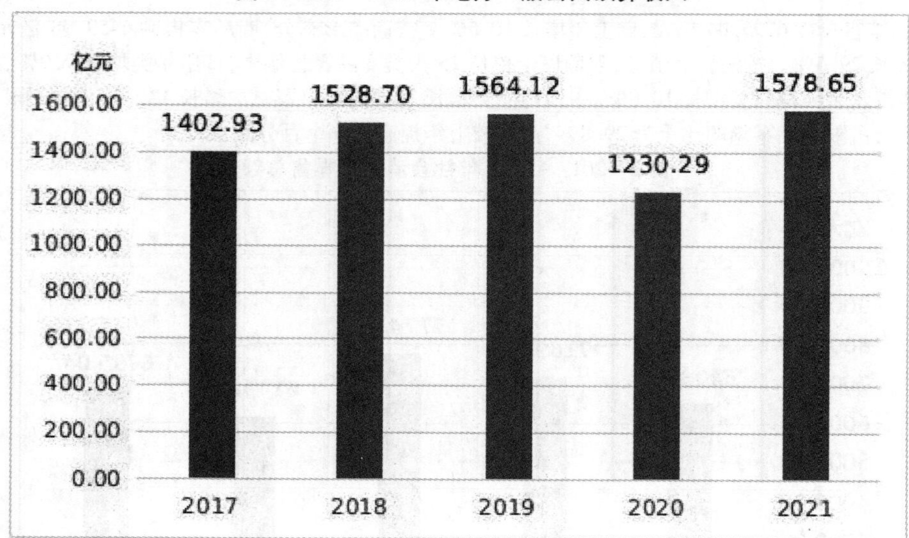

金融:年末全市金融机构(含外资)本外币存款余额为33775.87亿元,比上年增长8.9%。其中,非金融企业存款13513.02亿元;住户存款11631.53亿元,增长12.4%。年末全市金融机构(含外资)本外币贷款余额为40825.42亿元,增长10.8%。其中,消费贷款10132.85亿元,增长11.2%。金融机构本外币企业贷款25188.81亿元,增长9.7%。

年末总部设在武汉的金融机构31家。在汉设立或筹建后台服务中心的金融机构33家。上市公司91家,比上年增加8家,其中境外上市公司20家,境内上市公司71家。

保险:全年实现保险保费收入839.18亿元,比上年增长0.42%。其中,财产险保费收入193.13亿元,增长5.88%;人身险保费收入646.05亿元,下降1.10%。全年各类保险赔付支出249.27亿元,增长12.35%。其中,财产险赔付125.80亿元,增长9.91%;人身险赔付123.47亿元,增长14.96%。

八、交通运输、邮电通信和旅游

交通运输:全年社会物流总额4.28万亿元,比上年增长16.3%。实现物流业增加值1600.00亿元,增长13.5%。全年完成货运量67089.19万吨,增长27.3%;货物周转量3719.60亿吨公里,增长20.7%。全市民用航空航线212条,比上年增加88条,其中,国际航线19条,增加3条;国内航线193条,增加85条。中欧(武汉)国际班列到达国家17个,比上年增加5个;到达城市35个,比上年增加14个。

表3 2021年各种运输方式完成货物运输量及其增长速度

指标	单位	绝对数	比上年增长(%)
货物运输量	万吨	67089.19	27.3
铁路	万吨	8736.80	9.2
水运	万吨	13216.00	2.0
航空	万吨	20.80	97.8
公路	万吨	45115.60	42.2
货物周转量	亿吨公里	3719.60	20.7
铁路	亿吨公里	1536.80	20.9
水运	亿吨公里	1533.90	14.8
航空	亿吨公里	10.48	154.7
公路	亿吨公里	638.42	35.5
货物吞吐量	万吨	11710.60	10.9

全年旅客运输量13919.14万人,比上年增长30.6%。旅客周转量731.41亿人公里,增长25.5%。

年末全市民用小汽车拥有量392万辆,比上年增加27万辆。

年末轨道交通线路长484.2公里,比上年增长18.39%。全年地铁运营总里程435.1公里,增长20.89%。轨道交通客运量

101270.2 万人次，增长 63.2%，占公共交通客运量比重 52.9%。

邮电通信：全年完成邮政业务总量 172.78 亿元，比上年增长 37.3%。邮政业完成快递业务量 16.04 亿件，增长 46.0%；快递业务收入 144.28 亿元，增长 31.0%。全年实现电信业务收入 171.96 亿元，增长 13.0%；固定互联网宽带接入用户 517.90 万户，比上年末增长 8.0%；年末固定电话用户 147.7 万户，移动电话用户 1620.6 万户，移动电话普及率 144.5 部/百人。

旅游：年末 A 级旅游景区 51 个，比上年增加 4 个。旅游厕所 674 座，星级以上宾馆 56 家。全年接待游客人数 27150.83 万人次，比上年增长 4.78%，其中入境游客人数 53.69 万人次，增长 237.46%。旅游总收入 2920.84 亿元，增长 0.5%。乡村休闲游综合收入 148.45 亿元，增长 18.12%。

九、教育和科技

教育：全年在校研究生 18.27 万人，比上年增长 10.83%；本专科在校生 110.56 万人，增长 3.60%；中等职业教育在校生 8.01万人，下降 0.39%；普通中学在校生 38.85 万人，增长 6.90%；小学在校生 69.74 万人，增长 6.56%；幼儿园在校生 38.10 万人，增长 6.62%。

科技：武汉地区共有科技研究机构 99 个，国家重点实验室 30 个，国家级工程技术研究中心 19 个，拥有中国科学院院士 32 人，中国工程院院士 42 人。全年技术合同认定登记 31981 项，增长 34.18%；技术合同登记成交额 1127.75 亿元，增长 19.68%。

全年规模以上高新技术产业增加值 4786.1 亿元，比上年增长 16.4%，占 GDP 比重 27.0%，比上年提高 1.2 个百分点。

全年专利授权量 86379 件，比上年增长 46.60%；发明专利授权量 18553 件，增长 26.49%。每万人发明专利拥有量 60.20 件。PCT 国际专利申请量 1566 件，增长 12.74%。

图 5　2017 - 2021 年专利授权量

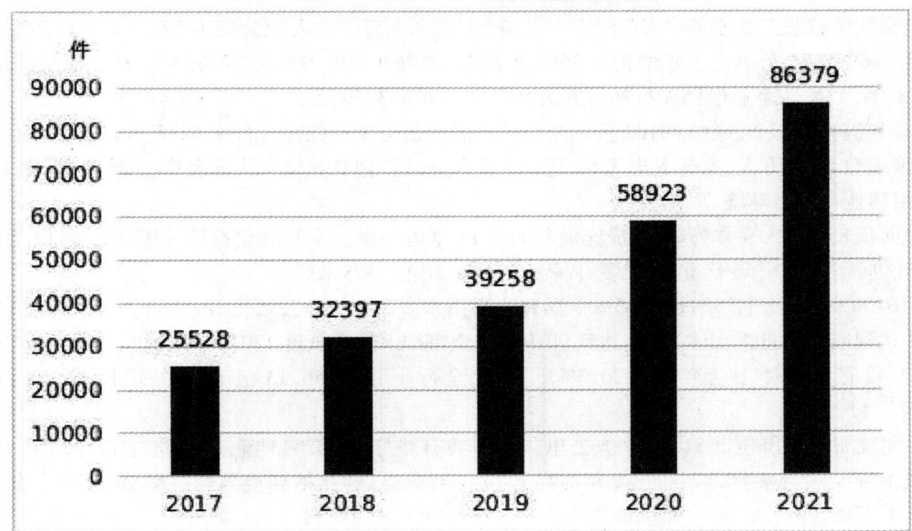

十、文化、卫生和体育

文化：全市共有市直公共图书馆 2 个，藏书 492.7 万册，接待读者 270.48 万人次；市直博物馆 11 个，接待观众 601 万人次；市直群众艺术馆 1 个，演出 202 场次；市直艺术表演团体机构 8 个，新排上演剧目 16 台；市直专业剧团获国家奖 8 个；全市开展文化惠民主题活动 1500 场。

全市共有电影院 155 家，比上年增长 3.3%；电影放映场次 198.8 万场，比上年增长 118.9%；观影人数 2628.1 万人次，比上年增长 114.2%。

卫生：年末共有卫生事业机构 6585 个，床位 11.07 万张。每千人拥有医院病床 7.18 张。卫生技术人员 12.73 万人，增长 10.50%；其中医生 4.70 万人，护师、护士 6.27 万人。每千人拥有医生 3.45 人。年末共有三级医院 67 个，卫生防疫、防治机构 31 个，妇幼保健院所 16 个。人均期望寿命 82.1 岁。

体育：年末共有体育场馆 158 个，等级运动员发展人数 367 人，优秀运动员 44 人。全年举办国际国内赛事活动 13 场。体育重大比赛获金牌数 15 枚，其中世界级比赛获金牌 1 枚，国家级比赛获金牌 14 枚。全年体育彩票销售额 32.91 亿元，比上年增加 33.88%。

十一、居民生活和社会保障

居民生活：按常住地分，城镇居民人均可支配收入 55297 元，比上年增长 9.8%；农村居民人均可支配收入 27209 元，增长 13.1%。

全年城镇居民人均消费支出 36684 元，比上年增长 17.9%；农村居民人均消费支出 21558 元，增长 18.1%。

图6 2017－2021年居民人均可支配收入

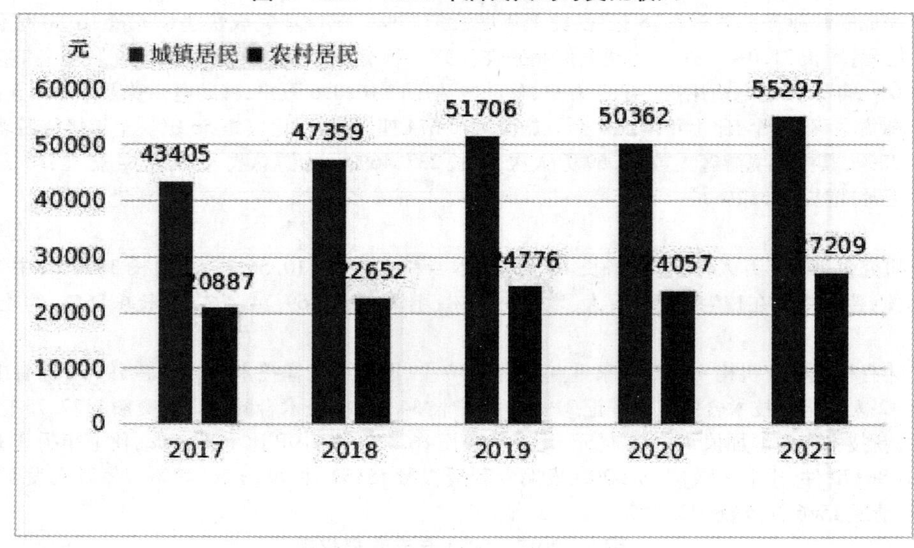

社会保障：年末参加城镇职工基本养老、基本医疗、失业、工伤和生育保险人数分别为571.19万人、548.45万人、301.34万人、398.91万人和333.69万人，分别比上年增长7.56%、8.61%、8.76%、19.71%和17.85%。社会保险新增扩面45.14万人。基本社会保障覆盖率99.33%。企业退休人员基本养老金人均上调143.59元。

全年拥有社会福利机构278个，床位49102张。全市城镇居民最低生活保障人数4.62万人，累计支出5.39亿元。全市农村居民最低生活保障人数5.65万人，累计支出5.57亿元。全年新改扩建社区老年人服务中心2834家，比上年增长18.88%。

十二、资源、公用事业和城市环境

资源：全市国土面积8569.15平方公里，建成区面积885.11平方公里。全年液化石油气供气总量12.50万吨，其中家庭用量5.11万吨；天然气供气总量26.66亿立方米，其中家庭用量8.10亿立方米。

全年供水总量16.09亿吨，比上年增长5.46%。居民生活用水量7.11亿吨，增长10.90%。劣Ⅴ类湖泊数量由上年6个降为0个。水质优良（达到或好于Ⅲ类水体）比例达到90.9%。全市排水管道长度13011.38公里，比上年增长13.91%。

全年用电量684.42亿千瓦时，比上年增长20.3%。其中，全行业用电556.13亿千瓦时，增长22.7%；城乡居民生活用电128.29亿千瓦时，增长11.1%。

公用事业：全年完成海绵城市建设51.82平方公里。全市共有路灯数352643盏，新增路灯17590盏。新建成微循环道路128条。全年公众食品安全满意率86.82%，比上年提高1.74个百分点；药品抽样检测合格率99.46%。全年道路交通事故死亡人数393人，下降3.20%。

城市环境：全年环境空气细颗粒物（PM2.5）年均浓度值37微克/立方米。全年空气质量优良天数289天，空气质量优良率79.2%。城市生活垃圾无害化处理率100%。

全市建成区绿地面积33291.61公顷，比上年增长1.51%。人均公园绿地面积14.49平方米，建成区绿化覆盖率达43.07%。全年新增绿地496.15万平方米，新建绿道102公里，新建公园20个。公园总数145个，总游人量9000万人次。

注：

1. 本公报2021年数据为统计快报数，最终核实数以当年《武汉统计年鉴》为准。

2. 生产总值、各产业增加值按现价计算，增长速度按不变价计算。

3. 资料来源：本公报中城镇新增就业、城镇登记失业率、养老保险、工伤保险、失业保险等数据来自市人力资源和社会保障局；农业经营主体及农产品网络零售数据来自市农业农村局；保障性住房数据来自市房管局；货物进出口数据来自武汉海关；实际使用外资、对外承包工程等数据来自市商务局；旅游总收入、旅游总人数、公共图书馆、文化馆、博物馆、艺术表演团体等数据来自市文化和旅游局；电影票房、观影人数等数据来自市委宣传部；货物周转量、旅客周转量、集装箱吞吐量、快递业务、民用航线、国际班列等数据来自市交通运输局；轨道交通线路长度、路灯等数据来自市城乡建设局；户籍人口、民用汽车数量来自市公安局；邮政业务量等数据来自市邮政管理局；电信业务总量、电话用户、互联网用户、电话普及率等数据来自省通信管理局；财政数据来自市财政局；金融数据来自人民银行武汉分行；保险数据来自湖北银保监局；教育数据来自市教育局；卫生机构、床位、人员等数据来自市卫健委；体育、体彩数据来自市体育局；低保、社会服务等数据来自市民政局；医疗保险、生育保险数据来自市医保局；重大科技成果、技术合同等数据来自市科技局；市场主体、专利数据、食品满意率、药品抽检合格率等数据来自市市场监管局；石油气、天然气数据来自市城管执法委；国土面积、建成区面积来自市自然资源和规划局；供用水数据来自市水务局；用电量来自市供电公司；绿化数据来自市园林和林业局；生态环境等数据来自市生态环境局；价格、粮食、畜禽、城乡居民收支等数据来自国家统计局武汉调查队；其他数据均来自市统计局。

一、综合、核算

GENERAL SURVEY

资料整理人员：潘王琼　余　晖　王　蒙　王　涵　张　雯　田　甜
张晓勇　刘　洁　肖从新　杨　敏　郭子仪

STAFF FOR DATA PROCESSING:

Pan Zhengqiong　Yu Hui　Wang Meng　Wang Han　Zhang Wen　Tian Tian
Zhang Xiaoyong　Liu Jie　Xiao Congxin　Yang Min　Guo Ziyi

简要说明

本篇资料由武汉市行政区划与自然状况、国民经济综合资料和国民经济核算资料三部分组成。

行政区划与自然状况涵盖了全市版图面积、人口规模、气象情况等。其中行政区划及群众自治组织、版图面积由民政局整理提供；户数、人口数由市公安局按行政区户籍人口变动情况汇总整理提供；人口密度由市统计局人口处根据人口数与土地面积之比计算整理；气象资料由武汉市气象局提供。

国民经济综合资料是抽取全书的精华，是通过对各篇章主要统计指标及其速度、结构、比例和效益等的加工计算，来反映国民经济和社会发展的总体情况。

国民经济核算资料中城市生产总值数据是市统计局核算处根据不同产业部门、不同支出构成的特点和资料来源情况而采用不同方法计算的。本年鉴公布的国民经济核算资料，最后一年数据是初步核算数；如果遇到普查年，在能够获得更详细的基础资料的情况下，生产总值的历史数据也会发生变动。

Brief Description

The data in this chapter involve administrative division and natural conditions, comprehensive data on national economy, data on national accounts of Wuhan city.

Administrative division and natural conditions include land area, population scale and meteorological data of Wuhan city. Data on administrative division and land area are prepared by Wuhan Civil Affairs Bureau. Households and population are prepared by Wuhan Public Security Bureau according to changes of population of household register. Population density is prepared and collected by population department of Wuhan Statistics Bureau in line with ratio of population number and land area. Meteorological data are provided by Wuhan Weather Bureau.

Comprehensive data on national economy highlight the overall situation of economic and social development by processing key statistical indicators including growth, structure, ratio and efficiency data derived from other chapters.

The data on GDP are calculated by national accounts department of Wuhan Statistics Bureau with various approaches in the light of various sectors, various expenditure structure and data sources. Data on national accounts of the latest year published in the yearbook are preliminary. When it comes to census year, the historical data on GDP will also be revised, on condition that more detailed data can be obtained.

1－1　土地面积、人口密度、户数、人口数(2020－2021年)
LAND AREA, POPULATION DENSITY, HOUSEHOLDS AND POPULATION(2020－2021)

地区 District	土地面积（平方公里）LandArea (sq. km)	人口密度（人/平方公里）Population Density (person/sq. km)	2020年户籍人口 户数（户）Households (household)	2020年户籍人口 年末人数（人）Population (person)	2021年户籍人口 户数（户）Households (household)	2021年户籍人口 年末人数（人）Population (person)	2021年常住人口（万人）Resident Population (10000 persons)
全市 Whole City	8569.15	1593	3341649	9161913	3419615	9341016	1364.89
江岸区 Jiang'an	80.28	13092	313757	797204	321075	812820	105.10
江汉区 Jianghan	28.29	24355	209247	515822	212956	522946	68.90
硚口区 Qiaokou	40.06	18722	216859	541947	219816	546111	75.00
汉阳区 Hanyang	111.54	8069	298721	744946	313223	780208	90.00
武昌区 Wuchang	64.58	19836	391228	1098745	394978	1100719	128.10
青山区 Qingshan	57.12	8981	169741	457248	172793	458168	51.30
洪山区 Hongshan	573.28	4729	434623	1276918	463019	1354899	271.10
东西湖区 Dongxihu	495.34	1851	138565	368072	144597	382352	91.70
汉南区 Hannan	287.05	561	44161	116576	44684	117456	16.10
蔡甸区 Caidian	1093.17	980	152927	470943	153359	472849	107.16
江夏区 Jiangxia	2018.31	716	247638	652926	251767	666628	144.48
黄陂区 Huangpi	2256.70	545	406757	1160580	409815	1166368	123.10
新洲区 Xinzhou	1463.43	634	317425	959986	317533	959492	92.85

注：1. 人口密度按常住人口计算。

2. 行政区户籍人口户数中：汉阳区含武汉经济技术开发区73203户，武昌区含东湖生态旅游风景区18995户，洪山区含东湖新技术开发区195910户。

3. 行政区户籍人口中：汉阳区含武汉经济技术开发区21.08万人，武昌区含东湖生态旅游风景区4.58万人，洪山区含东湖新技术开发区60.95万人。

4. 行政区常住人口中：武昌区含东湖生态旅游风景区1.10万人，洪山区含东湖新技术开发区79.40万人、东湖生态旅游风景区11.50万人和武汉化工区5.00万人，蔡甸区含武汉开发区45.70万人，江夏区含东湖新技术开发区38.98万人。

5. 2021年按15个区划分常住人口分别为：江岸105.10万人、江汉68.90万人、硚口75.00万人、汉阳90.00万人、武昌127.00万人、青山区（化工区）56.30万人、洪山区175.20万人、东西湖区91.70万人、蔡甸区61.46万人、江夏区105.50万人、黄陂区123.10万人、新洲区92.85万人、武汉经济技术开发区（汉南区）61.80万人、东湖新技术开发区118.38万人、东湖生态旅游风景区12.60万人。

Notes: 1. Population density is calculated according to resident population.

2. The households of Hanyang district includes 73203 households of Wuhan Economic and Technological Development Zone, Wucang district includes 18995 households of East Lake Ecotourism Scenic Zone, Hongshan district includes 195910 households of East Lake High－Tech Development Zone.

3. The registered population of Hanyang district includes 210.8 thousand people of Wuhan Economic Technological Development Zone, Wucang district includes 45.8 thousand people of East Lake Ecotourism Scenic Zone, Hongshan includes 609.5 thousand people of East Lake High－Tech Development Zone.

4. The resident population of Wuchang district includes 11.0 thousand people of East Lake Ecotourism Scenic Zone. Hongshan district includes 794.0 thousand people of East Lake High－Tech Development Zone, 115.0 thousand people of East Lake Ecotourism Scenic Zone, 50.0 thousand people of Wuhan Chemical Industry Park. Caidian district includes 457.0 thousand people of Wuhan Economic and Technological Development Zone. Jiangxia district includes 389.8 thousand people of East Lake High－Tech Development Zone.

5. The 2021's population of administrative district: Jiang An is 1051.0 thousand people; Jiang Han is 689.0 thousand; Qiao Kou is 750.0 thousand people; Han Yang is 900.0 thousand people; Wu Chang is 1270.0 thousand people; Qing Shan (Wuhan Chemical Industry Park) is 563.0 thousand people; Hong Shan is 1752.0 thousand people; Dong Xi Hu is 917.0 thousand people; Cai Dian is 614.6 thousand people; Jiang Xia is 1055.0 thousand people; Huang Pi is 1231.0 thousand people; Xin Zhou is 928.5 thousand people; WuHan Economic Development Zone is 618.0 thousand people; East Lake High－Tech Development Zone is 1183.8 thousand people; East Lake Ecotourism Scenic Zone is 126.0 thousand people.

1-2 行政区划及群众性自治组织(2021年)
ADMINISTRATIVE DIVISION AND GRASSROOTS UNITS(2021)

单位:个 (Unit)

地区 District	乡政府 Township Governments	镇政府 Town Governments	街办事处 Subdistrict Offices	社区居委会 Community Committees	村民委员会 Villagers′ Committees
全市 Whole City	3	1	156	1453	1800
江岸区 Jiang′an			16	140	1
江汉区 Jianghan			13	109	0
硚口区 Qiaokou			11	126	1
汉阳区 Hanyang			11	118	0
武昌区 Wuchang			14	142	0
青山区 (武汉化工区) Qingshan (Wuhan Chemical Indurstry Park)			10	85	32
洪山区 Hongshan	1		13	180	3
东西湖区 Dongxihu			11	87	0
蔡甸区 Caidian	1		11	58	283
江夏区 Jiangxia			15	77	268
黄陂区 Huangpi	1		15	85	589
新洲区 Xinzhou		1	12	85	546
武汉经济技术开发区 (汉南区) Wuhan Economic Technological Development Zone(Hannan)			4	62	50
东湖新技术开发区 East Lake High-Tech Development Zone				82	26
东湖生态旅游风景区 East Lake Ecotourism Scenic Zone				17	1

1－3 气 象 情 况(2017－2021 年)
METEOROLOGICAL DATA(2017－2021)

指标名称 Index Name	计量单位	2017	2018	2019	2020	2021
年平均气温(℃) Annual Average Temperature(℃)	摄氏度	17.3	17.3	17.4	17.2	17.9
年平均最低气温(℃) Annual Average Lowest Temperature(℃)	摄氏度	13.4	13.4	13.2	13.5	13.9
年平均最高气温(℃) Annual Average Highest Temperature(℃)	摄氏度	22.3	22.4	22.5	21.9	23.1
年极端最低气温(℃) Annual Utmost Lowest Temperature(℃)	摄氏度	－5	－8.8	－6.8	－7.7	－8.5
最低气温日期(日/月) Utmost Lowest Temperature Day	(日/月)	18/12	31/12	1/1	31/12	8/1
年极端最高气温(℃) Annual Utmost Highest Temperature(℃)	摄氏度	39.7	38.6	38.7	37.5	38.3
最高气温日期(日/月) Utmost Highest Temperature Day	(日/月)	27/7	21/7	18/8	4/8	1/8

1－4 分月气象情况(2021 年)
METEOROLOGICAL DATA OF MONTH (2021)

月份 Month		当月平均气温(℃) Average Temperature(℃)	当月日照时数(小时) Sunshine Hours (hour)	当月降雨天数(天) Number of Rainy Days (day)	当月降雨量(毫米) Volume of Precipitation (mm)
一月	January	4.5	129.1	7	18.4
二月	February	10.5	118.5	11	65.6
三月	March	12.5	81.2	16	149.2
四月	April	16.7	59.7	15	91.8
五月	May	22.0	116.5	14	258.4
六月	June	27.4	147.2	7	92.5
七月	July	29.2	138.0	15	124.0
八月	August	28.0	129.6	14	244.1
九月	September	27.0	226.0	3	88.3
十月	October	17.8	116.1	9	50.5
十一月	November	12.3	159.8	5	14.7
十二月	December	6.5	161.4	5	8.3

1－5　国民经济和社会发展总量指标(2017－2021年)

AGGREGATE INDICATORS ON NATIONAL ECONOMIC AND SOCIAL DEVELOPMENT(2017－2021)

指标名称 Index Name	总量指标　Aggregate Data				
	2017	2018	2019	2020	2021
人口与就业 Population and Employment					
人　口 Population					
年末户籍总人口数(万人) Registered Population at the Year－end(10 000 persons)	853.65	883.73	906.40	916.19	934.10
男性人口(万人) Male(10 000 persons)	435.27	450.08	461.07	465.36	473.90
女性人口(万人) Female(10 000 persons)	418.38	433.65	445.33	450.83	460.20
乡村人口(万人) rural population(10 000 persons)	234.30	236.80	238.30	231.96	231.49
城镇人口(万人) urban population(10 000 persons)	619.35	646.93	668.10	684.23	702.61
就　业 Employment					
从业人员数(万人) Employment(10 000 persons)	564.08	610.72	623.13	603.79	634.20
#城镇非私营单位从业人员数(万人) Staff and Workers(10 000 persons)	219.90	247.25	247.86	242.53	246.14
宏观经济 Macroeconomy					
国民核算 National Accounts					
生产总值(亿元) Gross Domestic Product (100 million yuan)	13090.81	14928.72	16223.21	15516.07	17716.76
第一产业(亿元) Primary Industry(100 million yuan)	359.60	362.00	378.99	402.18	444.21
第二产业(亿元) Secondary Industry(100 million yuan)	5053.35	5579.42	5988.88	5327.17	6208.34
第三产业(亿元) Tertiary Industry(100 million yuan)	7677.86	8987.31	9855.34	9786.71	11064.21
物价指数 Price Index					
居民消费价格指数(上年＝100) Consumer Price Index(Preceding year＝100)	101.9	101.9	103.2	102.4	100.6
商品零售价格指数(上年＝100) Retail Price Index(Preceding year＝100)	100.1	101.4	102.5	102.2	101.3
能　耗 Energy Gonsumption					
单位GDP能耗上升或下降(±%) The Reduced Rate of Unit GDP Energy Gonsumption(±%)	－4.85	－4.88	－3.31	－5.25	－0.50

注:从2021年起,离婚数不含法院诉讼离婚数。

Note:Since from 2021,number of divorces doesn´t include the number of litigious divorce.

1-5 续 表 1 Continued 1

指标名称 Index Name	总量指标 Aggregate Data				
	2017	2018	2019	2020	2021
工 业 Industry					
规模以上工业总产值指数(上年=100) Above-Scale Industrial Output Value Index (Preceding year=100)	113.2	107.6	103.2	90.5	118.3
主要工业产品产量 Output of Major Industrial Products					
布(万米) Cloth(10 000 metres)	5495.59	5089.99	4563.01	4129.10	4208.15
原油加工量(万吨) Grude Oil Processing (10 000 tons)	792.72	801.85	813.91	577.99	829.57
化学药品原药(万吨) Chemical Raw Medicine (10 000 tons)	1.77	1.26	2.34	1.13	1.37
中成药(万吨) Traditional Chinese Patent Medicine (10 000 tons)	4.92	6.44	6.88	4.71	5.00
显示器(万部) Monitors (10 000 units)	1347.58	1168.07	1517.51	1455.67	1635.21
生 铁(万吨) Pig Iron (10 000 tons)	1554.59	1572.61	1543.31	1402.43	1313.96
粗 钢(万吨) Steel (10 000 tons)	1743.91	1792.04	1723.06	1595.40	1587.74
钢 材(万吨) Steel Products (10 000 tons)	1694.61	1753.05	1709.11	1548.02	1608.27
汽 车(万辆) Automobile (10 000 units)	189.78	170.33	154.85	141.63	139.35
光 缆(万芯千米) Optical Cable (10 000 tons km)	6699.57	6739.53	5973.39	4966.98	5281.54
房间空气调节器(万台) Household Air Conditioner (10 000 units)	1746.05	1842.86	2110.93	1705.79	2003.82
规模以上的工业企业主要经济指标 Major Economic Indicators of Industrial Enterprises Above Designated Size					
固定资产净额(亿元) Net Fixed Assets (100 million yuan)	4080.35	4043.84	3957.06	4587.96	5103.24
利润总额(亿元) Pre-tax Profits (100 million yuan)	759.56	961.59	867.20	656.56	1040.20

注:规模以上工业指年主营业务收入2000万元及以上法人工业企业。

Note: Industrial enterprises above designated size refer to corporate industrial enterprises with annual sales income of 20 mil yuan and above.

1－5 续 表 2 Continued 2

指标名称 Index Name	总量指标 Aggregate Data				
	2017	2018	2019	2020	2021
农　　业 Agriculture					
乡村农林牧渔业从业人员(万人) Employment in Farming, Forestry, Animal Husbandry and Fishery (10 000 persons)	43.84	42.69	42.93	42.32	40.48
农林牧渔业总产值(亿元) Gross Output Value of Farming, Forestry, Animal Husbandry and Fishery (100 million yuan)	611.84	619.74	653.17	695.53	775.46
主要农产品产量 Output of Major Farm Products					
粮　　食(万吨) Grain(10 000 tons)	94.77	94.14	88.60	89.60	90.75
棉　　花(万吨) Cotton(10 000 tons)	1.28	1.17	1.07	0.82	0.79
油　　料(万吨) Oil－bearing Crops(10 000 tons)	13.71	13.36	13.41	13.92	14.28
蔬　　菜(万吨) Vegetables(10 000 tons)	739.00	766.84	779.87	777.52	820.59
水　　果(万吨) Fruits(10 000 tons)	11.25	12.85	14.13	14.88	14.90
肉猪出栏(万头) Slaughtered Hogs (10 000 heads)	251.57	246.57	168.61	113.94	186.75
家禽出笼(万只) Slaughtered Poultry (10 000 heads)	3735.12	3820.34	4088.50	3446.30	3675.68
禽蛋产量(万吨) Eggs(10 000 tons)	8.77	9.03	9.33	10.47	10.84
牛　　奶(万吨) Milk(10 000 tons)	2.33	0.95	1.04	1.39	1.85
水产品(万吨) Aquatic Products(10 000 tons)	43.65	44.31	44.19	42.67	43.72
固定资产投资 Investment in Fixed Assets					
全社会固定资产投资(亿元) Total Investment in Fixed Assets (100 million yuan)	7871.66				
#工业投资(亿元) Industrial Investment (100 million yuan)	2404.95				
房地产开发投资(亿元) Investment in Real Estate development (100 million yuan)	2686.34	2780.01	2966.21	2777.15	3254.62
建筑业 Construction					
建筑业总产值(亿元) Gross Output Value (100 million yuan)	8067.78	9194.29	10390.17	10590.83	12292.21
房屋建筑施工面积(万平方米) Floor Space of Buildings Under Construction (10 000 sq. m)	50084.32	56063.87	60097.24	59722.97	66613.34
房屋建筑竣工面积(万平方米) Floor Space Completed (10 000 sq. m)	14635.43	15629.42	17494.71	15217.23	21433.43

注:2017 年农林牧渔业产值数据根据第三次农业普查修订;2017 年主要农产品产量数据根据第三次农业普查修订。
Note: The gross output value of farming、forestry、animal husbandry and fishery of 2017 is revised based on the third agricultural census; Output of major farm products of 2017 is revised based on the third agricultural census.

1－5 续 表 3 Continued 3

指标名称 Index Name	总量指标 Aggregate Data				
	2017	2018	2019	2020	2021
交通运输 Transportation					
全社会旅客运输量(万人) Passenger Traffic in Transportation System (10 000 persons)	29950.30	28638.88	25516.37	10656.08	13919.14
铁　路(万人) Railway (10 000 persons)	18074.30	18220.30	18953.30	9052.10	12241.50
公　路(万人) Highway (10 000 persons)	10410.00	8867.00	4883.00	802.85	578.52
航　空(万人) Aviation (10 000 persons)	1466.00	1551.58	1680.07	801.13	1099.12
全社会货物运输量(万吨) Freight Traffic in Transportation System (10 000 tons)	57271.17	62517.88	67555.22	52686.12	67089.19
铁　路(万吨) Railway (10 000 tons)	6980.90	7372.80	8186.10	7999.70	8736.80
公　路(万吨) Highway (10 000 tons)	34981.98	38633.90	41778.20	31724.91	45115.60
水　运(万吨) Waterway (10 000 tons)	15292.25	16491.33	17573.73	12951.00	13216.00
航　空(万吨) Aviation (10 000 tons)	16.04	19.85	17.19	10.51	20.80
邮电通信业 Postal and Telecommunication Services					
邮政业务总量(2020 年不变价格)(亿元) Business Volume of Post in 2020 constant price) (100 million yuan)				125.83	172.78
电信业务总量(2020 年不变价格)(亿元) Business Volume of Telecommunication (in 2020 constant price) (100 million yuan)				120.32	167.75
函　件(万件) Number of Letters Delivered (10 000 pieces)	3709.44	4174.76	3408.30	1924.46	1896.34
包　件(万件) Number of Parcels (10 000 pieces)	30.74	23.95	27.46	11.79	12.91
固定电话用户数(万户) Resident Telephone Subscribers(10 000 subscribers)	208.82	175.10	168.75	156.45	147.70
移动电话用户数(万户) Mobile Telephone Subscribers(10 000 subscribers)	1601.17	1684.40	1578.05	1557.37	1620.60
固定互联网宽带接入用户数(万户) Broadbard Users(10 000 subscribers)	429.86	495.70	459.60	479.53	517.90
国内商业 Domestic Trade					
社会消费品零售总额(亿元) Total Retail Sales of Consumer Goods(100 million yuan)	6493.24	7169.7	7774.49	6149.84	6795.04

注:邮政业务总量、电信业务总量按 2020 年不变价格计算,邮政业务总量含快递业务。
Note: Business volume of post and telecommunication are calculated by 2020 constant price, and business volume of post includes express delivery business.

1－5 续 表 4 Continued 4

指标名称 Index Name	总量指标 Aggregate Data				
	2017	2018	2019	2020	2021
对外经济贸易 Foreign Trade					
进出口总额(亿元) Total Imports and Exports(100 million yuan)	1935.7	2146.0	2441.4	2704.3	3359.4
#进口总额(亿元) Imports(100 million yuan)	778.2	873.3	1077.9	1282.6	1430.4
出口总额(亿元) Exports(100 million yuan)	1157.5	1272.7	1363.5	1421.7	1929.0
利用外资 Utilization of Foreign Capital					
实际利用外资(亿美元) Amount of Foreign Capital Actually Utilized(USD 100 million)	96.47	109.27	123.09	111.65	125.70
旅游 Tourism					
接待旅客总人数(万人次) Number of Tourists Received (10 000 persons)	25964.01	28789.22	31898.31	25911.90	27150.83
旅游总收入(亿元) Total Tourism Earnings (100 million yuan)	2812.82	3163.11	3570.79	2906.29	2920.84
财　政 Public Finance					
一般公共预算总收入(亿元) General Public Budget Revenue(100 million yuan)	2677.66	2900.24	2912.11	2392.77	2914.24
#地方一般公共预算收入(亿元) Local General Public Budget Revenue(100 million yuan)	1402.93	1528.70	1564.12	1230.29	1578.65
一般公共预算支出(亿元) General Public Budget Expenditure(100 million yuan)	1718.62	1929.31	2237.1	2407.81	2215.97
金融保险 Finance and Insurance					
金融机构本外币存款(亿元) Local and Foreign Currency Deposits of Financial Institutions (100 million yuan)	24499.41	26331.62	28658.90	31005.89	33775.87
金融机构本外币贷款(亿元) Local and Foreign Currency Loans of Financial Institutions (100 million yuan)	23947.76	28270.77	32114.31	36855.97	40825.42
保险公司保费收入(亿元) Premium Income of Insurance Companies(100 million yuan)	554.03	621.02	767.26	835.66	839.18
保险公司赔款及给付(亿元) Claim and Indemnity of Insurance Companies(100 million yuan)	129.04	159.70	206.93	221.86	249.27

1－5 续 表 5 Continued 5

指标名称 Index Name	总量指标 Aggregate Data				
	2017	2018	2019	2020	2021
教　育 Education					
在校学生数 Students Enrollment					
#普通高等院校(万人) Institutions of Higher Education(10 000 persons)	94.77	96.93	100.69	106.72	110.56
普通中学(万人) Regular Secondary Schools(10 000 persons)	31.57	32.84	34.40	36.34	38.85
中等职业学校(万人) Vocational Secondary Schools(10 000 persons)	8.39	8.06	7.97	8.04	8.01
小　　学(万人) Primary Schools(10 000 persons)	53.46	57.87	62.31	65.45	69.74
专任教师数 Full－time Teachers					
#普通高等院校(万人) Institutions of Higher Education(10 000 persons)	5.83	5.90	5.96	6.16	6.27
普通中学(万人) Regular Secondary Schools(10 000 persons)	3.13	3.17	3.23	3.33	3.49
中等职业学校(万人) Vocational Secondary Schools(10 000 persons)	0.47	0.46	0.46	0.45	0.45
小　　学(万人) Primary Schools(10 000 persons)	2.91	3.06	3.34	3.51	3.87
家庭、生活、环境 Family, People's Livelihood and Environment					
家　　庭 Family					
家庭总户数(万户) Total Number of Households(10 000 households)	310.88	321.07	329.53	334.16	341.96
城镇常住居民平均每户家庭人口(人) Average Household Size in Urban Areas(person)	2.66	2.92	2.95	2.95	2.93
农村常住居民平均每户家庭人口(人) Average Household Size in Rural Areas(person)	2.81	2.83	2.88	2.88	2.89

注:不包含研究生教育机构、成人教育高校及民办教育机构等。

Note: Postgraduate Education Institutions, Adult Education Colleges and Non－governmental Education Organizations are not included.

1－5 续 表 6 Continued 6

指标名称 Index Name	总量指标 Aggregate Data				
	2017	2018	2019	2020	2021
婚　姻 Marriages and Divorces					
结婚数(对) Number of Marriages(couples)	90048	89562	84885	68258	75699
离婚数(对) Number of Divorces(couples)	48046	45559	48570	43853	31051
生　活 Livelihood					
城镇常住居民人均可支配收入(元) Per Capita Disposable Income of Urban Residents(yuan)	43405	47359	51706	50362	55297
农村常住居民人均可支配收入(元) Per Capita Disposable Income of Rural Residents(yuan)	20887	22652	24776	24057	27209
城镇非私营单位就业人员平均工资(元) Average Wage of Employees in Urban Non－private Units(yuan)	77726	85885	95286	104009	117322
卫　生 Health Care					
医院、卫生院及社区卫生服务中心(个) Number of Hospitals(unit)	554	615	612	567	773
卫生事业床位数(张) Number of Beds in Health Institutions(unit)	91635	95277	96357	93834	97682
执业(助理)医师(人) Certified Assistant Doctors(person)	36266	39566	41327	41888	47041
市政建设 Municipal Construction					
排水管道长度(公里) Length of Sewer Drain Pipes(km)	9350	8240	10849	11422	13011
建成区绿化覆盖率(%) Coverage Rate of Green Area in Developed Area(%)	39.55	39.46	40.02	42.07	43.07
水厂综合生产能力(万立方米/日) General Productive Capacity of Water Works(10 000 m^3/day)	536.00	531.33	537.70	541.20	548.50
营运公共车辆(辆) Operating Public Vehicles(unit)	9049	9710	9724	9588	9837

1－6 国民经济和社会发展主要结构指标（2017－2021年）
STRUCTURAL INDICATORS ON NATIONAL ECONOMIC AND SOCIAL DEVELOPMENT（2017－2021）

单位：%　　　　(%)

指标名称	Index Name	2017	2018	2019	2020	2021
人口与就业	**Population and Employment**					
户籍人口	**Household Population**					
性别结构	Sex Structure					
男	Male	51.0	50.9	50.9	50.8	50.7
女	Female	49.0	49.1	49.1	49.2	49.3
城乡结构	Urban and Rural Structure					
乡村人口	rural population	27.4	26.8	26.3	25.3	24.8
城镇人口	urban population	72.6	73.2	73.7	74.7	75.2
就　　业	**Employment**					
产业结构	Industrial Structure					
第一产业	Primary Industry	8.8	8.2	8.0	9.0	8.4
第二产业	Secondary Industry	37.1	37.0	37.0	35.0	35.8
第三产业	Tertiary Industry	54.1	54.8	55.0	56.0	55.8
宏观经济	**Macro Economy**					
国民核算	**National Accounts**					
生产总值产业结构	Industrial Structure					
第一产业	Primary Industry	2.7	2.4	2.3	2.6	2.5
第二产业	Secondary Industry	38.6	37.4	36.9	34.3	35.0
第三产业	Tertiary Industry	58.7	60.2	60.8	63.1	62.5
投　　资	**Investment**					
固定资产投资结构	Investment Structure of Fixed Assets					
第一产业	Primary Industry	0.6	0.3	0.5	0.5	0.5
第二产业	Secondary Industry	32.1	25.9	26.4	23.9	23.3
第三产业	Tertiary Industry	67.3	73.8	73.1	75.6	76.3
利用外资	**Utilization of Foreign Capital**					
实际利用外资结构	Structure of Foreign Capital Actually Utilized					
外商直接投资	Direct Investment by Foreign Entrepreneurs	100.0	100.0	100.0	100.0	100.0
外商其他投资	Other Investment by Foreign Entrepreneurs	0.0	0.0	0.0	0.0	0.0

1－6 续 表 Continued

指标名称	Index Name	2017	2018	2019	2020	2021
产业结构	**Industrial Structure**					
对外贸易	**Foreign Trade**					
进出口结构	Structure of Imports and Exports					
进　口	Imports	40.2	40.7	44.2	47.4	42.6
出　口	Exports	59.8	59.3	55.8	52.6	57.4
农　业	**Agriculture**					
农林牧渔业产值结构	Structure of Gross Output Value					
农　业	Farming	62.8	63.3	62.9	60.0	57.5
林　业	Forestry	1.7	1.9	2.1	2.0	1.7
牧　业	Animal Husbandry	12.0	10.8	11.3	14.1	14.0
渔　业	Fishery	16.9	16.7	15.8	16.2	18.4
农林牧渔服务业	Farming, Forestry, Animal Husbandry & Fishery Services	6.6	7.3	7.9	7.7	8.4
工　业	**Industry**					
规模以上工业总产值结构	Structure of Above Scale Industrial Output Value					
轻工业	Light Industry	24.4	24.5	25.0	24.3	23.0
重工业	Heavy Industry	75.6	75.5	75.0	75.7	77.0
运输业	**Transportation**					
货运量结构	Structure of Freight Traffic					
按运输方式分	By means of Transportation					
铁　路	Railway	12.2	11.8	12.1	15.2	13.0
公　路	Highway	61.1	61.8	61.9	60.2	67.3
水　运	Waterway	26.7	26.4	26.0	24.6	19.7
教育	**Education**					
在校学生结构	Structure of Student Enrollment					
普通高等院校	Institutions of Higher Eucation	52.7	51.7	51.0	51.2	50.5
普通中学	Regular Secondary Schools	17.6	17.5	17.4	17.4	17.7
小学	Primary Schools	29.7	30.8	31.6	31.4	31.8
专任教师结构	Structure of Full－time Teachers					
普通高等院校	Institutions of Higher Eucation	49.1	48.7	47.6	47.4	46.0
普通中学	Regular Secondary Schools	26.4	26.1	25.8	25.6	25.6
小学	Primary Schools	24.5	25.2	26.6	27.0	28.4

注：运输业货运量结构中，航空运输量相对于其他三种方式运量极低，所占比重可以忽略不计。

Note：Freight traffic by air transportation is so small compared with other three means that its proportion can be negligible.

1－7 按经济类型分的国民经济比例关系(2017－2021年)
PROPORTIONS OF AGGREGATE INDICATORS BY TYPE OF OWNERSHIP(2017－2021)

单位:%　　　　(%)

指标名称 Index Name	2017	2018	2019	2020	2021
规模以上工业总产值 Above Scale Industrial Output Value					
国有经济 State－owned	8.1	7.2	7.6	9.2	8.3
集体经济 Collective owned	0.1	0.1	0.1	0.1	0.1
外商及港澳台经济 Economy of foreign, Hong Kong, Macao and Taiwan	32.8	30.1	32.2	36.5	34.5
其　他 Other	59.0	62.6	60.1	54.2	57.1
全社会从业人员数 Employment					
国有经济 State－owned	15.0	14.6	14.3	14.6	14.1
集体经济 Collective owned	0.5	0.5	0.5	0.5	0.5
私营个体经济 Private Individuals	40.5	40.3	41.7	41.1	40.1
农村经济 Agriculture	15.0	14.0	13.9	14.0	16.5
其　他 Other	29.0	30.6	29.6	29.8	28.8

1-8 历年地区生产总值及构成
GROSS DOMESTIC PRODUCT AND ITS COMPOSITION OVER THE YEARS

本表按当年价格计算　　Data in this table are calculated at current prices

年份 Year	地区生产总值（亿元） Gross Domestic Product (100 million yuan)	第一产业 Primary Industry	第二产业 Secondary Industry	第三产业 Tertiary Industry	构成（%） Composition (%)	第一产业 Primary Industry	第二产业 Secondary Industry	第三产业 Tertiary Industry	人均地区生产总值（元） Per Capita GDP (yuan)
1998	1001.89	75.85	449.72	476.32	100.0	7.6	44.9	47.5	12983
1999	1085.68	78.54	478.39	528.75	100.0	7.2	44.1	48.7	13862
2000	1153.37	82.17	482.27	588.94	100.0	7.1	41.8	51.1	14473
2001	1335.40	85.00	582.40	668.00	100.0	6.4	43.6	50.0	16501
2002	1467.80	90.40	635.50	741.90	100.0	6.2	43.3	50.5	17927
2003	1622.18	95.13	701.87	825.18	100.0	5.8	43.3	50.9	19538
2004	1882.24	102.23	825.78	954.23	100.0	5.4	43.9	50.7	22378
2005	2262.77	105.90	1025.87	1131.00	100.0	4.7	45.3	50.0	26567
2006	2668.87	110.21	1186.45	1372.22	100.0	4.1	44.5	51.4	30801
2007	3184.80	120.88	1398.18	1665.74	100.0	3.8	43.9	52.3	36068
2008	4064.62	133.32	1788.85	2142.45	100.0	3.3	44.0	52.7	45466
2009	4741.69	135.18	2024.99	2581.52	100.0	2.9	42.7	54.4	52481
2010	5458.35	151.81	2363.64	2942.91	100.0	2.8	43.3	53.9	57805
2011	6586.52	174.62	2993.25	3418.65	100.0	2.7	45.4	51.9	66512
2012	7752.52	260.57	3503.95	3987.99	100.0	3.4	45.2	51.4	76986
2013	8747.64	285.62	3938.70	4523.32	100.0	3.3	45.0	51.7	86014
2014	10025.93	302.17	4222.72	5501.04	100.0	3.0	42.1	54.9	97538
2015	10547.67	305.35	4360.74	5881.58	100.0	2.9	41.3	55.8	100714
2016	11531.42	342.20	4579.29	6609.93	100.0	3.0	39.7	57.3	107902
2017	13090.81	359.60	5053.35	7677.86	100.0	2.7	38.6	58.7	120880
2018	14928.72	362.00	5579.42	8987.31	100.0	2.4	37.4	60.2	135877
2019	16223.21	378.99	5988.88	9855.34	100.0	2.3	36.9	60.8	145545
2020	15516.07	402.18	5327.17	9786.71	100.0	2.6	34.3	63.1	130599
2021	17716.76	444.21	6208.34	11064.21	100.0	2.5	35.0	62.5	135251

注：根据“四经普”结果，2005－2019 年数据已进行历史数据修订；2020 年数据为最终核实数，2021 年数据为初步核算数；本表 GDP 总量数据中，有的不等于各产业（行业）之和，是由于数据修约误差所致，未作机械调整。

Note: Data for 2005－2019 are revised based on the Fourth National Economic Census. The date of 2020 are finally confirmed. The date of 2021 are preliminary estimation and hasn´t been adjusted, the items don´t add up to the total.

1-9 历年生产总值指数
INDICES OF GROSS DOMESTIC PRODUCT OVER THE YEARS

上年=100 (Preceding year=100)

年份 Year	地区生产总值 Gross Domestic Product	第一产业 Primary Industry	第二产业 Secondary Industry	第三产业 Tertiary Industry	人均地区生产总值 Per Capita Gross Domestic Product
1996	116.0	108.2	115.1	118.8	114.2
1997	114.6	108.4	114.5	116.2	112.9
1998	111.2	99.0	110.4	114.6	109.5
1999	111.0	103.7	109.7	113.8	109.3
2000	112.0	104.4	112.5	112.6	110.0
2001	112.0	105.3	112.9	112.1	110.3
2002	111.8	103.9	112.3	112.4	110.5
2003	112.1	104.3	112.7	112.5	110.5
2004	114.5	105.2	116.7	113.7	113.0
2005	114.7	104.5	117.9	113.0	113.3
2006	114.8	104.0	118.0	112.9	112.8
2007	115.6	103.1	118.3	114.1	113.4
2008	115.1	103.0	117.6	113.6	113.7
2009	113.7	101.6	116.0	112.2	112.5
2010	114.7	104.5	117.5	112.4	109.7
2011	112.5	104.1	116.6	109.6	107.3
2012	111.4	104.5	112.8	110.5	109.5
2013	110.0	104.5	110.6	109.7	108.9
2014	109.7	105.0	110.2	109.4	108.5
2015	108.8	104.8	108.2	109.5	106.8
2016	107.8	105.3	105.8	109.5	105.7
2017	108.0	104.6	107.4	108.7	106.6
2018	108.0	104.7	105.4	110.1	106.5
2019	107.4	103.0	106.5	108.2	105.9
2020	95.1	96.2	92.3	96.9	89.2
2021	112.2	108.7	112.1	112.3	101.7

注:根据"四经普"结果,2005-2019年数据已进行历史数据修订;2020年数据为最终核实数,2021年数据为初步核算数。

Note: Data for 2005-2019 are revised based on the Fourth National Economic Census. The date of 2020 are finally confirmed. The date of 2021 are preliminary estimation.

1－10　分行业生产总值及指数(2020－2021年)
GROSS DOMESTIC PRODUCT BY SECTOR AND ITS INDICES(2020－2021)

项　　目 Item	地区生产总值(亿元) Gross Domestic Product(100 million yuan)		地区生产总值指数(上年=100) Indices of Gross Dometic Product(preceding year=100)	
	2020	2021	2020	2021
地区生产总值 Gross Domestic Product	15516.07	17716.76	95.1	112.2
按产业分: By Type of Industry				
第一产业 Primary Industry	402.18	444.21	96.2	108.7
第二产业 Secondary Industry	5327.17	6208.34	92.3	112.1
第三产业 Tertiary Industry	9786.71	11064.21	96.9	112.3
按行业分: By Sector				
农林牧渔业 Farming, Forestry, Animal Husbandry and Fishery	423.94	470.32	96.3	109.5
工　业 Industry	3880.08	4586.49	90.1	114.1
建筑业 Construction	1461.34	1638.89	100.1	107.0
批发和零售业 Wholesale and Retail Trade	1111.71	1287.72	87.8	120.1
交通运输、仓储和邮政业 Transport, Storage, Postal and Telecommunication Services	752.90	938.83	83.8	123.4
住宿和餐饮业 Hotel and Catering Services	258.81	326.61	74.9	123.4
金融业 Banking	1719.80	1862.16	106.2	107.1
房地产业 Real Estate	1665.23	1859.99	84.3	107.0
其他服务业 Others	4242.26	4745.74	106.3	111.8

注:2020年数据为最终核实数,2021年数据为初步核算数;本表GDP总量数据中,有的不等于各产业(行业)之和,是由于数据修约误差所致,未作机械调整。

Note: The date of 2020 are finally confirmed. The date of 2021 are preliminary estimation and hasn´t been adjusted, the items don´t add up to the total.

主要统计指标解释

生产总值 根据国家统计局规定，从2003年起，将各地区原来所称的国内生产总值改称为地区生产总值。它是一个地区所有常住单位在一定时期内生产活动的最终成果。生产总值有三种表现形态，即价值形态、收入形态和产品形态。从价值形态看，它是所有常住单位在一定时期内所生产的全部货物和服务价值超过同期投入的全部非固定资产货物和服务价值的差额，即所有常住单位的增加值之和；从收入形态看，它是所有常住单位在一定时期内所创造并分配给常住单位和非常住单位的初次分配收入之和；从产品形态看，它是最终使用的货物和服务减去净出口货物和服务的差额。在实际核算中，三种表现形态表现为三种计算方法，即生产法、收入法和支出法。三种方法分别从不同的方面反映生产总值的形成过程。

不变价格 指用同类产品的年平均价格作为固定价格来计算各年产品价值。按不变价格计算的产品价值消除了价格变动因素，不同时期对比可以反映生产的发展速度。新中国成立后，随着工农业产品价格水平的变化，国家统计局先后多次制定了全国统一的工业产品不变价格和农业产品不变价格，从1949年到1957年使用1952年工(农)业产品不变价格，从1957年到1971年使用1957年不变价格，从1971年到1981年使用1970年不变价格，从1981年到1990年使用1980年不变价格，从1990年开始使用1990年不变价格，从2001年开始使用2000年不变价格，从2006年到2010年使用2005年不变价格，从2011年到2015年使用2010年不变价格，从2016年到2020年使用2015年不变价格，从2021年开始使用2020年不变价格。

平均每年增长速度 在我国计算平均增长速度有两种方法，一种是习惯上经常使用的"水平法"，又称几何平均法，是以间隔期最后一年的水平同基期水平对比来计算平均每年增长(或下降)速度。另一种是"累计法"，又称代数平均法或方程法，是以间隔期内各年水平的总和同基期水平对比来计算平均每年增长(或下降)速度。

在一般正常情况下，两种方法计算的平均每年增长速度比较接近，但在经济发展不平衡，出现大起大落时，两种方法计算的结果差别较大。

本书内所列的平均每年增长速度，除固定资产投资是用"累计法"计算以外，其余均用"水平法"计算。从某年到某年平均增长速度的年份，均不包括基期年在内。如"十三五"的平均增长速度是以2015年为基期计算的，则写为2016—2020年平均增长速度，其余类推。

国有经济单位 指生产资料归国家所有的各种企业、事业单位，以及各级国家机关、人民团体等单位。

集体经济单位 指生产资料归公民集体所有的各种企业、事业单位。包括农村各种经济组织经营的农、林、牧、渔业，乡、村经营的企业、事业单位；城市、县、镇以及街道兴办的集体经济性质的企业、事业单位。

私营经济单位 指生产资料归公民私人所有的单位。包括私营独资企业、私营合伙企业和私营有限责任公司。

联营经济单位 指不同所有制性质的企业之间或者企业、事业单位之间共同投资组成新的经济实体。包括紧密型联营企业，半紧密型联营企业和松散型联营企业。

股份制经济单位 指全部注册资本由全体股东共同出资，并以股份形式投资举办企业。主要包括股份有限公司和有限责任公司。

外商投资经济单位 指外国投资者根据中华人民共和国有关涉外经济的法律、法规，以合资、合作或独资的形式在中国大陆境内开办企业。包括中外合资经营企业、中外合作经营企业和外资企业。

港、澳、台投资经济单位 指港、澳、台地区投资者参照中华人民共和国有关涉外经济的法律、法规，以合资、合作或独资的形式在大陆兴办企业。包括合资经营企业、合作经营企业和独资企业。

三次产业 三次产业的划分是世界上较为常用的产业结构分类，但各国的划分不尽一致。我国的三次产业划分是：

第一产业包含农、林、牧、渔业，不含农林牧渔业服务业。

第二产业包含采矿业，制造业，电力、燃气及水的生产和供应业，建筑业，不含开采辅助活动、金属制品、机械和设备修理业。

第三产业包含除第一、二产业以外的其他行业。

Explanatory Notes on Main Statistical Indicators

Gross Domestic Product Gross Domestic Product Called in every Region has been called Gross Regional Product since 2003 according to the regulation for that National Bureau of Statistics stipulates. It is the final products of all resident units in a country(or region) during a certain period of time. Gross domestic product is expressed in three different forms, i. e. value, income, and products. The form of value refers to the total value of all products and services produced by all resident units during a certain period of time minus total value of input of materials and services of the nature of non – fixed assets or the summation of the value added of all resident units; the form of income includes all the income created by all resident units and distributed primarily to all resident and non – resident units; the form of products refers to all final goods and services minus net exports of goods and services. In the practice of national accounting, gross domestic product is calculated with three approaches, i. e. product approach, income approach, and expenditure approach respectively to reflect gross domestic product and its establishment from different aspects.

Constant Price refers to the average price of a given product in a certain year, which is used for comparison of output value over time. As the output value at constant prices remove the factor of price changes, it reflects the trend of production development over time. Since 1949, with the changes in general price level, the State Statistics Bureau has issued nationally unified constant prices many times: the 1952 constant price for 1949 – 1957; the 1957 constant price for 1957 – 1971; the 1970 constant price for 1971 – 1981; the 1980 constant price for 1981 – 1990, the 1990 constant price had been used since 1990; the 2000 constant price for 2001 – 2005; the 2005 constant price for 2006 – 2010; the 2010 constant price for 2011 – 2015; the 2015 constant price for 2016 – 2020; and the 2020 constant price has been used since 2021.

Average Annual Growth Rate Two methods for calculating average annual growth rate are applied in China, one is often called "level approach" or the method of calculating geometric average, which is derived by comparing the level of the last year of the interval with that of the beginning year; the other is called "accumulative approach" or algebraic average or equation method, which is derived by the summation of the actual figure of each year in the interval divided by the figure in the base year.

Usually the results calculated by the two methods are fairly close, but they differed sharply when uneven economic development occurred with striking fluctuations in growth.

The average annual growth rates listed in this statistical yearbook are calculated by "level approach" except for the growth rate of investment in fixed assets. The base years are not included when calculating average annual growth rates. For instance, the average annual growth rate of the period of The Thirteenth Five Year Plan is listed as average annual growth rate of 2016 – 2020 without listing the base year 2015. And the analogy of this is also for the rest.

State – owned Economic Units refer to various enterprises, institutions, and government administrative organizations at various levels, social organizations and etc., with state ownership of production means.

Collective – owned Economic Units refer to various enterprises and institutions with collective ownership of production means, including various rural economic organizations engaged in farming, forestry, animal husbandry, and fishery, enterprises and institutions run by townships and villages; collective enterprises and institutions run by cities, counties, towns and subdistrict offices.

Private – owned Economic Units refer to economic units owned by private individuals, including individual owned private enterprises, jointly owned private enterprises, and private owned companies, Ltd.

Joint Owned Units refer to economic entities jointly invested by enterprises of different types of ownership or by enterprises and institutions, and the partnerships among the joint owned units can be close, half close, or loose.

Share Holding Economic Units refer to enterprises invested in the form of share holding with its investment by all the share holders, which mainly include companies limited by shares and companies with limited liabilities.

Foreign Owned Economic Units refer to enterprises established by foreigners in the territory of mainland China according to related economic laws and regulations of the People's Republic of China as joint ventures, cooperative corporations, or ventures exclusively with sole investment, including joint ventures, cooperative enterprises, and foreign enterprises.

Economic Units Funded by Overseas Chinese from Hong Kong, Macao, and Taiwan refer to enterprises established by entrepreneurs from Hong Kong, Macao, and Taiwan in the territory of mainland China according to related economic laws and regulations of the People's Republic of China as joint ventures, cooperative corporations and ventures exclusively with sole investment, including joint ventures, cooperative enterprises, and exclusively invested enterprises.

Three Industries Three Industries Classification of economic activities is a common practice in the world, although the grouping varies to some extent form country to country. In China economic activities are categorized into following industries:

Primary industry: includes agnculture, forestry, animal husbandry and fishery, except farming, forestry, animal husbandry and fishery service.

Secondary industry: includes mining and quarrying, manufacturing, production and supply of electricity, water and gas, and construction, except mining auxiliary activities or metal products, machinery and repair of equipment.

Tertiary industry: refers to all other economic activities not included in primary or secondary industry.

二、人口与劳动统计

POPULATION, EMPLOYMENT AND WAGE

资料整理人员：陈　巍　刘　江　李　晖　张　瑾　汪　冲　郑岳楠　李　军

STAFF FOR DATA PROCESSING:

Chen Wei　Liu Jiang　Li Hui　Zhang Jin　Wang Chong　Zheng Yuenan　Li Jun

简要说明

本篇资料反映我市2021年及历年人口、劳动经济方面的基本情况，包括全市的主要人口统计和劳动经济统计数据。人口的统计范围是全市人口；劳动统计的调查范围是城镇独立核算法人单位。全市人口构成及变动情况、分年龄的人口数等，是根据市公安局提供的“人口及其变动情况统计表”“人口年龄统计表”计算整理；计划生育情况是根据市卫生和计划生育委员会提供的“自然变动情况报表”和“分孩次长效节育及女性初婚、独生子女领证情况报表”整理；历年从业人员人数、分产业从业人员人数、在岗职工年末人数及在岗职工年平均工资由市统计局人口与社会科技处根据有关单位上报的劳动统计基层年报表汇总整理。

Brief Description

This chapter shows the basic condition of population and employment statistics in 2021 and previous years of Wuhan City, including major population, emplyment ststistics of the whole city. The scope of population statistics is the household population of the whole city. The survey scope of employment statistics is the whole independent accounting department. Data on composition and change of population are prepared by Wuhan Public Security Bureau according to statistics table on population changes and population grouped by age. Data on family planning are prepared by Health and Family Planning Commission of Wuhan Municipality according to statistics table of natural changes of population. Data on employment over the years, annual average wage number of staff and workers at the year end and number of employed persons by type of industry are prepared by department of population statistics according to historical information and Basic annual employment statistics to which the whole city and every district report.

2-1 历年户籍总户数、总人口数与常住人口数
REGISTERED HOUSEHOLDS AND POPULATION, RESIDENT POPULATION

年份 Year	户籍总户数(万户) Registered Households (10 000 Households)	户籍总人口数(万人) Registered Population (10 000 Persons)	常住人口(万人) Resident population (10 000 persons)
1978	124.28	548.29	555.10
1979	126.53	558.36	563.08
1980	129.53	567.23	571.18
1981	135.46	577.90	579.40
1982	139.43	586.97	587.74
1983	143.16	594.40	599.68
1984	146.82	600.59	611.86
1985	151.33	608.39	624.28
1986	157.00	619.96	636.96
1987	161.88	629.34	649.90
1988	167.93	641.72	663.10
1989	173.62	653.26	676.57
1990	178.83	669.75	690.31
1991	184.76	677.03	700.64
1992	188.23	684.46	711.13
1993	190.89	691.69	721.77
1994	194.20	700.01	732.56
1995	196.34	710.01	743.53
1996	199.17	715.94	754.65
1997	201.28	723.90	765.94
1998	205.43	731.79	777.40
1999	208.71	740.20	789.03
2000	213.66	749.19	804.81
2001	218.66	758.23	813.80
2002	224.59	768.10	823.70
2003	229.91	781.19	836.80
2004	241.58	785.90	845.43
2005	249.95	801.36	858.00
2006	255.45	818.84	875.00
2007	260.46	828.21	891.00
2008	265.00	833.24	897.00
2009	269.90	835.55	910.00
2010	274.58	836.73	978.54
2011	276.50	827.24	1004.00
2012	281.29	821.71	1014.00
2013	286.39	822.05	1022.00
2014	288.02	827.31	1033.80
2015	297.10	829.27	1060.77
2016	302.12	833.85	1076.62
2017	310.88	853.65	1091.29
2018	321.07	883.73	1108.10
2019	329.53	906.40	1121.20
2020	334.16	916.19	1244.77
2021	341.96	934.10	1364.89

注:第七次全国人口普查后,对2011年、2012年、2017年常住人口数据进行了修订。
Note: The Permanent Population data for 2011, 2012 and 2017 are revised after the Seventh National Population Census.

2-2 人口构成(2017-2021 年户籍统计)
POPULATION COMPOSITION(2017-2021 HOUSEHOLD POPULATION)

项目 Item		全市 The Whole City 人口(万人) Population (10 000 person)	全市 The Whole City 比重(%) Percentage of Total Population(%)
2017 年合计	**Total in 2017**	**853.65**	**100.0**
男	Male	435.27	51.0
女	Female	418.38	49.0
乡村人口	Rural Population	234.30	27.4
城镇人口	Urban Population	619.35	72.6
2018 年合计	**Total in 2018**	**883.73**	**100.0**
男	Male	450.08	50.9
女	Female	433.65	49.1
乡村人口	Rural Population	236.80	26.8
城镇人口	Urban Population	646.93	73.2
2019 年合计	**Total in 2019**	**906.40**	**100.0**
男	Male	461.07	50.9
女	Female	445.33	49.1
乡村人口	Rural Population	238.30	26.3
城镇人口	Urban Population	668.10	73.7
2020 年合计	**Total in 2020**	**916.19**	**100.0**
男	Male	465.36	50.8
女	Female	450.83	49.2
乡村人口	Rural Population	231.96	25.3
城镇人口	Urban Population	684.23	74.7
2021 年合计	**Total in 2021**	**934.10**	**100.0**
男	Male	473.90	50.7
女	Female	460.20	49.3
乡村人口	Rural Population	231.49	24.8
城镇人口	Urban Population	702.61	75.2

2-3 分孩次生育情况（2021年）
STATISTICS ON PARITY FERTILITY RATE(2021)

地区	District	一孩率（%）Rate of the First Child（%）	二孩率（%）Rate of the Second Child（%）	多孩率（%）Rate of The Third Child and above（%）
全市	**Whole City**	55.74	40.46	3.80
江岸区	Jiang'an	62.45	34.57	2.98
江汉区	Jianghan	64.56	32.33	3.10
硚口区	Qiaokou	58.01	38.52	3.48
汉阳区	Hanyang	62.29	35.55	2.16
武昌区	Wuchang	61.13	34.74	4.13
青山区（武汉化工区）	Qingshan Wuhan Chemical Industry Park	61.51	35.20	3.30
洪山区	Hongshan	58.10	39.58	2.33
东西湖区	Dongxihu	50.91	44.71	4.38
蔡甸区	Caidian	51.48	44.70	3.82
江夏区	Jiangxia	51.32	43.93	4.76
黄陂区	Huangpi	53.97	41.71	4.32
新洲区	Xinzhou	49.11	44.89	6.00
武汉经济技术开发区（汉南区）	Wuhan Economic Technological Development Zone (Hannan)	56.37	40.83	2.80
东湖新技术开发区	East Lake High - Tech Development Zone	50.16	46.82	3.02
东湖生态旅游风景区	East Lake Ecotourism Scenic Zone	45.45	51.52	3.03

2-4 分年龄的人口数(2021 年户籍统计)
POPULATION GROUPED BY AGE (2021)

单位:人 (person)

项 目 Item	合 计 Total	男 Male	女 Female
总 计 Total	9341016	4738994	4602022
0-17 岁(years old)	1603389	855049	748340
0	67998	36030	31968
1	87089	46045	41044
2	107082	56643	50439
3	111273	58840	52433
4	122017	64689	57328
5	124348	65973	58375
6	109661	58034	51627
7	107613	57665	49948
8	98424	52624	45800
9	100651	53888	46763
10	85186	45878	39308
11	81961	44021	37940
12	75015	40600	34415
13	73068	39173	33895
14	70550	37874	32676
15	63017	33822	29195
16	59379	31654	27725
17	59057	31596	27461
18-34 岁(years old)	2179307	1147116	1032191
18	58484	31749	26735
19	69168	38119	31049
20	73784	41002	32782
21	78699	44018	34681
22	73802	41733	32069
23	76884	43425	33459
24	81038	45296	35742

2-4 续表 1 Continued 1

单位:人 (person)

项目 Item	合计 Total	男 Male	女 Female
25	96332	54017	42315
26	117448	65631	51817
27	138221	75388	62833
28	158009	83772	74237
29	160876	83131	77745
30	174862	88874	85988
31	202941	101856	101085
32	208640	104175	104465
33	200115	99823	100292
34	210013	105107	104897
35-59 岁(years old)	3568810	1790588	1778222
35	189661	96034	93627
36	169363	86027	83336
37	168180	85826	82354
38	161245	81681	79564
39	166622	84279	82343
40	137450	69017	68433
41	126389	63472	62917
42	138328	69214	69114
43	128093	64426	63667
44	123978	61794	62184
45	122935	61646	61289
46	118761	59094	59667
47	111722	55534	56188
48	119280	59850	59430
49	132693	66911	65782
50	136398	68463	67935
51	155769	77386	78383

2-4 续表 2 Continued 2

单位:人 (person)

项 目 Item	合 计 Total	男 Male	女 Female
52	147996	73588	74408
53	163001	80952	82049
54	107883	53910	53973
55	125595	63332	62263
56	122662	61679	60983
57	145975	73036	72939
58	194051	96754	97297
59	154789	76683	78097
60-79 岁(years old)	1716637	831138	885499
60	92271	45213	47058
61	82292	40006	42286
62	102356	50995	51361
63	126762	62723	64039
64	138640	67941	70699
65	121944	58739	63205
66	112991	54528	58463
67	124853	59658	65195
68	103877	49735	54142
69	98550	47673	50877
70	86872	42191	44681
71	84770	41022	43748
72	82302	40508	41794
73	70900	33915	36985
74	70261	33941	36320
75	57987	27851	30136
76	44014	20973	23041

2-4 续表 3 Continued 3

单位:人 (person)

项 目 Item	合 计 Total	男 Male	女 Female
77	43234	20690	22544
78	35923	16533	19390
79	35838	16303	19535
80-99 岁(years old)	272091	114854	157237
80	40233	18273	21960
81	33282	14618	18664
82	25889	11171	14718
83	28303	12117	16186
84	23991	10257	13734
85	23122	9677	13445
86	20451	8358	12093
87	17054	6834	10220
88	15902	6363	9539
89	10149	4069	6080
90	8102	3324	4778
91	7142	2890	4252
92	4769	1849	2920
93	3823	1483	2340
94	3117	1178	1939
95	2207	806	1401
96	1666	600	1066
97	1312	455	857
98	943	322	621
99	634	210	424
100 岁及以上(100 years old and above)	782	249	533

2-5 历年从业人员人数
EMPLOYMENT OVER THE YEARS

单位:万人　　　　(10 000 persons)

年份 Year	合计 Total	城镇非私营单位从业人员 Staff And Workers	国有经济单位 State-owned Units	城镇集体经济单位 Urban Collective-owned Units	其他经济类型单位 Units of Other Types of Ownership	个体经济从业人员 Employment of Individual Economy	农村经济从业人员 Employment of Rural Economy	私营经济从业人员 Employment of Private Enterprises	其他从业人员 Others
1949	93.45	18.38	9.59	8.79		4.21	70.86		
1950	97.05	21.29	12.39	8.90		3.61	72.14		
1951	102.73	25.55	15.49	10.06		3.34	73.84		
1952	105.21	26.84	21.59	5.26		3.02	75.35		
1953	114.86	33.93	28.11	5.82		3.32	77.62		
1954	118.28	36.30	31.29	5.01		3.82	78.17		
1955	125.19	38.24	33.55	4.70		3.09	83.86		
1956	150.61	59.70	47.70	12.00		2.88	88.03		
1957	152.70	62.78	48.38	14.40		3.56	86.37		
1958	175.41	91.28	79.78	11.51		0.60	83.53		
1959	170.54	94.14	81.23	12.91		0.11	76.29		
1960	176.85	100.43	84.36	16.07		0.30	76.12		
1961	166.35	83.32	69.61	13.71		0.59	82.43		
1962	159.03	71.42	58.33	13.09		1.82	85.79		
1963	165.49	72.97	59.84	13.13		1.98	90.54		
1964	172.96	78.44	62.79	15.65		1.61	92.92		
1965	178.30	81.86	66.60	15.26		1.29	95.15		
1966	180.13	83.84	68.17	15.67		0.80	95.50		
1967	182.83	86.79	70.68	16.11		0.00	96.04		
1968	188.38	88.67	72.12	16.56		0.00	99.71		
1969	197.27	93.10	73.90	19.20		0.00	104.17		
1970	206.58	99.96	80.03	19.93		0.00	106.62		
1971	218.55	111.26	90.53	20.73		0.00	107.29		
1972	225.18	117.68	95.02	22.66		0.00	107.50		
1973	230.56	120.05	95.05	25.00		0.00	110.51		
1974	235.30	121.92	96.21	25.71		0.00	113.38		
1975	246.41	132.06	101.46	30.60		0.00	114.35		
1976	252.31	139.00	106.51	32.49		0.00	113.31		
1977	257.91	145.83	113.08	32.75		0.00	112.08		
1978	271.92	158.22	125.04	33.18		0.00	113.70		
1979	280.17	166.12	124.58	41.54		0.33	113.72		
1980	293.25	177.90	130.89	47.01		0.55	114.79		
1981	305.64	190.05	138.54	51.51		0.90	114.69		
1982	313.18	195.79	142.51	53.28		1.08	116.31		
1983	319.77	201.86	148.27	53.59		1.95	115.96		
1984	325.97	205.03	149.14	55.75	0.15	3.00	117.94		

2-5 续 表 Continued

单位:万人 (10 000 persons)

年份 Year	合计 Total	城镇非私营单位从业人员 Staff And Workers	国有经济单位 State-owned Units	城镇集体经济单位 Urban Collective-owned Units	其他经济类型单位 Units of Other Types of Ownership	个体经济从业人员 Employment of Individual Economy	农村经济从业人员 Employment of Rural Economy	私营经济从业人员 Employment of Private Enterprises	其他从业人员 Others
1985	335.81	212.55	154.41	57.96	0.18	4.04	119.22		
1986	340.90	215.36	155.71	59.41	0.24	3.50	122.05		
1987	348.30	219.50	159.95	59.29	0.27	3.96	124.84		
1988	351.25	223.02	163.42	59.20	0.39	4.95	123.29		
1989	355.15	224.99	165.32	59.07	0.60	5.86	124.31		
1990	357.80	227.12	167.99	58.45	0.68	5.21	125.47		
1991	360.24	230.15	169.78	58.72	1.65	4.62	124.62	0.85	
1992	360.61	230.02	171.08	57.07	1.87	5.22	124.46	0.91	
1993	374.92	233.58	173.23	53.53	6.92	14.89	123.42	2.93	
1994	386.83	226.34	168.39	48.70	9.25	28.12	124.71	7.67	
1995	398.64	222.30	166.71	43.27	12.32	37.48	128.51	10.35	
1996	406.42	218.85	164.50	41.13	13.22	40.48	121.87	25.22	
1997	411.83	216.44	161.91	40.61	13.92	45.76	121.41	28.22	
1998	415.20	210.74	155.43	36.64	18.67	51.49	120.36	32.61	
1999	417.78	206.89	150.49	33.80	22.60	54.15	121.44	35.30	
2000	417.80	199.64	144.04	28.95	26.65	63.61	121.30	33.25	
2001	406.12	192.96	138.52	23.18	31.26	59.67	120.33	33.16	
2002	407.30	183.79	134.65	17.23	31.91	60.79	123.78	38.94	
2003	412.00	176.24	117.49	13.85	44.90	70.04	127.99	36.80	0.93
2004	417.50	148.60	89.66	7.54	51.40	30.57	154.33	22.83	61.17
2005	421.80	148.53	90.05	7.86	50.62	42.77	148.90	29.20	52.40
2006	429.60	153.89	86.10	6.77	61.02	43.62	143.98	34.03	54.08
2007	442.20	159.58	83.61	6.94	69.03	61.14	145.60	22.78	53.10
2008	456.00	170.45	84.56	7.75	78.14	74.60	144.23	37.74	28.98
2009	468.60	175.84	80.36	7.78	87.70	90.11	143.47	38.45	20.73
2010	483.00	178.46	79.85	7.09	91.52	92.54	141.75	47.86	22.39
2011	498.00	189.77	85.15	4.53	100.09	95.69	145.74	48.30	18.50
2012	506.40	191.85	82.74	4.04	105.07	115.41	95.48	85.41	18.25
2013	522.24	198.54	87.85	4.62	106.07	124.96	88.63	87.29	22.82
2014	530.44	205.74	89.88	4.22	111.64	125.40	81.90	90.16	27.24
2015	544.92	207.28	85.46	4.00	117.82	128.89	83.11	95.16	30.48
2016	550.37	213.26	84.94	3.01	125.31	128.92	83.55	95.17	29.47
2017	564.08	219.90	84.67	2.92	132.31	132.08	84.36	96.32	31.42
2018	610.72	247.25	89.18	3.22	154.85	134.25	85.67	111.86	31.69
2019	623.13	247.86	89.27	3.12	155.47	140.32	86.92	119.24	28.79
2020	603.79	242.53	88.44	3.08	151.01	133.92	84.52	114.23	28.59
2021	634.20	246.14	89.42	3.10	153.62	137.82	104.57	116.52	29.15

2-6 历年分产业从业人员人数
EMPLOYMENT BY TYPE OF INDUSTRY

单位:万人 (10 000 persons)

年份 Year	总计 Total	第一产业 Primary Industry	第二产业 Secondary Industry	第三产业 Tertiary Industry
1995	398.64	93.64	150.98	154.02
1996	406.42	91.43	154.60	160.39
1997	411.83	92.97	154.22	164.64
1998	415.20	92.85	152.25	170.10
1999	417.78	92.96	151.87	172.95
2000	417.80	91.43	148.95	177.42
2001	406.12	90.42	141.47	174.23
2002	407.30	86.02	143.41	177.87
2003	412.00	83.08	144.43	184.49
2004	417.50	81.81	141.30	194.39
2005	421.80	80.58	137.66	203.56
2006	429.60	83.36	140.39	205.85
2007	442.20	82.96	146.60	212.64
2008	456.00	79.57	156.00	220.43
2009	468.60	63.84	175.26	229.50
2010	483.00	63.52	178.46	241.02
2011	498.00	61.10	189.50	247.40
2012	506.40	61.34	194.50	250.56
2013	522.24	50.87	200.86	270.51
2014	530.44	48.38	204.75	277.31
2015	544.92	49.68	209.24	286.00
2016	550.37	49.60	209.16	291.61
2017	564.08	49.57	209.13	305.38
2018	610.72	49.94	225.96	334.82
2019	623.13	49.66	230.31	343.16
2020	603.79	54.30	211.20	338.29
2021	634.20	53.27	227.11	353.82

2-7 历年城镇非私营单位就业人员平均工资
AVERAGE WAGE OF EMPLOYEES IN URBAN NON-PRIVATE UNITS OVER THE YEARS

单位:元 (yuan)

年份 Year	单位就业人员平均工资 Average Wage of Employees	其中:在岗职工 Staff and Workers
1949	548	
1950	464	
1951	485	
1952	533	
1953	546	
1954	548	
1955	569	
1956	621	
1957	637	
1958	597	
1959	549	
1960	559	
1961	555	
1962	595	
1963	630	
1964	651	
1965	648	
1966	639	
1967	637	
1968	637	
1969	681	
1970	581	
1971	498	
1972	567	
1973	568	
1974	583	
1975	589	
1976	570	
1977	568	
1978	620	
1979	679	
1980	780	
1981	770	
1982	786	
1983	798	
1984	968	

2-7 续 表 Continued

单位:元 (yuan)

年 份 Year	单位就业人员平均工资 Average Wage of Employees	其中:在岗职工 Staff and Workers
1985	1107	
1986	1239	
1987	1379	
1988	1630	
1989	1893	
1990	2093	
1991	2332	
1992	2689	
1993	3533	
1994	4580	
1995	5327	
1996	5981	
1997	6406	
1998	6746	8225
1999	7091	8812
2000	7628	9728
2001	9080	11314
2002	10039	12161
2003	11719	13729
2004	13818	15971
2005	16255	18505
2006	19759	21839
2007	22999	25136
2008	27212	28431
2009	32429	33320
2010	38428	39303
2011		45643
2012	46965	48942
2013	52387	53745
2014	59143	60624
2015	64407	65720
2016	70590	71963
2017	77726	79684
2018	85885	88327
2019	95286	98043
2020	104009	107567
2021	117322	121608

注:根据国家统计局劳动工资统计报表制度的变化,从2012年起,本表中原"全部职工"变更为"单位就业人员"。

Note:According to the change of the labor wage statistics reporting system of the State Statistics Bureau, "Employees" on this table refered to "All Staff and Workers" before 2012.

2-8 按行业分城镇非私营单位就业人员平均工资(2017-2021年)
AVERAGE WAGE OF EMPLOYEES IN URBAN NON-PRIVATE UNITS BY SECTORS(2017-2021)

单位:元　　(yuan)

指标名称 Index Name	2017	2018	2019	2020	2021
合计 Total	**77726**	**85885**	**95286**	**104009**	**117322**
(一)农、林、牧、渔业 Farming, Forestry, Animal Husbandry and Fishery	37006	39717	42180	47916	54960
(二)采矿业 Mining	45052	53466	64899	75348	86122
(三)制造业 Manufacturing	72425	78219	88464	97576	111237
(四)电力、热力、燃气及水生产和供应业 Electric Power, Gas and Water Production and Supply	88662	100318	112868	127433	136835
(五)建筑业 Construction	59622	64657	68973	77181	88990
(六)批发和零售业 Wholesale and Retail Trade	57864	65309	73050	78062	92051
(七)交通运输、仓储和邮政业 Transportation, Storage and Post	69702	79436	85407	88101	102285
(八)住宿和餐饮业 Hotel and Catering Services	43870	45792	49288	39458	49166
(九)信息传输、软件和信息技术服务业 Information Transmission, Software and Information Technology Service	102833	114453	124323	128536	152130
(十)金融业 Banking	148102	163860	169546	170733	181723
(十一)房地产业 Real Estate	70439	73820	74870	78988	86430
(十二)租赁和商务服务业 Leasing and Commercial Services	66696	72350	76329	78848	92826
(十三)科学研究和技术服务业 Scientific Research and Technical Services	118818	128855	145225	153412	169060
(十四)水利、环境和公共设施管理业 Water Conservancy, Environment and Public Facilities Management	60959	70091	73661	82942	90241
(十五)居民服务、修理和其他服务业 Resident Services, Repairs and Others	44191	51180	58751	66930	72887
(十六)教育 Education	98321	114977	125324	130964	146796
(十七)卫生和社会工作 Health Care and Social Work	111296	125209	139857	147130	163269
(十八)文化、体育和娱乐业 Culture, Sports and Entertainment	79691	89047	105156	108100	121586
(十九)公共管理、社会保障和社会组织 Public Management, Social Security and Social Organizations	110290	122356	133130	148573	159689

主要统计指标解释

出生率(又称粗出生率) 指在一定时期内(通常为一年)一定地域范围内出生人数与同期人口平均数之比。一般用千分率表示,计算公式:

$$出生率 = \frac{年出生人数}{年平均人数} \times 1000‰$$

出生人数 是指活产婴儿,即胎儿脱离母体时(不管怀孕月数),有过呼吸或其他生命现象。

年平均人数 是年初、年底人口数的平均数,也可用年中人口数代替。

死亡率(又称粗死亡率) 指在一定时期内(通常为一年)一定地区的死亡人数与同期平均人数(或期中人数)之比,一般用千分率表示。计算公式:

$$死亡率 = \frac{年死亡人数}{年平均人数} \times 1000‰$$

人口自然增长率指在一定时期内(通常为一年)人口自然增加数(出生人数减死亡人数)与该时期内平均人数(或期中人数)之比,一般用千分率表示。计算公式:

$$人口自然增长率 = \frac{本年出生人数 - 本年死亡人数}{年平均人数} \times 1000‰$$

$$人口自然增长率 = 人口出生率 — 人口死亡率$$

从业人员 指从事一定社会劳动并取得劳动报酬或经营收入的人员。包括:(1)全部在岗职工;(2)再就业的离退休人员;(3)私营业主;(4)个体户主;(5)私营和个体从业人员;(6)乡镇企业从业人员;(7)农村从业人员;(8)其他从业人员。这一指标反映了一定时期内全部劳动力资源的实际利用情况,是研究我国基本国情国力的重要指标。

国有经济单位 指资产归国家所有的经济组织。包括按《中华人民共和国企业法人登记管理条例》规定登记注册的非公司制的经济组织,以及中央、地方各级国家机关、事业单位和社会团体。

集体经济单位 指生产资料归集体所有,并按《中华人民共和国企业法人登记管理条例》规定登记注册的经济组织。

其他经济单位 包括股份合作单位、联营单位、有限责任公司、股份有限公司、港澳台商投资单位以及外商投资单位等其他登记注册类型单位。

在岗职工 指在本单位工作并由单位支付工资的人员,以及有工作岗位,但由于学习、病伤产假等原因暂未工作,仍由单位支付工资的人员。

工资总额 指各单位在一定时期内直接支付给本单位全部单位从业人员的劳动报酬总额。工资总额的计算原则应以直接支付给单位从业人员的全部劳动报酬为根据。各单位支付给职工的劳动报酬以及其他根据有关规定支付的工资,不论是计入成本的还是不计入成本的,不论是按国家规定列入计征奖金税项目的,还是未列入计征奖金税项目的,不论是以货币形式支付的还是以实物形式支付的,均包括在工资总额内。

平均工资 指企业、事业,机关单位的从业人员在一定时期内平均每人所得的货币工资额。它表明一定时期单位从业人员工资收入的高低程度,是反映单位从业人员工资水平的主要指标。计算公式为:

$$平均工资 = \frac{报告期实际支付的全部单位从业人员工资总额}{报告期全部单位从业人员平均人数}$$

Explanatory Notes on Main Statistical Indicators

Birth Rate(or Crude Birth Rate) refers to the ratio of the number of births to the average population during a certain period of time(usually a year) ,which is often expressed in ‰. The following formula is used:

$$\text{Birth Rate} = \frac{\text{Number of births}}{\text{Average Number of Population}} \times 1000‰$$

Number of Births refers to live births, i. e. the births when babies had showed any vital phenomena regardless of the length of pregnancy.

Annual Average Number of Population is the average number of population at the beginning of the year and that at the end of the year. Sometimes it is substituted with the mid – year population.

Death Rate(or Crude Death Rate) refers to the ratio of the number of deaths to the average population(or mid – year population) during a certain period of time(usually a year) ,which is often expressed in ‰. The following formula is used:

$$\text{Death Rate} = \frac{\text{Number of Deaths}}{\text{Average Number of Population}} \times 1000‰$$

Natural Growth Rate of Population refers to the ratio of natural increase in population (number of births minus number of deaths) in a certain period of time(usually a year) to the average population(or mid – year population) of the same period. which is often expressed in ‰. The following formula is applied:

$$\text{Natural Growth Rate of Population} = \frac{\text{Number of Births} - \text{Number of Deaths}}{\text{Average Number of Population}} \times 1000‰$$

Natural Growth Rate of Population = Birth Rate – Death Rate

Employees refers to people who are engaged in social labour and receive remuneration payment or earn business income, including: (1) total staff and workers; (2) re – employed retirees; (3) employers of private enterprises; (4) employers of individual economy; (5) employees in private enterprises and individual economy; (6) employees in township enterprises; (7) employees in rural areas; (8) other employees.

This indicator reflects the actual utilization of total labour force during a certain period of time and is the key to the research on China's economic affairs and national power.

State – owned Units refer to economic units where the entire assets are owned by the state, including non – corporation economic units, government agencies at all levels, institutions and social organizations which have registered in accordance with the Regulation of the People's Republic of China on the Management of Registration of Corporate Enterprises.

Collective – owned Units refer to economic units where the assets are owned collectively and which have registered in accordance with the Regulation of the People's Republic of China on the Management of Registration of Corporate Enterprises.

Units of other types of ownership Include Cooperative units, joint ownership units, limited liability corporations, share – holding corporations Ltd, units with investment from HongKong, Macau and Taiwan, units with foreign investment and so on.

Fully Employed Staff and Workers refer to people who work in, and receive wages from their working units, as well as people who have their work posts, but are temporarily absent from work for reasons of study or sickness, injury or maternal leave and still receive wages from their working units.

Total Wages of Staff and Workers refer to the total remuneration payment to staff and workers in various units during a certain Deriod of time. The calculation of total wages is based on the total remuneration payment to staff and workers. Therefore, all the wages and salaries and other payments to staff and workers are included in the total wages regardless of their sources, categories, and forms (in kind or cash).

Average Wage of Staff and Workers refers to the average wage in money terms per person during a certain period of time for staff and workers in enterprises, institutions, and government agencies, which reflects the general level of wage income during a certain period of time and is calculated as follows:

$$\text{Average Wage of Staff and Workers} = \frac{\text{Total Wages of Staff and Workers in Reference Period}}{\text{Average Number of Staff and Workers in Reference Period}}$$

三、工业、能源消费

INDUSTRY AND ENERGY CONSUMPTIONS

资料整理人员：吴　麒　杨伟成　肖诗军　杨　凡　张　莉　王　超　陈莎莎
徐忘黎　余芙蓉　王志斌　金　怡

STAFF FOR DATA PROCESSING:
Wu Qi　Yang Weicheng　Xiao Shijun　Yang Fan　Zhang Li　Wang Chao　Chen Shasha
Xu Zhili　Yu Furong　Wang Zhibin　Jin Yi

简要说明

本篇工业资料内容包括武汉市规模以上工业企业单位数、工业总产值、主要工业产品产量等主要经济指标;能源消费内容包括能源消费量(折标煤)和全社会用电量。

工业统计调查范围为武汉地区全部工业企业。1997 年以前,我国工业的统计范围分为乡及乡以上独立核算工业企业和非独立核算生产单位、村办工业、城镇合作工业、农村合作工业、城镇个体工业、农村个体工业六大部门(1984 年以前村办工业不在工业统计范围内)。1998 年后统计范围修定为按企业规模划分:全部国有及年产品销售收入 500 万元及以上非国有工业企业和年产品销售收入 500 万元以下非国有工业企业两部分。2007 年后统计范围又进行了调整,改为全部 500 万元及以上工业企业和年主营业务收入 500 万元以下工业企业。2010 年后统计范围再次调整,改为全部年主营业务收入 2000 万元及以上工业企业和年主营业务收入 2000 万元以下工业企业。统计数据是根据工业统计年度报表中有关资料整理汇总的。2003 年起,工业统计执行新的国民经济行业分类和大中小型企业划分标准,有关轻、重工业和行业分组资料与往年比已发生变化。

能源消费统计范围,1999 年以前年份为全社会统计口径,1999 年以后年份(含 1999 年)为规模以上工业企业。全社会用电量资料由武汉供电公司提供。

Brief Description

Data in this chapter involve numbers of industrial enterprises, the gross industrial output value, sales output, output of key industrial products, major indicators of industrial enterprises above designated size in Wuhan City. The content of energy consumption involves consumption of energy (in standard coal equivalent) and electricity specifically.

The scope of industrial statistics includes all industrial enterprises within Wuhan city. Before 1997, industrial statistics was based on types of ownership, and there were mainly six categories which were industrial enterprises at and above county level with independent accounting system and productive units without accounting system, village industrial enterprises, urban joint industrial enterprises, rural joint industrial enterprises, urban individual industrial enterprises, and rural industrial enterprises (not included until 1984). Since 1998, the categorization of industrial statistics had been modified as sizes of enterprises which consists of all state - owned industrial enterprises and those non - state industrial enterprises with annual sales of 5 million yuan and above, non - state industrial enterprises with annual sales below 5 million yuan. Since 2007, the scope had been adjusted to all industrial enterprises with annual sales of 5 million yuan and above, and with annual sales below 5 million yuan. Since 2010, the scope has been adjusted again, to all industrial enterprises with annual sales of 20 million yuan and above, and with annual sales below 20 million yuan. The statistics data are prepared from annual industrial statistics reports. Since 2003, industrial statistics have complied with the new standard industrial classification codes and categorization of big, medium and small enterprises, which leads to different statistic results on light and heavy industry, as well as industry classification from the past.

The statistic scope of energy consumptions was citywide before 1999, and then modified to industrial enterprises above designated size. Electricity consumption data are provided by Wuhan Power Supply company.

3-1 规模以上工业企业单位数及构成(2020-2021年)
NUMBER OF INDUSTRIAL ENTERPRISES ABOVE DESIGNATED SIZE AND ITS COMPOSITION(2020-2021)

项目	Item	2020		2021	
		单位数(个) Number (unit)	构成(%) Composition (%)	单位数(个) Number (unit)	构成(%) Composition (%)
规模以上工业	Industrial Enterprises Above Designated Size	2958	100.0	3135	100.0
按登记注册类型分	Grouped by Ownership				
国有企业	State-owned	37	1.3	45	1.4
集体企业	Collective-owned	10	0.3	8	0.3
股份合作企业	Cooperative Enterprises of Share Holding	2	0.1	3	0.1
联营企业	Joint-owned	1	0.0	2	0.1
有限责任公司	Companies of Limited Liabilities	828	28.0	835	26.6
股份有限公司	Share-holding	139	4.7	141	4.5
私营企业	Private-owned	1603	54.2	1756	56.0
其他企业	Others	1	0.0	1	0.0
港澳台投资企业	Enterprises Funded by Entrepreneurs from Hongkong, Macao & Taiwan	80	2.7	78	2.5
外商投资企业	Foreign Funded	257	8.7	266	8.5
按企业规模分	Grouped by Size				
大型企业	Large Enterprises	75	2.5	78	2.5
中型企业	Medium-Sized Enterprises	286	9.7	292	9.3
小型企业	Small-Sized Enterprises	2338	79.0	2510	80.1
微型企业	Micro-Sized Enterprises	259	8.8	255	8.1

注:规模以上工业指年主营业务收入2000万元及以上法人工业企业(下同)。

Note: Industrial enterprises above designated size refer to corporate industrial enterprises with annual sales income of 20 mil yuan and above(the same applied to the following tables).

3-2 规模以上工业总产值指数(2021年)
GROSS INDUSTRIAL OUTPUT VALUE INDEX ABOVE DESIGNATED SIZE(2021)

上年=100 (Preceding year=100)

项目	Item	2021
规模以上工业总产值	Gross Industrial Output Value Above Designated Size	118.3
按经济类型分	Grouped by Ownership	
其中:国有企业	State - owned	118.3
集体企业	Collective - owned	90.0
股份合作企业	Cooperative Enterprises of Share Holding	125.0
股份制企业	Joint - stock Enterprises	121.1
外商及港、澳、台商投资企业	Foreign Funded and Enterprises Funded by Entrepreneurs From Hongkong, Macao & Taiwan	113.5
按轻重工业分	Grouped by Light & Heavy Industry	
轻工业	Light Industry	111.9
重工业	Heavy Industry	120.3

3－3　历年规模以上工业总产值和增加值指数
INDUSTRIAL OUTPUT VALUE AND ADDED VALUE INDEX ABOVE DESIGNAIED SIZE OVER THE YEARS

上年＝100　　　　(Preceding year＝100)

年份 Year	规模以上工业总产值 Above Scale Industrial Output Value	轻工业 Light Industry	重工业 Heavy Industry	规模以上工业增加值 Above Scale Industrial Added Value
2001	114.8			111.8
2002	111.6			112.6
2003	117.9			114.3
2004	126.0	118.3	129.2	121.7
2005	128.2	115.1	132.4	123.8
2006	122.7	122.1	122.8	124.2
2007	125.5	129.3	124.4	122.1
2008	125.4	124.7	125.5	120.3
2009	110.2	117.5	108.2	118.5
2010	128.4	130.1	127.9	121.7
2011	121.8	124.8	121.0	116.0
2012	115.3	124.2	113.0	115.2
2013	118.0	117.4	118.2	111.7
2014	112.3	112.0	112.3	110.9
2015	106.8	108.5	106.3	108.5
2016	105.8	101.0	107.3	105.0
2017	113.2	113.9	113.1	107.7
2018	107.6	108.3	107.4	105.7
2019	103.2	103.1	103.2	104.4
2020	90.5	91.1	89.7	93.1
2021	118.3	111.9	120.3	114.2

3－4 历年分经济类型的规模以上工业总产值构成
THE TOTAL ABOVE SCALE INDUSTRIAL OUTPUT VALUE COMPOSITION OF ECONOMIC TYPE

本表按当年价格计算　　Data in this table are calculated at current prices.

年　份 Year	比　重(％) Composition(％)			
	国有经济 State－owned Enterprises	集体经济 Colletive－owned Enterprises	外商及港澳台经济 Economy of Foreign, Hong Kong, Macao and Taiwan	其他经济 Enterprises of Other Ownership
2008	30.3	0.7	29.4	39.6
2009	26.5	0.6	31.2	41.8
2010	26.4	0.5	32.9	40.2
2011	25.9	0.3	32.6	41.2
2012	30.9	0.4	31.1	37.6
2013	24.8	0.3	31.4	43.5
2014	16.0	0.3	30.9	52.8
2015	16.5	0.3	30.8	52.4
2016	16.0	0.2	30.9	52.9
2017	8.1	0.1	32.8	59.0
2018	7.2	0.1	30.1	62.6
2019	7.6	0.1	32.2	60.1
2020	9.2	0.1	36.5	54.2
2021	8.3	0.1	34.5	57.1

3 -5　规模以上工业主要产品产量(2020 -2021 年)
OUTPUT OF MAJOR INDUSTRIAL PRODUCTS OF ENTERPRISES ABOVE DESIGNATED SIZE(2020 -2021)

项　目	Item	2020	2021
食用植物油(万吨)	Edible Vegetable Oil(10 000 tons)	41.09	40.68
乳制品(万吨)	Dairy Products(10 000 tons)	69.74	71.56
饮料酒(万千升)	Alcoholic Beverages(1000 kilolite)	101.36	112.83
饮　料(万吨)	Drinks(10 000 ton)	366.52	427.06
卷　烟(万箱)	Gigarettes(10 000 boxes)	266.09	269.87
布(万米)	Cloth In Total(10 000 meters)	4129.10	4208.15
化纤长丝机织物(万米)	Chemical Fiber Filament(10 000 meters)	5789.00	2290.00
服　装(万件)	Garments (10 000 units)	5445.68	6644.71
机制纸及纸板(万吨)	Machine Made paper and Paperboards(10 000 tons)	63.76	72.08
原油加工量(万吨)	Grude Oil processing Volume(10 000 tons)	577.99	829.57
汽　油(万吨)	Gasoline(10 000 tons)	141.01	196.42
柴　油(万吨)	Diesel Oil(10 000 tons)	187.03	202.91
燃料油(万吨)	Fuel Oil(10 000 tons)	7.55	17.44
焦　炭(万吨)	Coke(10 000 tons)	508.15	493.49
农用氮、磷、钾化学肥料(折纯)(万吨)	Nitrogen, Phosphorus, Potassium Fertilizers Applied in Algriculture (in pure Volume) (10 000 tons)	0.77	0.00

3-5 续 表 1 Continued 1

项　　目	Item	2020	2021
涂　料(万吨)	Paint (10 000 tons)	16.81	6.00
化学药品原药(吨)	Chemical Raw Medicine(ton)	11256.04	13704.20
乙　烯(万吨)	Ethylene (10 000 tons)	69.78	106.39
中成药(万吨)	Traditional Chinese Patent Medicine(10 000 tons)	4.71	5.00
塑料制品(万吨)	Plastic Products(10 000 tons)	113.89	129.74
水　泥(万吨)	Cement (10 000 tons)	881.13	1007.77
砖(亿块)	Bricks(100 million cubes)	6.65	6.43
平板玻璃(万重量箱)	Plate Glass(10 000 Weight-Box)	1319.97	1793.42
生　铁(万吨)	Crude Iron(10 000 tons)	1402.43	1313.96
粗　钢(万吨)	Crude Steel(10 000 tons)	1595.40	1587.74
钢　材(万吨)	Steel (10 000 tons)	1548.02	1608.27
铝　材(万吨)	Aluminum(10 000 tons)	6.28	6.60
工业锅炉(蒸发量吨)	Industrial Boiler(tons)	279.00	530.00
工业机器人(套)	Industrial Robot(unit)	1825	1870
汽　车(万辆)	Motor Vehicles(10 000 unit)	141.63	139.35

3-5 续 表 2 Continued 2

项 目	Item	2020	2021
#轿 车(万辆)	Trucks(10 000 unit)	84.66	78.15
SUV(万辆)	Cars(10 000 unit)	51.77	54.83
民用钢质船舶(万载重吨)	Loading Capacity of Commerical Steel Ships(10 000 ton)	0.03	0.02
发电设备(万千瓦)	Generating Equipment(10 000 kW)	113.91	113.25
电动机(万千瓦)	Electromotor(10 000 kW)	154.24	220.07
光 纤(万千米)	Optical Fiber (10 000 km)	8590.22	11263.17
光 缆(万芯千米)	Optical Cable(10 000 tons km)	4966.98	5281.54
房间空气调节器(万台)	House Air Conditioner(10 000 units)	1705.79	2003.82
电子计算机整机(万台)	Computer(10000 units)	1742.61	2083.27
显示器(万部)	Display(10 000 units)	1455.67	1635.21
移动通信手持机(万台)	Mobile Handsets(1000 units)	2505.20	4837.03
集成电路圆片(万片)	Integrated Circuit Wafer(10000 units)	52.83	107.32
光电子器件(亿只)	Optoelectronic Devices(100 million yuan)	3.52	4.70
光学仪器(万台)	Optical Instrument(10000 units)	2.50	2.65
发电量总计(亿千瓦时)	Power Generation(100 mil kWh)	229.19	259.11
#火 电(亿千瓦时)	Thermal Power Generation(100 mil kWh)	229.19	259.11

3－6 规模以上工业企业主要经济指标(2021 年)

单位:亿元

项　　目	Item	企业单位数（个）Number of Enterprises (unit)
总　　计	**Total**	3135
一、按登记注册类型分组:	**Grouped by Ownership**	
内资企业	Domestic Funded Enterprises	2791
国有企业	State－owned Units	45
集体企业	Collective－owned Units	8
股份合作企业	Share－holding Cooperative	3
联营企业	Joint－owned Economic Units	2
有限责任公司	Companies of Limited Liabilities	835
股份有限公司	Companies of Share－holding with Limited Liabilitios	141
私营企业	Private－owned	1756
其他企业	Others	1
港、澳、台商投资企业	Enterprises Funded by Entrepreneurs from Hongkong,Macao & Taiwan	78
外商投资企业	Foreign Funded	266
二、在总计中:亏损企业	**of the Total:Loss－making Enterprises**	494
在总计中:国有控股企业	of the Total:State－holding Enterprises	303
在总计中:轻工业	Light Industry	920
重工业	Heavy Industry	2215
在总计中:大型企业	Large Enterprises	78
中型企业	Medium－Sized Enterprises	292
小型企业	Small－Sized Enterprises	2510
微型企业	Micro－Sized Enterprises	255

MAJOR ECONOMIC INDICATORS OF INDUSTRIAL ENTERPRISES ABOVE DESIGNATED SIZE (2021)

(100 million yuan)

#亏损企业 Loss - making Enterprise	资产总计 Total Assets	流动资产合计 Total Current Assets	#应收账款 Account Receivables	#存 货 Inventories	#产成品 Finished Goods
494	19118.20	9956.76	2508.62	1862.61	540.72
424	15641.16	7628.02	1903.82	1479.79	430.29
8	2876.05	627.47	209.38	99.67	20.10
1	3.31	2.10	0.84	0.46	0.33
1	2.20	2.05	-0.08	0.56	0.21
0	2.83	2.65	0.44	0.29	0.00
138	7106.30	3422.50	870.87	840.86	230.35
28	3747.06	2298.56	343.55	299.67	65.40
248	1902.97	1272.47	478.79	238.12	113.90
0	0.43	0.21	0.02	0.16	0.00
24	769.84	568.62	108.68	114.51	30.02
46	2707.20	1760.11	496.13	268.31	80.41
494	4022.90	1409.05	321.27	307.63	83.22
59	12107.84	5540.78	980.40	1040.04	223.49
153	3010.77	2039.57	386.17	545.75	171.59
341	16107.43	7917.19	2122.45	1316.86	369.13
14	12148.78	5493.64	1025.11	1066.30	227.82
37	3162.51	2033.27	667.00	328.43	120.80
390	3596.85	2303.98	779.31	439.29	184.83
53	210.06	125.86	37.21	28.60	7.27

3－6 续 表 1

单位:亿元

项目	Item	固定资产净额 Net Fixed Assets
总 计	**Total**	5103.24
一、按登记注册类型分组:	**Grouped by Ownership**	
内资企业	Domestic funded Enterprises	4340.63
国有企业	State－owned Units	1449.34
集体企业	Collective－owned Units	0.45
股份合作企业	Share Holding Cooperative	0.11
联营企业	Joint－owned Economic Units	0.03
有限责任公司	Companies of Limited Liabilities	2349.75
股份有限公司	Companies of Share－holding with Limited Liabilities	222.85
私营企业	Private－owned	317.95
其他企业	Others	0.14
港、澳、台商投资企业	Enterprises Funded by Entrepreneurs from Hongkong,Macao & Taiwan	121.69
外商投资企业	Foreign Funded	640.92
二、在总计中:亏损企业	**of the Total:Loss－making Enterprises**	1425.36
在总计中:国有控股企业	of the Total:State－holding Enterprises	3708.64
在总计中:轻工业	Light Industry	475.62
重工业	Heavy Industry	4627.62
在总计中:大型企业	Large Enterprises	3846.02
中型企业	Medium－Sized Enterprises	592.00
小型企业	Small－Sized Enterprises	635.94
微型企业	Micro－Sized Enterprises	29.29

3 - 6 Continued 1

(100 million yuan)

负债合计 Total Liabilities	营业收入 Sales Income	#主营业务收入 Revenues of Major Business	营业成本 Sales Cost	税金及附加 Business Taxes and Extras	销售费用 Selling Expenses	管理费用 Management Expenses
10143.32	15449.52	15019.27	12612.44	675.98	387.20	523.44
7900.70	10598.66	10398.39	8586.90	602.20	269.26	386.83
1702.28	1976.00	1962.70	1785.69	87.77	3.48	41.11
0.93	12.03	12.03	11.01	0.07	0.14	0.21
0.77	1.87	1.87	1.47	0.01	0.05	0.16
2.46	1.87	1.87	1.54	0.00	0.01	0.15
3989.55	5077.31	4898.80	3831.53	495.72	91.64	190.41
1178.72	1118.11	1052.39	871.25	7.21	76.55	51.96
1025.73	2511.06	2468.33	2084.08	11.42	97.37	102.82
0.27	0.40	0.40	0.34	0.00	0.02	0.03
465.34	598.79	676.93	575.53	4.40	27.44	20.45
1777.28	4052.07	3943.95	3450.00	69.39	90.51	116.16
2631.79	1228.76	1167.83	1165.20	9.11	39.14	75.61
6315.38	7595.50	7490.05	6121.87	628.81	140.84	255.13
1358.55	3543.16	3376.06	2361.74	492.07	158.16	147.24
8784.77	11906.36	11643.21	10250.70	183.92	229.04	376.20
6458.80	8672.12	8454.49	6983.66	641.85	165.48	248.71
1627.26	2771.58	2699.82	2295.15	15.07	85.98	94.95
1913.47	3842.78	3777.85	3191.74	18.09	131.25	171.63
143.79	163.04	87.11	141.89	0.98	4.48	8.15

3－6 续 表 2

单位:亿元

项 目	Item	研发费用 R&D Expenditure
总 计	**Total**	395.38
一、按登记注册类型分组:	**Grouped by Ownership**	
内资企业	Domestic－funded Enterprises	340.94
国有企业	State－owned Units	9.01
集体企业	Collective－owned Units	0.11
股份合作企业	Share－holding Cooperative	0.04
联营企业	Joint－owned Economic Units	0.06
有限责任公司	Companies of Limited Liabilities	189.01
股份有限公司	Companies of Share－holding with Limited Liabilities	90.63
私营企业	Private－owned	52.06
其他企业	Others	0.00
港、澳、台商投资企业	Enterprises Funded by Entrepreneurs from Hongkong, Macao & Taiwan	16.00
外商投资企业	Foreign Funded	38.44
二、在总计中:亏损企业	**of the Total:Loss－making Enterprises**	80.16
在总计中:国有控股企业	of the Total:State－holding Enterprises	215.29
在总计中:轻工业	Light Industry	66.37
重工业	Heavy Industry	329.02
在总计中:大型企业	Large Enterprises	235.32
中型企业	Medium－Sized Enterprises	67.50
小型企业	Small－Sized Enterprises	89.20
微型企业	Micro－Sized Enterprises	3.37

3－6 Continued 2

(100 million yuan)

财务费用 Financial Expenses	利息费用 Interest Expenses	利润总额 Total Profits	亏损企业亏损总额 Total Loss of Loss－making Enterprises	利税总额 Total Profits and Taxes	本年应交增值税 Value－added Payable of the Current Year
37.44	81.48	1040.20	151.27	2086.61	370.42
38.50	74.16	672.00	125.31	1554.76	280.57
15.79	15.44	37.00	3.83	177.02	52.25
0.02	0.01	0.48	0.00	0.76	0.21
0.00	0.00	0.14	0.02	0.21	0.06
0.00	0.00	0.11	0.00	0.25	0.14
15.27	37.59	291.04	100.55	936.89	150.13
－5.99	14.18	182.15	12.08	202.67	13.32
13.40	6.93	161.06	8.82	236.94	64.46
0.00	0.00	0.02	0.00	0.02	0.00
0.30	1.76	63.98	7.04	77.68	9.30
－1.35	5.56	304.21	18.93	454.16	80.56
14.99	21.45	－151.27	151.27	－121.11	21.06
13.75	55.37	503.22	81.45	1349.23	217.20
1.78	8.95	345.02	14.94	975.71	138.62
35.66	72.53	695.18	136.34	1110.89	231.80
7.01	54.21	559.24	88.75	1414.38	213.29
9.76	10.94	231.06	22.91	302.60	56.48
18.88	15.09	245.24	35.21	360.19	96.86
1.79	1.24	4.66	4.40	9.43	3.79

3-6 续 表 3

项　　目	Item	从业人员年平均人数（万人）Annual Average Employees (10 000 persons)
总　　计	**Total**	69.27
一、按登记注册类型分组：	**Grouped by Ownership**	
内资企业	Domestic - funded Enterprises	55.02
国有企业	State - owned Units	9.16
集体企业	Collective - owned Units	0.08
股份合作企业	Share Holding Cooperative	0.02
联营企业	Joint - owned Economic Units	0.03
有限责任公司	Companies of Limited Liabilities	21.33
股份有限公司	Companies of Share holding with Limited Liabilities	6.82
私营企业	Private - owned	17.58
其他企业	Others	0.01
港、澳、台商投资企业	Enterprises Funded by Entrepreneurs from Hongkong, Macao & Taiwan	3.65
外商投资企业	Foreign Funded	10.59
二、在总计中：亏损企业	**of the Total: Loss - making Enterprises**	10.25
在总计中：国有控股企业	of the Total: State - holding Enterprises	27.48
在总计中：轻工业	Light Industry	16.20
重工业	Heavy Industry	53.06
在总计中：大型企业	Large Enterprises	30.05
中型企业	Medium - Sized Enterprises	14.89
小型企业	Small - Sized Enterprises	23.69
微型企业	Micro - Sized Enterprises	0.63

3-6 Continued 3

总资产贡献率(%) Ratio of Total Assets to Industrial Output Value(%)	资产负债率(%) Ratio of Liabilities to Assets(%)	流动资产周转率(次/年) Turnover of Current Assets (times per year)	成本费用利润率(%) Ratio of Profits to Industrial Costs (%)	产成品存货周转天数(天) Days of Finished Goods Inventory Turnover (day)
11.11	53.06	1.55	7.45	15.43
10.17	50.51	1.40	6.98	18.04
6.65	59.19	3.15	1.99	4.05
23.20	27.93	5.73	4.21	10.82
9.83	34.82	0.91	8.29	50.42
8.99	86.82	0.71	5.98	0.00
13.52	56.14	1.48	6.74	21.64
5.17	31.46	0.49	16.80	27.02
12.85	53.90	1.97	6.85	19.68
4.73	61.91	1.91	4.80	5.27
10.29	60.45	1.23	10.00	18.78
16.72	65.65	2.30	8.24	8.39
-2.57	65.42	0.87	-11.00	25.71
11.28	52.16	1.39	7.46	13.14
32.44	45.12	1.74	12.61	26.16
7.12	54.54	1.50	6.20	12.96
11.76	53.16	1.58	7.32	11.74
9.85	51.45	1.36	9.05	18.95
10.37	53.20	1.67	6.81	20.85
5.06	68.45	1.30	2.92	18.45

3－7 按行业分的规模以上工业企业主要经济指标(2021年)

单位:亿元

项　　目	Item	企业单位数(个) Number of Enterprises (unit)
总　　计	**Total**	3135
煤炭开采和洗选业	Coal Mining and Processing	0
石油和天然气开采业	Petroleum and Natural Gas	0
黑色金属矿采选业	Ferrous Metals Mining and Processing	1
有色金属矿采选业	Non－Ferrous Metals Mining and Processing	0
非金属矿采选业	Non－metal Minerals Mining and Processing	0
开采专业及辅助活动	Mining Auxiliary Activities	0
其他采矿业	Other Minerals Mining and Processing	2
农副食品加工业	Food Processing	137
食品制造业	Food Production	81
酒、饮料和精制茶制造业	Wine, Beverage and Refined Tea Production	27
烟草制品业	Tobacco Processing	4
纺织业	Textile Industry	52
纺织服装、服饰业	Textile, Garments and Fashion Industry	40
皮革、毛皮、羽毛及其制品和制鞋业	Leather, Furs, Down and Related Products	5
木材加工和木、竹、藤、棕、草制品业	Timber Processing, Wood, Bamboo, Cane, Palm Fiber and Straw Products	35
家具制造业	Furniture Manufacturing	24
造纸和纸制品业	Papermaking and Paper Products	48
印刷和记录媒介复制业	Printing and Record Processing	75
文教、工美、体育和娱乐用品制造业	Stationery, Education and Sports Goods	23
石油、煤炭及其他燃料加工业	Petroleum, Coal and Other Fuel Processing Industries	19
化学原料和化学制品制造业	Raw Chemical Materials and Chemical Products	116
医药制造业	Medical and Pharmaceutical Products	102
化学纤维制造业	Chemical Fiber Manufacturing	1
橡胶和塑料制品业	Rubber and Plastic Products	143
非金属矿物制品业	Nonmetal Mineral Products	304
黑色金属冶炼和压延加工业	Smelting and Pressing of Ferrous Metals	30
有色金属冶炼和压延加工业	Smelting and Pressing of Non－ferrous Metals	22
金属制品业	Metal Products	253
通用设备制造业	Ordinary Machinery Manufacturing	179
专用设备制造业	Special Purpose Equipment Manufacturing	244
汽车制造业	Automobile Manufacturing	444
铁路、船舶、航空航天和其他运输设备制造业	Railway, Watercraft, Aviation and Other Transportation Equipment Manufacturing	43
电气机械和器材制造业	Electric Equipment and Machinery	258
计算机、通信和其他电子设备制造业	Computer, Telecommunication and Other Electronic Equipment Manufacturing	214
仪器仪表制造业	Instruments and Meters Manufacturing	102
其他制造业	Other Manufacturing	10
废弃资源综合利用业	Utilization of Discard Resource and Material	23
金属制品、机械和设备修理业	Metal Products, Machinery and Repair of Equipment	9
电力、热力生产和供应业	Electric, Steam and Hot Water Production and Supply	21
燃气生产和供应业	Gas Production and Supply	22
水的生产和供应业	Tap Water Production and Supply	22

MAIN ECONOMIC INDICATORS OF ABOVE DESIGNATED SIZE INDUSTRIAL ENTERPRISES(2021)

(100 million yuan)

#亏损企业 Loss - making Enterprises	资产合计 Total Assets	流动资产合计 Total Current Assets	#应收账款 Account Receivable	#存货 Inventories	#产成品 Finished Goods
494	19118.20	9956.76	2508.62	1862.61	540.72
0	0.00	0.00	0.00	0.00	0.00
0	0.00	0.00	0.00	0.00	0.00
0	0.50	0.08	0.05	0.02	0.01
0	0.00	0.00	0.00	0.00	0.00
0	0.00	0.00	0.00	0.00	0.00
0	0.00	0.00	0.00	0.00	0.00
0	7.50	3.29	0.67	0.84	0.15
17	250.61	150.98	33.86	37.84	17.29
19	187.37	106.08	19.48	21.82	15.46
3	144.00	63.99	10.88	14.49	6.26
0	642.50	501.56	41.39	199.85	8.28
6	51.96	26.23	8.11	6.92	3.83
13	58.45	41.81	7.84	18.79	10.67
0	4.49	2.68	0.93	0.95	0.46
3	20.69	10.83	1.96	4.49	0.70
4	10.15	6.37	1.25	1.58	0.77
7	64.90	36.76	11.14	10.63	4.09
11	142.17	99.53	30.10	14.54	5.84
3	85.42	68.00	4.40	50.51	9.33
2	78.04	31.78	4.73	6.09	3.16
13	539.56	206.81	52.26	38.99	12.64
22	621.81	365.82	46.90	64.76	26.34
0	0.07	0.06	0.00	0.01	0.01
20	172.88	118.39	47.00	16.89	9.67
38	682.64	430.23	209.72	38.69	17.05
4	815.92	331.56	27.26	91.29	23.79
5	15.30	10.63	2.71	3.55	1.13
28	479.99	351.56	123.69	66.64	25.04
29	395.34	260.73	76.54	63.68	24.16
40	667.00	489.57	138.94	94.11	33.13
83	4294.49	2600.81	412.91	227.38	83.04
9	527.93	320.12	54.12	69.30	3.34
33	938.45	678.39	255.89	142.05	75.85
53	4771.93	2117.25	678.35	490.10	103.66
8	189.18	138.68	47.13	31.31	9.83
2	7.52	6.48	1.78	1.55	0.88
3	66.81	27.03	7.19	5.39	3.11
0	50.60	38.72	14.66	8.31	1.14
7	1736.97	180.25	101.12	9.11	0.09
5	117.56	46.51	5.48	2.04	0.02
4	277.47	87.22	28.21	8.10	0.50

3-7 续 表 1

单位:亿元

项 目	Item	固定资产净额 Net Fixed Assets
总 计	**Total**	5103.24
煤炭开采和洗选业	Coal Mining and Processing	0.00
石油和天然气开采业	Petroleum and Natural Gas	0.00
黑色金属矿采选业	Ferrous Metals Mining and Processing	0.00
有色金属矿采选业	Non - Ferrous Metals Mining and Processing	0.00
非金属矿采选业	Non - metal Minerals Mining and Processing	0.00
开采专业及辅助活动	Mining Auxiliary Activities	0.00
其他采矿业	Other Minerals Mining and Processing	1.60
农副食品加工业	Food Processing	58.21
食品制造业	Food Production	39.69
酒、饮料和精制茶制造业	Wine, Beverage and Refined Tea Production	47.18
烟草制品业	Tobacco Processing	48.24
纺织业	Textile Industry	19.10
纺织服装、服饰业	Textile, Garments and Fashion Industry	7.47
皮革、毛皮、羽毛及其制品和制鞋业	Leather, Furs, Down and Related Products	1.19
木材加工和木、竹、藤、棕、草制品业	Timber Processing, Wood, Bamboo, Cane, Palm Fiber and Straw Products	4.62
家具制造业	Furniture Manufacturing	1.88
造纸和纸制品业	Papermaking and Paper Products	15.11
印刷和记录媒介复制业	Printing and Record Processing	25.20
文教、工美、体育和娱乐用品制造业	Stationery, Education and Sports Goods	11.79
石油、煤炭及其他燃料加工业	Petroleum Coal and Other Fuel Processing Industries	37.12
化学原料和化学制品制造业	Raw Chemical Materials and Chemical Products	199.61
医药制造业	Medical and Pharmaceutical Products	101.14
化学纤维制造业	Chemical Fiber Manufacturing	0.00
橡胶和塑料制品业	Rubber and Plastic Products	31.44
非金属矿物制品业	Nonmetal Mineral Products	139.96
黑色金属冶炼和压延加工业	Smelting and Pressing of Ferrous Metals	339.54
有色金属冶炼和压延加工业	Smelting and Pressing of Non - ferrous Metals	2.66
金属制品业	Metal Products	76.27
通用设备制造业	Ordinary Machinery Manufacturing	60.16
专用设备制造业	Special Purpose Equipment Manufacturing	75.59
汽车制造业	Automobile Manufacturing	573.66
铁路、船舶、航空航天和其他运输设备制造业	Railway, Watercraft, Aviation and Other Transportation Equipment Manufacturing	57.27
电气机械和器材制造业	Electric Equipment and Machinery	113.35
计算机、通信和其他电子设备制造业	Computer, Telecommunication and Other Electronic Equipment Manufacturing	1563.75
仪器仪表制造业	Instruments and Meters Manufacturing	14.97
其他制造业	Other Manufacturing	0.78
废弃资源综合利用业	Utilization of Discard Resource and Material	14.20
金属制品、机械和设备修理业	Metal Products, Machinery and Repair of Equipment	9.19
电力、热力生产和供应业	Electric, Steam and Hot Water Production and Supply	1271.86
燃气生产和供应业	Gas Production and Supply	48.13
水的生产和供应业	Tap Water Production and Supply	91.32

3-7 Continued 1

(100 million yuan)

负债合计 Total Liabilities	营业收入 Sales Income	#主营业务收入 Revenues of Major Business	营业成本 Sales Cost	税金及附加 Business Taxes and Extras	销售费用 Selling Expenses	管理费用 Management Expenses
10143.32	15449.52	15019.27	12612.44	675.98	387.20	523.44
0.00	0.00	0.00	0.00	0.00	0.00	0.00
0.00	0.00	0.00	0.00	0.00	0.00	0.00
0.24	5.24	5.24	5.07	0.04	0.04	0.04
0.00	0.00	0.00	0.00	0.00	0.00	0.00
0.00	0.00	0.00	0.00	0.00	0.00	0.00
0.00	0.00	0.00	0.00	0.00	0.00	0.00
4.33	10.47	10.47	8.40	0.15	0.38	0.97
137.11	430.09	415.44	387.29	1.26	12.04	11.19
97.75	243.39	228.12	206.63	0.78	13.41	8.77
65.71	157.93	152.61	112.61	4.14	19.61	6.82
200.90	837.00	787.88	211.10	475.56	8.98	53.68
21.66	94.20	91.57	82.10	0.48	2.51	3.54
39.90	92.04	91.88	77.79	0.35	4.12	2.47
1.52	35.94	35.94	30.86	0.08	0.14	0.32
8.76	27.82	27.66	23.30	0.12	0.77	1.05
4.42	16.87	16.86	13.69	0.10	0.74	0.70
38.87	95.03	92.92	80.47	0.53	5.42	4.16
56.70	110.95	108.87	86.25	0.56	4.68	6.72
62.04	126.13	125.16	114.96	0.31	0.94	2.83
66.62	167.23	165.56	168.44	0.29	0.49	1.11
272.21	753.07	738.93	583.90	83.95	10.17	20.02
228.08	287.01	264.45	117.73	2.44	49.56	18.75
0.07	0.37	0.37	0.34	0.00	0.01	0.01
71.70	250.96	246.09	216.86	1.56	5.93	7.04
387.42	706.18	700.41	595.49	3.85	21.74	25.31
416.74	1082.89	1078.02	963.66	3.76	2.14	15.34
10.93	35.95	35.66	33.50	0.12	0.51	0.82
324.41	617.48	612.32	529.64	2.55	16.74	24.49
255.61	302.86	278.89	252.98	1.54	9.48	16.97
353.18	459.73	445.47	337.87	2.22	22.51	21.27
1918.09	3195.33	3095.33	2658.64	70.11	79.23	127.61
295.52	108.78	104.91	100.84	0.67	1.90	6.32
535.73	1026.53	973.37	876.63	5.01	26.80	34.95
2810.12	2455.44	2398.98	2134.99	7.11	48.71	59.60
80.01	131.28	126.96	86.53	0.77	9.76	9.35
3.28	7.63	7.63	5.39	0.03	0.66	0.41
35.73	61.20	60.00	57.43	0.23	0.56	1.14
32.98	60.82	60.82	51.96	0.35	0.43	1.66
1028.12	1315.53	1303.61	1272.03	4.42	0.03	23.17
75.45	90.03	85.51	83.00	0.16	2.68	2.15
201.40	50.09	45.34	44.05	0.38	3.37	2.68

3-7 续 表 2

单位:亿元

项目	Item	研发费用 R&D Expenditure
总　　计	**Total**	395.38
煤炭开采和洗选业	Coal Mining and Processing	0.00
石油和天然气开采业	Petroleum and Natural Gas	0.00
黑色金属矿采选业	Ferrous Metals Mining and Processing	0.00
有色金属矿采选业	Non - Ferrous Metals Mining and Processing	0.00
非金属矿采选业	Non - metal Minerals Mining and Processing	0.00
开采专业及辅助活动	Mining Auxiliary Activities	0.00
其他采矿业	Other Minerals Mining and Processing	0.22
农副食品加工业	Food Processing	2.82
食品制造业	Food Production	2.64
酒、饮料和精制茶制造业	Wine, Beverage and Refined Tea Production	0.31
烟草制品业	Tobacco Processing	2.70
纺织业	Textile Industry	1.12
纺织服装、服饰业	Textile, Garments and Fashion Industry	0.92
皮革、毛皮、羽毛及其制品和制鞋业	Leather, Furs, Down and Related Products	0.00
木材加工和木、竹、藤、棕、草制品业	Timber Processing, Wood, Bamboo, Cane, Palm Fiber and Straw Products	0.14
家具制造业	Furniture Manufacturing	0.39
造纸和纸制品业	Papermaking and Paper Products	1.64
印刷和记录媒介复制业	Printing and Record Processing	2.09
文教、工美、体育和娱乐用品制造业	Stationery, Education and Sports Goods	0.48
石油、煤炭及其他燃料加工业	Petroleum Coal and Other Fuel Processing Industries	0.30
化学原料和化学制品制造业	Raw Chemical Materials and Chemical Products	5.60
医药制造业	Medical and Pharmaceutical Products	21.89
化学纤维制造业	Chemical Fiber Manufacturing	0.01
橡胶和塑料制品业	Rubber and Plastic Products	5.19
非金属矿物制品业	Nonmetal Mineral Products	9.41
黑色金属冶炼和压延加工业	Smelting and Pressing of Ferrous Metals	33.18
有色金属冶炼和压延加工业	Smelting and Pressing of Non - ferrous Metals	0.31
金属制品业	Metal Products	11.90
通用设备制造业	Ordinary Machinery Manufacturing	10.02
专用设备制造业	Special Purpose Equipment Manufacturing	19.63
汽车制造业	Automobile Manufacturing	61.01
铁路、船舶、航空航天和其他运输设备制造业	Railway, Watercraft, Aviation and Other Transportation Equipment Manufacturing	4.15
电气机械和器材制造业	Electric Equipment and Machinery	29.07
计算机、通信和其他电子设备制造业	Computer, Telecommunication and Other Electronic Equipment Manufacturing	153.54
仪器仪表制造业	Instruments and Meters Manufacturing	8.13
其他制造业	Other Manufacturing	0.35
废弃资源综合利用业	Utilization of Discard Resource and Material	0.46
金属制品、机械和设备修理业	Metal Products, Machinery and Repair of Equipment	1.62
电力、热力生产和供应业	Electric, Steam and Hot Water Production and Supply	3.85
燃气生产和供应业	Gas Production and Supply	0.06
水的生产和供应业	Tap Water Production and Supply	0.24

3-7 Continued 2

(100 million yuan)

财务费用 Financial Expenses	利息费用 Interest Expenses	利润总额 Total Profits	亏损企业亏损总额 Total Loss of Loss - making Enterprises	利税总额 Total Profits and taxes	本年应交增值税 Value - added Payable of the Current Year
37.44	81.48	1040.20	151.27	2086.61	370.42
0.00	0.00	0.00	0.00	0.00	0.00
0.00	0.00	0.00	0.00	0.00	0.00
0.00	0.00	0.04	0.00	0.11	0.02
0.00	0.00	0.00	0.00	0.00	0.00
0.00	0.00	0.00	0.00	0.00	0.00
0.00	0.00	0.00	0.00	0.00	0.00
0.07	0.08	0.26	0.00	0.60	0.20
2.75	1.84	20.01	1.07	22.37	1.10
-0.06	0.61	12.28	0.73	16.87	3.81
-0.09	0.28	15.77	0.09	25.40	5.48
-5.34	0.22	93.66	0.00	651.00	81.78
0.38	0.19	4.36	0.06	6.26	1.42
0.68	0.39	5.86	1.09	8.89	2.68
0.02	0.02	4.51	0.00	5.67	1.07
0.38	0.05	2.10	0.01	3.06	0.83
0.04	0.00	1.16	0.04	1.70	0.44
0.65	0.58	2.83	1.43	6.82	3.47
0.06	0.24	11.30	0.49	15.39	3.54
0.15	0.08	6.76	0.11	8.18	1.11
0.11	0.10	-2.70	3.63	-2.08	0.34
3.46	3.72	39.98	6.36	145.53	21.59
0.64	1.80	88.35	6.55	103.64	12.85
0.00	0.00	0.00	0.00	0.01	0.00
-0.09	0.44	15.09	0.53	21.45	4.80
3.28	2.13	50.09	2.55	73.78	19.84
2.55	2.46	56.90	0.14	75.86	15.20
0.22	0.18	0.66	0.34	2.47	1.69
3.39	2.56	29.61	2.20	44.87	12.71
1.91	2.07	13.75	4.92	22.41	7.12
2.60	1.80	58.27	3.88	74.14	13.65
-13.94	11.15	377.74	18.72	530.14	82.29
0.07	0.38	-2.55	6.03	-0.33	1.55
3.54	4.38	56.66	1.85	80.40	18.73
9.04	24.07	50.56	72.62	70.05	12.39
0.75	0.86	18.30	0.59	23.34	4.27
0.03	0.02	0.82	0.01	1.00	0.15
0.53	0.41	1.26	0.65	2.66	1.16
0.94	0.93	4.11	0.00	6.08	1.62
14.53	13.57	3.40	7.75	37.33	29.51
0.38	0.49	1.45	1.61	2.34	0.73
3.79	3.39	-2.46	5.22	-0.83	1.25

3－7 续 表 3

项 目	Item	从业人员年平均人数（万人）Annual Average Employees（10 000 persons）
总 计	**Total**	69.27
煤炭开采和洗选业	Coal Mining and Processing	0.00
石油和天然气开采业	Petroleum and Natural Gas	0.00
黑色金属矿采选业	Ferrous Metals Mining and Processing	0.02
有色金属矿采选业	Non－Ferrous Metals Mining and Processing	0.00
非金属矿采选业	Non－metal Minerals Mining and Processing	0.00
开采专业及辅助活动	Mining Auxiliary Activities	0.00
其他采矿业	Other Minerals Mining and Processing	0.06
农副食品加工业	Food Processing	1.72
食品制造业	Food Production	1.45
酒、饮料和精制茶制造业	Wine，Beverage and Refined Tea Production	1.07
烟草制品业	Tobacco Processing	0.68
纺织业	Textile Industry	0.69
纺织服装、服饰业	Textile，Garments and Fashion Industry	1.05
皮革、毛皮、羽毛及其制品和制鞋业	Leather，Furs，Down and Related Products	0.07
木材加工和木、竹、藤、棕、草制品业	Timber Processing，Wood，Bamboo，Cane，Palm Fiber and Straw Products	0.27
家具制造业	Furniture Manufacturing	0.18
造纸和纸制品业	Papermaking and Paper Products	0.51
印刷和记录媒介复制业	Printing and Record Processing	0.98
文教、工美、体育和娱乐用品制造业	Stationery，Education and Sports Goods	0.39
石油、煤炭及其他燃料加工业	Petroleum Coal and Other Fuel Processing Industries	0.16
化学原料和化学制品制造业	Raw Chemical Materials and Chemical Products	1.55
医药制造业	Medical and Pharmaceutical Products	2.40
化学纤维制造业	Chemical Fiber Manufacturing	0.00
橡胶和塑料制品业	Rubber and Plastic Products	1.41
非金属矿物制品业	Nonmetal Mineral Products	3.23
黑色金属冶炼和压延加工业	Smelting and Pressing of Ferrous Metals	1.71
有色金属冶炼和压延加工业	Smelting and Pressing of Non－ferrous Metals	0.13
金属制品业	Metal Products	3.03
通用设备制造业	Ordinary Machinery Manufacturing	2.80
专用设备制造业	Special Purpose Equipment Manufacturing	3.17
汽车制造业	Automobile Manufacturing	11.43
铁路、船舶、航空航天和其他运输设备制造业	Railway，Watercraft，Aviation and Other Transportation Equipment Manufacturing	1.12
电气机械和器材制造业	Electric Equipment and Machinery	4.72
计算机、通信和其他电子设备制造业	Computer，Telecommunication and Other Electronic Equipment Manufacturing	11.84
仪器仪表制造业	Instruments and Meters Manufacturing	1.57
其他制造业	Other Manufacturing	0.09
废弃资源综合利用业	Utilization of Discard Resource and Material	0.13
金属制品、机械和设备修理业	Metal Products，Machinery and Repair of Equipment	1.52
电力、热力生产和供应业	Electric，Steam and Hot Water Production and Supply	7.14
燃气生产和供应业	Gas Production and Supply	0.36
水的生产和供应业	Tap Water Production and Supply	0.63

3-7 Continued 3

总资产贡献率（%） Ratio of Total Assets to Industrial Output Value(%)	资产负债率（%） Ratio of Liabilities to Assets (%)	流动资产周转率（次/年） Turnover of Current Assets (times/year)	成本费用利润率（%） Ratio of Profits to Industrial Costs (%)	产成品存货周转天数（天） Days of Finished Goods Inventory Turnover (day)
11.11	53.06	1.55	7.45	15.43
0.00	0.00	0.00	0.00	0.00
0.00	0.00	0.00	0.00	0.00
21.92	47.26	68.13	0.84	0.43
0.00	0.00	0.00	0.00	0.00
0.00	0.00	0.00	0.00	0.00
0.00	0.00	0.00	0.00	0.00
9.03	57.77	3.18	2.54	6.58
9.63	54.71	2.85	4.81	16.07
9.09	52.17	2.29	5.31	26.94
17.82	45.63	2.47	11.33	20.02
100.51	31.27	1.67	34.55	14.12
12.41	41.68	3.59	4.86	16.81
15.87	68.26	2.20	6.81	49.37
126.62	33.86	13.40	14.39	5.38
15.02	42.36	2.57	8.19	10.86
16.69	43.53	2.65	7.44	20.33
11.40	59.89	2.59	3.06	18.29
10.85	39.88	1.11	11.32	24.38
9.64	72.63	1.85	5.66	29.23
-2.52	85.37	5.26	-1.59	6.75
27.59	50.45	3.64	6.42	7.80
16.64	36.68	0.78	42.36	80.54
17.88	99.26	6.17	1.31	10.75
13.14	41.47	2.12	6.42	16.06
11.09	56.75	1.64	7.65	10.31
9.56	51.08	3.27	5.60	8.89
17.44	71.46	3.38	1.87	12.12
9.74	67.59	1.76	5.05	17.02
6.16	64.65	1.16	4.72	34.39
11.31	52.95	0.94	14.43	35.30
11.98	44.66	1.23	12.97	11.24
-0.09	55.98	0.34	-2.25	11.91
8.86	57.09	1.51	5.83	31.15
1.86	58.89	1.16	2.10	17.48
12.62	42.29	0.95	15.98	40.91
13.54	43.57	1.18	12.04	59.15
4.59	53.48	2.26	2.10	19.49
13.81	65.17	1.57	7.26	7.89
2.90	59.19	7.30	0.26	0.02
2.47	64.18	1.94	1.65	0.08
0.90	72.59	0.57	-4.54	4.06

3-8 历年规模以上工业能源消费量(折标煤)

ENERGY CONSUMPTION OF INDUSTRIAL ENTERPRISES ABOVE DESIGNATED SIZE(COVERTED INTO SCE)

单位:万吨标煤 (10 000 tons)

年份 Year	总计 Total	#用于转换 for Coverting into Other Type of Energy	煤炭 Coal	#洗精煤 Pure Coal	焦炭 Coke	原油 Crude	燃料油 Fuel Oil
1997	2335.92	1233.83	960.82	417.66	305.74	412.40	48.49
1998	2285.71	1175.40	962.44	415.60	307.78	333.81	35.39
1999	2189.45	1133.91	917.01	415.39	309.28	390.49	24.58
2000	2485.33	1191.40	926.39	413.95	333.58	430.29	25.16
2001	2265.24	1087.32	863.67	414.91	320.59	365.58	25.62
2002	2356.15	822.71	950.27	432.16	331.34	412.45	21.97
2003	2615.67	1522.64	1084.49	460.09	379.43	435.27	25.47
2004	3274.48	1501.02	1435.12	496.14	368.92	530.24	29.21
2005	3255.39	1330.78	1742.06	589.56	411.12	584.18	38.96
2006	3828.17	1592.27	1891.64	584.12	441.93	580.95	29.58
2007	3884.03	1654.59	1863.85	705.64	422.65	611.07	26.50
2008	3914.27	1652.12	1793.92	699.84	506.28	569.31	27.29
2009	3741.91	1719.81	1672.25	761.05	485.07	646.93	11.68
2010	4071.71	1874.52	1768.01	823.63	644.22	713.41	8.14
2011	4396.63	2010.75	1977.36	912.65	668.84	720.11	8.29
2012	4230.66	1829.82	1824.80	847.81	627.09	619.07	4.61
2013	4872.01	2256.35	1928.65	869.08	637.33	917.30	2.74
2014	5191.93	2406.52	1781.16	824.48	613.81	1127.25	2.30
2015	5105.13	2395.96	1725.62	817.89	585.67	1101.35	1.92
2016	4860.15	2223.59	1659.16	791.38	575.42	967.13	0.66
2017	5233.69	2511.64	1672.47	774.76	559.06	1133.26	0.45
2018	5289.77	2520.62	1703.79	758.41	567.91	1146.22	0.23
2019	5354.99	2527.05	1724.76	703.52	550.00	1163.45	0.40
2020	4581.76	2114.61	1482.51	667.67	521.14	826.33	0.28
2021	5269.40	2584.61	1521.60	649.97	501.24	1185.98	0.24

年份 Year	汽油 Gasoline	柴油 Kerosene	煤油 Diesel Oil	炼厂干气 Refinery Net Gas	液化石油气 Coke Gas	焦炉煤气 Coke Gas	热力 Heat	电力 Electricity
1997	16.54	33.46	15.07	8.32	0.68	79.33	35.97	385.59
1998	17.12	31.27	15.67	8.64	1.52	84.18	45.33	431.03
1999	2.73	6.39	0.12	14.96	0.61	88.27	45.68	375.89
2000	5.38	6.40	0.24	11.66	0.48	90.59	49.68	403.96
2001	2.22	6.49	0.32	11.65	0.58	74.82	42.55	442.30
2002	7.61	2.77	0.25	13.58	0.12	89.68	57.42	325.54
2003	5.34	15.53	0.21	17.39	3.53	97.13	49.62	395.33
2004	4.92	9.82	0.61	22.69	2.74	90.54	53.37	710.32
2005	21.68	21.14	0.92	24.97	0.48	112.01	33.09	223.26
2006	44.24	42.21	2.27	26.36	0.45	129.05	103.87	178.24
2007	9.13	20.63	0.31	29.89	0.63	122.79	108.73	215.37
2008	8.26	14.48	0.40	28.48	0.66	140.38	100.04	221.32
2009	7.15	10.60	0.54	28.20	0.71	176.50	105.17	229.67
2010	9.86	11.32	0.68	25.01	1.16	171.15	89.07	259.98
2011	4.11	8.29	0.36	24.91	0.83	184.74	94.12	296.52
2012	4.28	9.02	0.37	21.40	0.58	170.86	88.18	375.71
2013	3.96	8.41	0.43	30.20	11.01	176.69	82.56	391.61
2014	4.10	8.64	0.45	37.86	51.95	175.18	81.58	408.59
2015	4.05	6.82	0.31	36.98	65.63	171.75	102.63	415.28
2016	4.11	6.31	0.34	33.53	45.86	157.05	90.89	434.75
2017	4.25	7.10	0.31	37.01	58.00	156.70	113.54	454.29
2018	3.64	7.78	0.17	35.93	61.89	135.66	114.81	481.08
2019	3.27	7.58	0.29	35.68	64.44	125.01	136.90	509.95
2020	2.16	6.56	0.21	84.54	47.23	130.58	121.36	453.52
2021	1.52	6.64	0.36	121.64	59.27	123.60	126.25	502.63

注:规模以上工业企业能源消费量,2004 年为经济普查数据,2005 年电力折算系数由 4.04 改为 1.229。

Note: Energy Consumptions in 2004 of industrial enterprises above designated size were from National Economic Census. The power conversion factor has been adjusted from 4.04 to 1.229 since 2005.

3-9 历年平均每万元工业总产值能源消费量
ENERGY CONSUMPTION PER 10000 YUAN GROSS INDUSTRIAL OUTPUT VALUE

年 份 Year	能源总量（吨标煤） Total Energy (TON)	煤 炭（吨） Coal (ton)	焦 炭（吨） Coke (ton)	原 油（吨） Crude Oil (ton)	燃料油（吨） Fuel Oil (ton)	电 力（千瓦时） Electricity (kWh)
1996	2.42	2.63	0.69	0.57	0.10	1631
1997	2.43	2.28	0.60	0.55	0.06	1806
1998	2.09	1.98	0.52	0.38	0.04	1486
1999	2.10	1.55	0.42	0.36	0.02	1131
2000	1.43	1.50	0.44	0.39	0.02	1205
2001	1.15	1.18	0.32	0.25	0.02	1016
2002	1.35	0.84	0.34	0.28	0.02	795
2003	0.82	1.13	0.29	0.23	0.02	733
2004	0.94	0.89	0.23	0.22	0.01	1006
2005	0.81	0.99	0.19	0.18	0.01	975
2006	0.79	0.88	0.16	0.14	0.01	515
2007	0.63	0.74	0.12	0.12	0.01	497
2008	0.45	0.58	0.12	0.09	0.004	415
2009	0.34	0.33	0.10	0.13	0.002	456
2010	0.29	0.28	0.10	0.11	0.001	405
2011	0.27	0.33	0.09	0.10	0.001	400
2012	0.23	0.26	0.07	0.07	0.001	417
2013	0.21	0.24	0.06	0.06	0.002	307
2014	0.20	0.15	0.05	0.10	0.0002	347
2015	0.18	0.18	0.05	0.06	0.001	273
2016	0.17	0.16	0.05	0.05	0.00003	269
2017	0.15	0.12	0.04	0.08	0.00003	256
2018	0.16	0.12	0.04	0.08	0.00002	272
2019	0.17	0.12	0.04	0.06	0.00002	280
2020	0.16	0.11	0.04	0.04	0.00001	279
2021	0.15	0.12	0.03	0.05	0.00001	259

注：从2000年开始，万元工业产值能源消费量数据调整为万元工业产值综合能源消费量。
Note: Data on energy consumption per 10000 gross industrial output value have been adjusted to comprehensive energy consumption per 10000 gross industrial output value since 2000.

3-10 全社会用电量(2020-2021年)
CONSUMPTION OF ELECTRICITY(2020-2021)

单位:亿千瓦时 (100 million kWh)

项目	Item	2020	2021
全社会用电总计	**Total Electricity Consumption**	568.79	684.42
A、全行业用电合计	Total Electricity Consumption of Industries	453.33	556.13
第一产业	Primary Industry	2.86	3.21
第二产业	Secondary Industry	281.36	335.53
第三产业	Tertiary Industry	169.11	217.39
B、城乡居民生活用电合计	Residential Electricity Consumption	115.46	128.29
城镇居民	In Urban Areas	99.91	112.55
乡村居民	In Rural Areas	15.55	15.73
全行业用电分类	**Classification by Sector**	453.33	556.13
一、农、林、牧、渔业	Farming, Forestry, Animal Husbandry, Fishery and Water Conservancy	5.04	5.07
二、工业	Industry	270.67	321.95
其中:1.采矿业	Mining and Quarrying	0.32	0.39
2.制造业	Manufacturing	221.86	268.03
3.电力、燃气及水的生产和供应业	Electricity, Gas and Tap Water Production and Supply	48.50	53.53
三、建筑业	Construction	11.51	14.57
四、交通运输、仓储和邮政业	Transportation, Storage, Postal and Telecommunications Services	24.16	29.37
五、信息传输、软件和信息技术服务业	Information Transmission, Software and Information Technology Service	11.15	14.25
六、批发和零售业	Wholesale and Retail Trade	25.99	35.47
七、住宿和餐饮业	Hotel and Catering Services	8.06	10.36
八、金融业	Financial Intermediation	4.35	5.10
九、房地产	Real Estate	41.16	55.35
十、租赁和商务服务业	Leasing and Business Services	3.60	4.93
十一、公共服务及管理组织	Public Service and Management Organization	47.65	59.72
1.科学研究和技术服务业	Scientific Research and Technical Services	5.61	7.27
2.水利、环境和公共设施管理业	Water Conservancy, Environment and Public Facilities	10.65	12.52
3.居民服务、修理和其他服务业	Resident Services, Repairs and Others	2.39	2.80
4.教育、文化、体育和娱乐业	Education, Culture, Sports and Recreation Services	14.1	20.01
5.卫生和社会工作	Health care and Social Work	7.63	8.94
6.公共管理和社会组织、国际组织	Public Management, Social Organization and International Organization	7.27	8.17

主要统计指标解释

工业 指从事自然资源的开采，对采掘品和农产品进行加工和再加工的物质生产部门。具体包括(1)对自然资源的开采，如采矿、晒盐、森林采伐等(但不包括禽兽捕猎和水产捕捞)；(2)对农副产品的加工、再加工。如粮油加工、食品加工、轧花、缫丝、纺织、制革等；(3)对采掘品的加工、再加工，如炼铁、炼钢、化工生产、石油加工、机器制造、木材加工等，以及电力、自来水、煤气的生产和供应等；(4)对工业品的修理、翻新，如机器设备的修理、交通运输工具(包括小卧车)的修理等。

1984年以前农村的村及村以下办工业归属农业，1984年以后划归工业。

工业统计调查单位 工业统计调查单位分为两类：独立核算法人工业企业和工业活动单位。

(1)独立核算法人工业企业指从事工业生产经营活动的单位。独立核算法人工业企业应同时具备以下条件：①依法成立，有自己的名称、组织机构和场所，能够承担民事责任；②独立拥有和使用资产，承担负债，有权与其他单位签订合同；③独立核算盈亏，并能够编制资产负债表。

(2)工业活动单位是指在一个场所从事一种或主要从事一种工业生产活动的经济单位。它包括独立核算工业企业按主营业务活动(即工业生产活动)划分的主营业务活动单位和非工业企业所属的工业生产活动单位(即原非独立核算工业生产单位)。工业活动单位，一般应同时具备以下三个条件：①具有一个场所，从事一种或主要从事一种工业活动；②单独组织工业生产经营或业务活动；③单独核算收入和支出。

国有经济工业 (即过去的全民所有制工业或国营工业)指生产资料归国家所有的一种经济类型。包括中央和地方各级国家机关、部队、科研机构、学校、人民团体和国有经济企事业单位等举办的国有经济工业。1957年以前的公私合营和私营工业，后均改造为国营工业，1992年改为国有工业，这部分工业的资料不单独分列时，均包括在国有工业内。

集体经济工业 指生产资料归公民集体所有的一种经济类型，是社会主义公有制经济的组成部分。包括城乡所有使用集体投资举办的企业，以及部分个人通过集资自愿放弃所有权并依法经工商行政管理机关认定为集体所有制的企业。

其他经济类型工业 指除国有经济、集体经济、城乡个体经济以外的其他经济类型工业企业(单位)。包括私营经济、联营经济、股份制经济(股份有限公司，有限责任公司)；外商投资经济(中外合资经营、中外合作经营、外资企业)；港、澳、台投资经济(与大陆合资经营、与大陆合作经营、港、澳、台独资企业)及其他经济类型的工业。

轻工业 指主要提供生活消费品和制作手工工具的工业。按其所使用的原料不同，可分为两大类：

(1)以农产品为原料的轻工业，是指直接或间接以农产品为基本原料的轻工业。主要包括食品制造、饮料制造、烟草加工、纺织、缝纫、皮革和毛皮制作、造纸以及印刷等工业。

(2)以非农产品为原料的轻工业，是指以工业品为原料的轻工业。主要包括文教体育用品、化学药品制造、合成纤维制造、日用化学制品、日用玻璃制品、日用金属制品、手工工具制造、医疗器械制造、文化和办公用机械制造等工业。

重工业 是指为国民经济各部门提供物质技术基础的主要生产资料的工业。按其生产性质和产品用途，可以分为下列三类：

(1)采掘(伐)工业，是指对自然资源的开采，包括石油开采、煤炭开采、金属矿开采、非金属矿开采和木材采伐等工业。

(2)原材料工业，指向国民经济各部门提供基本材料、动力和燃料的工业。包括金属冶炼及加工、炼焦及焦炭化学、化工原料、水泥、人造板以及电力、石油和煤炭加工等工业。

(3)加工工业，是指对工业原材料进行再加工制造的工业。包括装备国民经济各部门的机械设备制造工业、金属结构、水泥制品等工业，以及为农业提供的生产资料如化肥、农药等工业。

根据上述划分原则，修理业中以重工业产品为修理作业对象的划为重工业，反之划为轻工业。

工业总产值 是以货币表现的工业企业在一定时期内生产的已出售或可供出售的工业产品总量，它反映一定时间内工业生产的总规模和总水平。它包括：在本企业内不再进行加工，经检验、包装入库(规定不需包装的产品除外)的成品价值，对外加工费收入，自制半成品、在产品期末期初差额价值。工业总产值采用“工厂法”计算，即以工业企业作为一个整体，按企业工业生产活动的最终成果来计算，企业内部不允许重复计算，不能把企业内部各个车间(分厂)生产的成果相加。但在企业之间、行业之间、地区之间存在着重复计算。

轻重工业总产值的划分也是按“工厂法”计算的，即一个工业企业在正常情况下生产的主要产品的性质属于轻工业，则该企业的全部总产值作为轻工业总产值；一个工业企业生产的主要产品的性质属于重工业，则该企业的全部总产值作为重工业总产值。

工业增加值 是指工业企业在报告期内以货币表现的工业生产活动的最终成果。

固定资产净值 是指固定资产原价减去历年已提折旧额后的净额。

流动资产 是指可以在一年或者超过一年的一个营业周期内变现或者耗用的资产，包括现金及各种存款、短期投资、应收及预付货款、存货等。

利税总额 指企业利润总额、税金及附加和应交增值税之和。

工业企业能源消费量 指工业企业在工业生产活动中消费的能源，包括工业生产活动中作为燃料、动力、原料、辅助材料使用的能源，生产工艺中使用的能源，用于能源加工转换的能源。

Explanatory Notes On Main Statistical Indicators

Industry refers to the material production sector which is engaged in extraction of natural resources and processing and reprocessing of minerals and agricultural products, including(1) extraction of natural resources, such as mining, salt production, logging(but not including hunting and fishing); (2) processing and reprocessing of farm and sideline produces such as rice husking, flour milling, winemaking. oil pressing, cotton ginning, silk reeling, spinning and weaving, andleather making; (3) manufacture of industrial products, such as steel making, iron smelting, chemicals manufacturing, petroleum processing, machine building, timber processing water and gas production and electricity generation and supply; (4) repairing of industrial products such as the repairing of machinery and means of transport(including cars).

Prior to 1984, the rural industry run by villages and cooperative organizations under village was classified into agriculture. Since 1984, it has been grouped into industry.

Units of industrial Statistics and Inquiry: They are classified into two categories: corporate industrial enterprises with independent accounting system and industrial establishments.

(1) Corporate industriat enterprises with independent accounting system refer to enterprises engaging in industrial production activities, which meet the following retluirements: 1. They are established legally, having their own names, organizations, location, able to take civil liability 2. They possess and use their assets independently, assume liabilities, and are entitled to sign contracts with other units 3. They are financially independent and compile their own balance sheets.

(2) Industrial establishnmnts refer to economic units which are located in one single place and engaged entirely or primarily in one kind of industrial activity, including financially independent industrial enterprises and units engaged in industrial activities under the non - industrial enterprises(or financially dependent). Industrial establishments generally meet the following requirements: 1. They have each one location and are engaged in one kind of industry activity. 2. They operate and manage their industrial production activities separately. 3. They have accounts of income and expenditures separately.

State - owned Industry refers to industrial enterprises where the means of production or income are owned by the state. Joint state - private industries and private industries which existed before 1957 have been transformed into state industries. Statistics on these enterprises have been included in the state - owned industries since 1957 when separation of data was no longer necessary.

Collective Owned Industry refers to industrial enterprises where the means of production are owned collectively, including urban and rural enterprises invested by collectives and enterprises which were formerly owned privately but have been registered in industrial and commercial administration agency as collective units through raising fund from the public.

Industry of Other Types of Ownerships refers to industrial enterprises(units) of ownerships other than the state - owned economy, collective economy, individual economy. They include the enterprises of private economy, joint - owned economy, share - holding economy (companies limited by shares and companies limited with liabilities), foreign - funded economy(Sino - foreign joint ventures. Sino - foreign cooperative enterprises and foreign ventures exclusively with their own investment), economy funded by the entrepreneurs from Hong Kong, Macao and Taiwan(joint ventures and cooperative enterprises with the mainland as well as ventures exclusively with their own investment) and other types of ownership.

Light Industry refers to the industry which produces consumer goods and hand tools. It consists of two categories, depending on the materials used:

(1) Industries using farm products as raw materials. These are branches of light industry which directly or indirectly use farm products as basic raw materials, including the manufacture of food and beverages, tobacco processing, textile, clothing, fur and leather manufacturing, paper making, printing, etc.

(2) Industries using non - farm products as raw materials. These are branches of light industry which use manufactured goods as raw materials, including the manufacture of cultural, educational articles and sports goods, chemicals, synthetic fiber, chemical products for daily use, glass products for daily use. metal products for daily use, hand tools, medical apparatus and instruments, and the manufacture of cultural and clerical machinery.

Heavy Industry refers to the industry which produces capital goods, and provides various sectors of the national economy with necessary material and technical basis. It consists of the following three branches according to the purpose of production or the use of products:

(1) Milling, quarrying and logging industry refers to the industry that extracts natural resources, including extraction of petroleum, coal, metal and non - metal ores and logging.

(2) Raw materials industry refers to the industry that provides various sectors of the national economy with raw materials, fuels and power. It includes smelting and processing of metals, coking and coke chemistry, chemical materials and building materials such as cement, plywood, and power, petroleum refining and coal dressing.

(3) Manufacturing industry refers to the industry that processes raw materials. It includes machine – building industry which equips sectors of the national economy, industries of metal structure and cement products, industries producing means of agricultural production, such as chemical fertilizers and pesticides.

According to the above principle of classification, the repairing trades which are engaged primarity in repairing products of heavy industry are classified into heavy industry while these engaged in repairing products of light industry are classified into light industry.

Gross Industrial Output Value is the total volume of industrial products sold or available for sale in value terms which reflects the total achievements and overall scale of industrial production during a given period。 It includes the value of the finished products, which are not to be further processed in the enterprises and have been inspected, packed and put in storage, the Value of industrial services rendered to other units and the ehanges in the value of the semi finished products and products in process between the beginning and closing of the period (only the enterprises with long production cycle are required to calculate the changes). The gross industrial output value is calculated with "factory method". No double calculations are to be made within the same enterprise. However, double counting does oceur among different enterprises.

Output value of light and heavy industries are also classified with the "factory" method. Under normal conditions, if the major products of an industrial enterprise belong to light industry products, the gross output value of that enterprise is classified wholly into light industry; the same principle applies to heavy industry.

Value Added of Industry refers to the final results of industrial production of the industrial trade in money terms during the reference period.

Net Value of Fixed Assets is obtained by deducting depreciation over years from the original value of fixed assets.

Working Capital (Current Assets) refers to assets which can be cashed in or spent or consumed in an operating cycle of one year or over one year, which includes cash, various deposits, short – term investment, receivable payments, advance payments, and stock, etc.

Total Value of Profit and Tax (Pre – tax Profits) refers to the sum of the total profits, tax and surcharges and the value added tax payable of industrial enterprises. It is also called pretax profits.

Energy Consumptions of Industrial Enterprises Energy Consumptions of industrial enterprises in the industrial production and non – industrial production activities. Including energy utilized as fuel, power, raw materials, auxiliary materials during industrial production activities, energy for manufacturing, processing and conversion, and non – industrial production activities.

四、农 业

AGRICULTURE

资料整理人员：黄　萍　高　伟　李　珣
唐均祥

STAFF FOR DATA PROCESSING:
Huang Ping　Gao Wei　Li Xun
Tang Junxiang

简要说明

本篇资料反映我市农业生产和农村经济的基本情况，内容主要包括乡村从业人员、农业机械拥有量、农林牧渔业产值、主要农产品产量、国营农场基本情况等方面的统计资料。

有关资料根据《农林牧渔业统计报表制度》和《农业产值统计报表制度》整理。《农林牧渔业统计报表制度》由各级统计部门根据所在地实际情况，采取抽样调查、重点调查或全面调查的办法搜集资料并层层上报；或利用同级业务部门统计资料。

2016 - 2017 年农林牧渔业产值数据根据第三次农业普查修订；2013 - 2017 年产量、面积数据根据第三次农业普查修订。

Brief Description

The data in this chapter show the basic conditions of agricultural production and rural economy, including mainly rural laborer, quantity of agricultural machinery, output value of farming, forestry, animal husbandry and fishery, output of major agricultural products, and basic conditions of the state - owned farms.

Data related are processed according to the comprehensive statistical reporting on farming, forestry, animal husbandry and fishery, the comprehensive statistical reporting on agricultural output value. The comprehensive statistical reporting on farming, forestry, animal husbandry and fishery is collected by statistical offices at all levels by means of sample surveys, surveys of key units or full enumeration depending on the local circumstances, or estimated by using information from other government agencies at the same level.

The gross output value of farming、forestry、animal husbandry and fishery from 2016 - 2017 are revised based on the third agricultural census. The output and area data from 2013 - 2017 are revised based on the third agricultural census.

4-1 农村基层组织、从业人员(2017-2021年)
RURAL GRASSROOT UNITS, LABOR FORCES(2017-2021)

指标名称 Index Name	2017	2018	2019	2020	2021
一、农村基层组织(个) Rural Grassroots Units(unit)					
乡政府(个) Township Governments(unit)	3	3	3	3	3
镇政府(个) Town Governments(unit)	1	1	1	1	1
办事处(个) Subdistrict Office(unit)	74	118	118	156	156
村委会(个) Villagers Committees(unit)	1923	1893	1889	1909	1904
村民小组(个) Villagers Subcommittees(unit)	16735	16649	16574	16616	16673
二、乡村从业人员(万人) Number of Rural Laborers By Sector(10 000 persons)	138.58	138.56	136.74	136.57	137.48
1.农林牧渔业(万人) Farming, Forestry, Animal Husbandry & Fishery (10 000 persons)	43.84	42.69	42.93	42.32	40.48
2.非农从业人员(万人) Non-agriculture Employees(10 000 persons)	94.74	95.87	93.81	94.25	97.01
三、国营农林牧渔场从业人员(万人) Number of Laborers in State-owned Farms(10000 persons)	3.57	2.72	2.78	2.33	2.36
1.农业从业人员(万人) Agricultural Laborers(10 000 persons)	1.31	0.79	0.79	0.58	0.58
2.非农业从业人员(万人) Non-Agricultural Laborers(10 000 persons)	2.26	1.93	1.99	1.75	1.78

注:村委会含具有村级行政管理职能的村级组织。

Note: Villagers Committees include village organizations having administrative functions at village level.

4-2 农业生产条件和农业投入(2020-2021年)
AGRICULTURAL PRODUCTION CONDITION AND CONSUMPTION(2020-2021)

指标名称	Index Name	2020	2021
一、农田水利建设情况	**Irrigation and Water Conservancy**		
有效灌溉面积(千公顷)	Effective Irrigation Area(1 000 hectares)	157.06	156.83
旱涝保收面积(千公顷)	Flood-Free and Drought-Free Area(1 000 hectares)	116.96	116.65
机电排灌面积(千公顷)	Motor-pumped Irrigation Area(1 000 hectares)	120.16	120.02
二、主要能源及物质消耗	**Consumption of Main Energy and Materials**		
农村用电量(万千瓦小时)	Consumption of Electricity in Rural Area(10 000 kWh)	142793	147067
农用化肥施用量(折纯量,吨)	Consumption of Chemical Fertilizers(scalar quantity,ton)	107500	104173
1. 氮肥(吨)	Nitrogenous Fertilizer(ton)	38711	36402
2. 磷肥(吨)	Phosphate Fertilizer(ton)	16224	16015
3. 钾肥(吨)	Potash Fertilizer(ton)	12487	11500
4. 复合肥(吨)	Compound Fertilizer(ton)	40078	40256
农用塑料薄膜使用量(吨)	Consumption of Plastic Film for Farm Use(ton)	5178	6093
#地膜(吨)	Mulch Film(ton)	2901	2933
#地膜覆盖面积(千公顷)	Coverage Area of Mulch Film(1 000 hectares)	25.99	25.69
农用柴油(吨)	Agricultural Diesel Oil(ton)	18583	18222
农药使用量(吨)	Consumption of Pesticide(ton)	3221	3143

4-3 农业机械化情况(2020-2021年)
BASIC CONDITIONS OF FARM MECHANIZATION(2020-2021)

指标名称	Index Name	2020	2021
农业机械总动力(万千瓦)	Total Power of Agricultural Machinery(10 000 kW)	241	242.45
1.柴油发动机动力	Diesel Engines	142.48	143.77
2.汽油发动机动力	Gasoline Engines	7.78	7.71
一、耕作机械	Machines for Cultivation		
大中型拖拉机(台)	Large & Medium Tractors(unit)	9448	9670
动力(万千瓦)	Power(10 000kW)	37.81	39.59
小型及手扶拖拉机(台)	Mini-tractors(unit)	22465	22294
动力(万千瓦)	Power(10 000kW)	20.65	20.51
大中型拖拉机配套农具(部)	Number of Machinery Farm Tools Matching With Large & Medium Tractors(unit)	2940	3080
小型拖拉机配套农具(部)	Number of Machinery Farm Tools Matching With Mini-Tractors(unit)	57700	57700
二、排灌机械	Irrigation Machinery		
农用水泵(台)	Pumps(unit)	40339	40034
三、收割机械	Harvest Machinery		
联合收割机(台)	Combine(unit)	2020	2074
动力(千瓦)	Power(kW)	108303	113618
机动脱粒机(台)	Motorized Thresher(unit)	14818	14735

4-4 历年农林牧渔业总产值
GROSS OUTPUT VALUE OF FARMING, FORESTRY, ANIMAL HUSBANDRY AND FISHERY OVER THE YEARS

单位:万元 (10 000 yuan)

年份 Year	产值 Output Value	年份 Year	产值 Output Value
1951	9930	1987	216576
1952	11134	1988	294433
1953	13934	1989	326277
1954	10565	1990	368637
1955	14089	1991	352689
1956	17254	1992	411035
1957	19424	1993	485043
1958	20250	1994	723819
1959	16722	1995	943381
1960	19239	1996	1098393
1961	20144	1997	1213162
1962	22901	1998	1176359
1963	29824	1999	1211291
1964	29568	2000	1269443
1965	40569	2001	1337788
1966	46023	2002	1412480
1967	44789	2003	1517909
1968	44403	2004	1656507
1969	36686	2005	1805957
1970	43815	2006	1912103
1971	50414	2007	2159177
1972	53667	2008	2446364
1973	56244	2009	2517873
1974	62128	2010	2810947
1975	59702	2011	3294880
1976	61725	2012	4760365
1977	61436	2013	5302657
1978	65218	2014	5594354
1979	87748	2015	6202842
1980	69502	2016	5648500
1981	81558	2017	6118426
1982	99678	2018	6197369
1983	94353	2019	6531708
1984	133116	2020	6955283
1985	161919	2021	7754590
1986	178272		

注:2016－2017 年数据根据第三次农业普查修订。

Note: Data for 2016－2017 are revised based on the third agricultural census.

4-5 历年农林牧渔业总产值指数

INDICES OF GROSS OUTPUT VALUE OF FARMING, FORESTRY, ANIMAL HUSBANDRY AND FISHERY OVER THE YEARS

上年=100 (Preceding year=100)

年份 Year	农林牧渔业 总计 Total	农业 Farming	林业 Forestry	牧业 Animal Husbandry	渔业 Fishery
1951	111.4	111.9	137.9	109.6	106.2
1952	110.0	109.3	116.1	115.0	108.5
1953	113.9	114.6	111.8	113.4	105.9
1954	76.3	61.0	125.6	125.1	173.8
1955	129.2	158.1	95.2	79.3	71.5
1956	116.3	117.9	135.6	107.6	111.3
1957	109.8	106.8	103.8	129.2	111.7
1958	100.6	103.5	108.8	85.3	99.1
1959	78.2	76.9	110.3	76.0	91.0
1960	111.2	115.6	97.9	94.3	96.2
1961	89.8	91.6	83.1	95.4	61.5
1962	112.7	111.5	77.2	119.7	128.9
1953	129.9	128.2	168.7	142.7	121.7
1964	100.6	101.0	122.9	92.9	107.0
1965	130.5	134.2	118.1	121.5	97.1
1966	98.1	93.3	139.7	122.4	119.5
1967	97.3	99.4	86.6	92.2	81.9
1968	99.3	100.2	66.7	93.0	115.2
1969	79.8	75.6	101.5	95.2	109.0
1970	119.3	124.2	144.6	102.8	90.4
1971	117.5	118.9	112.9	127.4	72.7
1972	104.3	104.8	92.0	104.6	96.4
1973	104.7	105.5	121.3	95.5	115.9
1974	106.9	109.2	99.1	95.4	94.5
1975	96.1	95.2	108.2	100.7	97.1
1976	104.5	103.8	106.4	109.5	106.0
1977	98.2	98.5	94.2	93.6	111.3
1978	103.3	102.5	89.1	111.0	102.8
1979	114.8	112.9	92.6	133.2	106.0
1980	81.4	80.1	87.8	79.2	122.8
1981	110.2	109.3	122.7	116.4	101.8
1982	121.0	122.4	101.2	113.9	124.3
1983	91.0	87.9	93.4	106.6	100.5
1984	125.8	127.1	103.1	119.5	132.9
1985	107.5	102.0	104.4	131.2	124.9

注:2016-2017 年数据根据第三次农业普查修订。

Note: Data for 2016-2017 are revised based on the third agricultural census.

4-5 续表 Continued

年份 Year	农林牧渔业总计 Total	农业 Farming	林业 Forestry	牧业 Animal Husbandry	渔业 Fishery
1986	104.1	102.3	99.8	106.1	122.1
1987	106.6	103.2	105.8	114.1	122.0
1988	104.1	100.0	107.3	114.7	114.3
1989	103.8	102.4	96.7	106.3	109.8
1990	106.3	96.5	99.5	115.8	157.8
1991	94.4	88.9	104.3	104.4	100.3
1992	113.3	115.8	78.0	110.4	111.0
1993	107.9	105.8	114.6	107.1	118.2
1994	109.4	104.6	101.9	111.4	124.1
1995	112.0	109.3	122.6	110.0	123.6
1996	108.7	106.7	103.4	113.0	108.7
1997	108.4	108.7	99.1	107.0	109.9
1998	99.7	97.8	110.3	93.4	113.6
1999	106.9	106.6	118.9	107.1	107.1
2000	105.3	104.5	108.0	106.9	105.2
2001	105.6	104.6	88.7	106.1	108.1
2002	105.2	104.7	124.9	104.7	106.2
2003	106.5	103.0	139.5	108.5	103.0
2004	106.2	107.9	91.1	102.3	107.9
2005	105.5	105.8	100.8	106.3	105.0
2006	105.1	105.6	85.8	102.8	107.9
2007	104.0	102.2	99.3	106.6	106.8
2008	103.5	101.3	97.1	110.9	99.5
2009	102.9	100.8	84.9	104.9	107.1
2010	104.5	102.8	125.4	106.5	106.4
2011	104.0	102.4	160.4	105.1	104.7
2012	105.7	106.2	127.7	106.3	102.0
2013	104.5	108.5	122.9	97.6	100.6
2014	105.0	105.6	118.2	103.0	102.5
2015	104.8	105.2	111.7	101.2	105.0
2016	103.6	106.6	83.0	95.2	102.7
2017	104.8	105.2	100.6	101.6	100.6
2018	103.3	103.5	107.7	99.6	101.3
2019	103.3	104.1	121.7	91.9	101.7
2020	95.4	98.5	95.6	70.1	104.6
2021	112.4	106.1	96.9	146.1	106.3

4-6 历年农林牧渔业总产值及构成
GROSS OUTPUT VALUE OF FARMING, FORESTRY, ANIMAL HUSBANDRY, FISHERY AND ITS COMPOSITION

项目 Item	农林牧渔业总计 Total	农业 Farming	林业 Forestry	牧业 Animal Husbandry	渔业 Fishery	农林牧渔服务业 Farming, Forestry, Animal Husbandry & Fishery Service
产值(万元) Output Value(10 000 yuan)						
1999	1211291	757552	7905	263655	182179	
2000	1269443	782006	8473	291210	187754	
2001	1337788	794920	7284	325084	210500	
2002	1412480	842941	8658	338440	222441	
2003	1517909	881895	15520	368760	233701	
2004	1656507	959760	13744	409578	260177	13248
2005	1805957	1033226	14974	458194	289117	10446
2006	1912103	1122949	13214	447692	317139	11109
2007	2159177	1212819	13738	561204	359839	11577
2008	2446364	1322469	14598	695589	401135	12573
2009	2517873	1388083	13867	647831	455231	12861
2010	2810947	1512017	19902	739386	525628	14014
2011	3294880	1746823	34861	900221	594045	18930
2012	4760365	2585872	48708	1213014	784105	128666
2013	5302657	3051002	65857	1186703	836617	162478
2014	5594354	3162714	87107	1269943	874004	200586
2015	6202842	3591590	99532	1352725	918058	240937
2016	5648500	3525000	101400	778300	942500	301300
2017	6118426	3844815	107029	732446	1033166	400969
2018	6197369	3924611	116594	668744	1032789	454631
2019	6531708	4111493	135289	739799	1031017	514110
2020	6955283	4174671	134294	982100	1127982	536236
2021	7754590	4461573	127965	1088833	1426363	649856
比重(%) Composition(%)						
1999	100.0	62.5	0.7	21.8	15.0	
2000	100.0	61.6	0.7	22.9	14.8	
2001	100.0	59.4	0.5	24.3	15.8	
2002	100.0	59.7	0.6	24.0	15.7	
2003	100.0	58.1	1.0	24.3	15.4	
2004	100.0	58.0	0.8	24.7	15.7	0.8
2005	100.0	57.2	0.8	25.4	16.0	0.6
2006	100.0	58.7	0.7	23.4	16.6	0.6
2007	100.0	56.2	0.6	26.0	16.7	0.5
2008	100.0	54.1	0.6	28.4	16.4	0.5
2009	100.0	55.1	0.6	25.7	18.1	0.5
2010	100.0	53.8	0.7	26.3	18.7	0.5
2011	100.0	53.0	1.1	27.3	18.0	0.6
2012	100.0	54.3	1.0	25.5	16.5	2.7
2013	100.0	57.5	1.2	22.4	15.8	3.1
2014	100.0	56.5	1.6	22.7	15.6	3.6
2015	100.0	57.9	1.6	21.8	14.8	3.9
2016	100.0	62.4	1.8	13.8	16.7	5.3
2017	100.0	62.8	1.7	12.0	16.9	6.6
2018	100.0	63.3	1.9	10.8	16.7	7.3
2019	100.0	62.9	2.1	11.3	15.8	7.9
2020	100.0	60.0	2.0	14.1	16.2	7.7
2021	100.0	57.5	1.7	14.0	18.4	8.4

注:2016-2017 年数据根据第三次农业普查修订。

Note: Data for 2016-2017 are revised based on the third agricultural census.

4－7 农林牧渔业分类总产值(2020－2021年)

GROSS OUTPUT VALUE OF FFAF BY CATEGORY OF AGRICULTURAL PRODUCTS(2020－2021)

单位:万元 (10 000 yuan)

项目	Item	按当年价格计算 At Current Prices 2020	2021
农林牧渔业产值	**Output Value of Farming, Forestry, Animal Husbandry and Fishery**	6955283	7754590
一、农业产值	Farming	4174671	4461573
1. 谷物	Cereal	256767	252697
2. 豆类	Beans	8810	12355
3. 棉花	Cotton	15797	2276
4. 油料	Oil－bearing Crops	89073	99597
5. 麻类	Fiber Crops		
6. 糖料	Sugar Crops	35811	7172
7. 烟叶	Tobacco		
8. 药材	Herb Crops	8263	6591
9. 薯类	Tuber Crops	6023	2374
10. 蔬菜及食用菌(含菜用瓜)	Vegetables & Edible Fungi (Including Melons)	2746264	2758988
11. 茶、桑、果	Tea, Mulberry & Fruit	263431	626043
12. 花卉园艺	Flower and Hoticulture	733307	673197
13. 其他农作物	Other Crops	11125	20283
14. 采集野生植物	Cathering of Wild Plants		
二、林业产值	Forestry	134294	127965
三、牧业产值	Animal Husbandry	982100	1088833
四、渔业产值	Fishery	1127982	1426363
五、农林牧渔服务业产值	Farming, Forestry, Aminal Husbandry and Fishery Service	536236	649856

4-8 主要农产品产量(2017-2021年)
OUTPUT OF MAJOR AGRICULTURAL PRODUCTS(2017-2021)

项目	Item	2017	2018	2019	2020	2021
粮　　食(吨)	Grains(ton)	947717	941423	886043	895956	907479
棉　　花(吨)	Cotton(ton)	12775	11700	10673	8185	7915
油　　料(吨)	Oil-bearing Crops(ton)	137123	133568	134101	139199	142774
蔬　　菜(吨)	Vegetables(ton)	7389953	7668384	7798724	7775202	8205857
水　　果(吨)	Fruit(ton)	112488	128486	141261	148844	149049
肉猪出栏(万头)	Slaughtered Hogs(10 000 heads)	251.57	246.57	168.61	113.94	186.75
家禽出笼(万只)	Slaughtered Poultry(10 000 heads)	3735.12	3820.34	4088.50	3446.30	3675.68
禽蛋产量(吨)	Eggs(ton)	87654	90250	93272	104721	108393
牛　　奶(吨)	Milk(ton)	23251	9471	10421	13853	18489
水产品(吨)	Aquatic Products(ton)	436546	443141	441871	426723	437162

4-9 农作物播种面积(2017-2021年)
SOWN AREA OF FARM CROPS(2017-2021)

单位:千公顷 (1 000 hectares)

项目	Item	2017	2018	2019	2020	2021
一、粮食作物	Sown Area of Grain Crops	151.36	150.79	143.05	144.00	145.20
1.夏收粮食	Summer Grain Crops	10.45	11.18	10.60	10.49	11.90
#小　麦	Wheat	10.34	10.14	9.55	9.52	10.82
豆　类	Soybean	0.00	0.22	0.00	0.23	0.26
薯　类	Tuber Crops	0.00	0.72	0.72	0.68	0.76
其他小谷物	Other Coarse Cereals	0.00	0.10	0.08	0.05	0.06
2.早　稻	Early Season Rice	18.97	18.73	15.55	15.33	14.84
3.秋收粮食	Autumn Grain Crops	121.80	120.88	116.91	118.19	118.46
稻　谷	Paddy Rice	90.59	90.49	87.10	89.48	89.48
中稻(含一季晚)	Mid-Season Rice(Including Single Rotation Late Season Rice)	69.64	69.84	68.56	71.44	73.43
双季晚稻	Double Rotation Late Rice	20.95	20.65	18.54	18.04	16.04
玉　米	Corn	20.29	18.64	18.09	17.05	16.85
豆　类	Soybean	8.70	9.79	8.92	9.66	10.14
薯　类	Tuber Crops	1.83	1.96	1.96	1.97	1.98
其他小谷物	Other Coarse Cereals	0.39	0.02	0.02	0.02	
二、棉　花	Sown Area of Cotton	14.17	12.45	12.47	10.03	9.64
三、油　料	Sown Area of Oil-bearing Crops	54.19	53.69	54.21	56.53	58.60
#油菜籽	Rape Seeds	32.73	32.41	32.75	36.07	38.74
花　生	Peanuts	13.17	13.18	13.38	13.22	13.13
芝　麻	Sesame	8.13	8.10	8.08	7.24	6.69
四、麻　类	Fiber Crops	0.00	0.00	0.00	0.00	0.00
五、糖　料	Sugar Crops	0.42	0.42	0.41	0.41	0.39
六、烟　叶	Tobacco	0.00	0.00	0.00	0.00	0.00
七、药　材	Herb Crops	0.26	0.31	0.39	0.38	0.37
八、蔬菜、瓜类	Sown Area of Vegetables & Melons	176.82	180.56	185.91	194.22	199.20
蔬　菜	Vegetables	159.48	164.18	169.91	177.64	182.52
瓜　类	Melons	17.34	16.38	16.00	16.59	16.68
九、青饲料	Green Fodder	6.69	5.79	5.51	5.38	5.57

4-10 农 作 物 总 产 量(2017-2021年)
TOTAL OUTPUT OF FARM CROPS(2017-2021)

单位:吨 (ton)

项目	Item	2017	2018	2019	2020	2021
一、粮食作物	Grain Crops	947717	941423	886043	895956	907479
1. 夏收粮食	Summer Grain Crops	29505	31460	30520	29992	32745
#小麦	Wheat	29118	28600	27647	27254	29805
豆类	Soybean		348	0	361	397
薯类	Tuber Crops		2135	2204	2190	2353
其他小谷物	Other Coarse Cereals	387	377	277	187	101
2. 早稻	Early Season Rice	106983	107237	89656	86208	85611
3. 秋收粮食	Autumn Grain Crops	811075	802726	765867	779756	789123
稻谷	Paddy Rice	689446	695860	660416	682304	687523
中稻(含一季晚)	Mid-Season Rice(Including Single Rotation Late Season Rice)	557739	563700	543781	569974	586935
双季晚稻	Double Rotation Late Rice	131707	132160	116635	112330	100588
玉米	Corn	99469	81800	80427	72733	75545
豆类	Soybean	14423	16532	14823	16083	17281
薯类	Tuber Crops	7121	8534	8536	8568	8774
其他小谷物	Other Coarse Cereals	616		74	67	0
二、棉花	Cotton	12775	11700	10673	8185	7915
三、油料	Oil-bearing Crops	137123	133568	134101	139199	142774
#油菜籽	Rape Seeds	76673	75114	75063	82600	87017
花生	Peanuts	44619	44126	44803	44205	43818
芝麻	Sesame	15481	14328	14235	12394	11814
四、麻类	Fiber Crops	3	2	0	0	0
五、糖料	Sugar Crops	16787	19820	19333	19524	17886
六、烟叶	Tobacco					
七、药材	Herb Crops	1932				
八、蔬菜、瓜类	Vegetables & Melons	7937662	8219890	8343163	8336203	8792665
蔬菜	Vegetables	7389953	7668384	7798724	7775202	8205857
瓜类	Melons	547709	551506	544439	561001	586808

4-11 农作物单位面积产量(2017-2021年)
PER HECTARE OUTPUT OF FARM CROPS(2017-2021)

单位:公斤/公顷 (kilogram/hectare)

项目	Item	2017	2018	2019	2020	2021
一、粮食作物	Grain Crops	6261	6243	6194	6222	6250
1. 夏收粮食	Summer Grain Crops	2825	2814	2880	2860	2751
#小　麦	Wheat	2815	2821	2895	2863	2755
豆　类	Soybean		1582	0	1580	1499
薯　类	Tuber Crops		2965	3055	3199	3085
其他小谷物	Other Coarse Cereals	3762	3770	3332	3485	3364
2. 早　稻	Early Season Rice	5640	5725	5766	5623	5770
3. 秋收粮食	Autumn Grain Crops	6659	6641	6551	6598	6662
稻　谷	Paddy Rice	7611	7690	7582	7625	7684
中稻(含一季晚)	Mid-Season Rice(Including Single Rotation Late Season Rice)	8009	8071	7931	7978	7993
双季晚稻	Double Rotation Late Rice	6287	6400	6291	6227	6269
玉　米	Corn	4902	4388	4447	4265	4483
豆　类	Soybean	1657	1689	1662	1664	1704
薯　类	Tuber Crops	3900	4354	4352	4346	4421
其他小谷物	Other Coarse Cereals	1561		4074	4099	
二、棉　花	Cotton	902	940	855	816	821
三、油　料	Oil-bearing Crops	2531	2488	2474	2462	2436
#油菜籽	Rape Seeds	2343	2318	2292	2290	2246
花　生	Peanuts	3389	3348	3349	2244	3337
芝　麻	Sesame	1903	1769	1762	1711	1766
四、麻　类	Fiber Crops	2813	3333	—	—	
五、糖　料	Sugar Crops	40444	47190	47154	47511	45862
六、烟　叶	Tobacco					
七、药　材	Herb Crops	7431				
八、蔬菜、瓜类	Vegetables & Melons	44890	45524	44877	42921	44140
蔬　菜	Vegetables	46338	46707	45899	43770	44959
瓜　类	Melons	31578	33669	34027	33823	35180

4-12 林 业 生 产 情 况(2020-2021年)
STATISTICS ON FORESTRY PRODUCTION(2020-2021)

项目	Item	2020	2021
一、荒山、荒沙造林面积(亩)	Barren Mountain(sand) Afforestation(acres)	57898	14419
二、有林地造林面积(亩)	Forest Afforestation Area(acres)	7011	9742
三、更新改造面积(亩)	Reforestation Area(acres)	18960	18541
四、四旁零星植树(万株)	Scattered(Four-side) Tree planging(10 000 plants)	379.62	305.56
五、森林抚育面积(亩)	Tending Area of Forest(acres)	264115	228729
六、林木种苗	Forest Germchit		
1.当年苗木产量(万株)	Seedling Yield of The Year(10 000 plants)	3357.9	4235.3
2.育苗面积(亩)	Seedling Area(acres)	155678	135296
七、竹木采伐(万立方米)	Bamboo and Timber Harvesting(10 000 cubic meters)		
1.木材	Timber	14	8.72
其中:村及村以下采伐	Among Them:Harvesting at Village Level and Below	12.06	6.41
2.竹材(万根)	Bamboo Timber(10 000 plants)	96.21	50.93
其中:村及村以下采伐	Among Them:Harvesting at Village Level and Below	52.71	49.53
(1)楠竹	Nan Bamboo	33.36	28.1
(2)杂竹	Sundry Bamboo	62.85	22.83

4－13 主要林产品产量(2020－2021 年)
OUTPUT OF MAIN FORESTRY PRODUCTS(2020－2021)

单位:吨 (ton)

项目	Item	2020	2021
油桐籽	Seeds of Tung Oil Tree		
油茶籽	Oil－tea Camellia Seed	11812	12674
乌桕籽	Chinese Sapium Seed		
五倍子	Chinese Gall		
板栗	Chinese Chestnut	3098	3444
香菇	Mushroom		
白木耳	White Fungus		
黑木耳	Black Fungus		

4－14 牧业生产情况(2020－2021 年)
STATISTICS ON ANIMAL HUSBANDRY PRODUCTION(2020－2021)

项目	Item	2020	2021
年末大牲畜存栏(头)	Year－end Large Animals In Stock(head)	47333	30105
(1)良种及改良种乳牛(头)	Cows of Fine Breed & Improved Variety(head)	2857	3495
(2)肉用牛(头)	Beef Cattle(head)	44397	25709
(3)马(头)	Horses(head)	79	487
(4)驴(头)	Donkeys(head)		
(5)骡(头)	Mutes(head)		
年末羊只数(只)	Year－end Sheep And Goats in Stock(head)	30079	27559
年末生猪存栏(万头)	Year－end Hogs in Stock(10 000 heads)	105.24	126.96
#能繁母猪(万头)	Female Hogs of Reproductive Ability(10 000 heads)	10.50	12.02
全年肉猪出栏(万头/吨)	Slaughtered Fattened Hogs(10 000 heads/ton)	113.94/86270	186.75/143639
全年出售和自宰肉用牛(头/吨)	Slaughtered Cattle(head/ton)	19757/2984	19954/3011
全年出售和自宰肉用羊(只/吨)	Slaughtered Sheep and Goats(head/ton)	20138/335	26240/436
全年出售和自宰家禽(万只/吨)	Slaghtered Poultry(10 000 heads/ton)	3446.30/45892	3675.68/48977
牛奶产量(吨)	Milk(ton)	13853	18489
蜂蜜产量(吨)	Honey(ton)	714	609
禽蛋产量(吨)	Eggs(ton)	104721	108393

4－15 茶叶、水果生产情况(2020－2021年)
STATISTICS ON PRODUCTION OF TEA & FRUIT(2020－2021)

项目	Item	2020	2021
茶叶产量(吨)	Output of Tea(ton)	2636	2779
#绿　茶(吨)	Green Tea(ton)	2512	2643
青　茶(吨)	Wulong Tea(ton)		
白　茶(吨)	White Tea(ton)	78	83
其他茶(吨)	Other Tea(ton)	46	53
年末茶园面积(公顷)	Tea Plantation Area(hectare)	7217	7350
#本年采摘面积(公顷)	Picked Area This Year(hectare	5900	6090
水果产量(吨)	Output of Fruit(ton)	148844	149049
#桃　子(吨)	Peaches(ton)	54504	49666
柑　桔(吨)	Citrus(ton)	36465	41765
梨　子(吨)	Pears(ton)	16188	9181
葡　萄(吨)	Grapes(ton)	25132	25871
柿　子(吨)	Persimmons(ton)	1705	1675
猕猴桃(吨)	Kiwi Fruit(ton)	10912	11571
年末果园面积(公顷)	Year－end Orchard Area(hectare)	8959	8889
#柑桔园面积(公顷)	Citrus(hectare)	2399	2534
梨园面积(公顷)	Pears(hectare)	755	650
葡萄园面积(公顷)	Grapes(hectare)	1484	1364
桃园面积(公顷)	Peachs(hectare)	2498	2343
猕猴桃园面积(公顷)	Kiwi Fruit(hectare)	1004	1080

4－16 渔业生产情况(2020－2021年)
STATISTICS ON FISHERY PRODUCTION(2020－2021)

项目	Item	2020	2021
一、水产品产量(吨)	Total Aquatic Products(ton)	426723	437162
(一)淡水捕捞产量(吨)	Fish Caught in Fresh Water(ton)	8896	7634
1.鱼　类(吨)	Fish(ton)	7213	6681
2.虾蟹类(吨)	Shrimps,Prawns & Crabs(ton)	1670	941
3.贝　类(吨)	Shellfish(ton)	13	12
4.其他类(吨)	Others(ton)		
(二)淡水养殖产量(吨)	Fish Artificially Cultured(ton)	396193	407423
1.鱼　类(吨)	Fish(ton)	345833	360694
2.虾蟹类(吨)	Shrimps,Prawns & Crabs(ton)	46625	43723
3.贝　类(吨)	Shellfish(ton)		
4.其他类(吨)	Others(ton)	3735	3006
(三)增值养殖产量(吨)	Artificially Cultured in Proliferation Fishery(ton)	21634	22105
1.鱼　类(吨)	Fish(ton)	21634	22105
2.贝　类(吨)	Shellfish(ton)		
3.其他类(吨)	Others(ton)		
二、淡水养殖面积(池塘养殖)(公顷)	Artificially Cultured Area in Fresh Water(Ponds)(hectares)	39219	38728
附报:1.稻田养殖面积(公顷)	Artificially Cultured in Paddy Fields(hectares)	15347	15078
2.增殖养殖面积	Artificially Cultured in Proliferation Fishery(hectares)	38674	39905

主 要 统 计 指 标 解 释

农林牧渔业总产值 农林牧渔业总产值是以货币表现的农林牧渔业的全部产品总量和对农林牧渔业生产活动进行的各种支持性服务活动的价值。

农林牧渔业总产值的核算范围是本辖区内在一定时期内生产的农业、林业、牧业、渔业产品的价值量和对农林牧渔业生产活动进行的各种支持性服务活动的价值的总和。

粮食产量 指全社会的产量。包括国有经济经营的、集体统一经营的和农民家庭经营的粮食产量,还包括工矿企业办的农场和其他生产单位的产量。粮食除包括稻谷、小麦、玉米、高粱、谷子及其他杂粮外,还包括薯类和豆类,其产量计算方法,豆类按去豆荚后的干豆计算;薯类(包括甘薯和马铃薯,不包括芋头和木薯)1963 年以前按每 4 公斤鲜薯折 1 公斤粮食计算,从 1964 年开始及以后改为按 5 公斤鲜薯折 1 公斤粮食计算。

油料产量 指全部油料作物的生产量。包括花生、油菜籽、芝麻、向日葵籽、胡麻籽(亚麻籽)和其他油料。不包括大豆、木本油料和野生油料。花生以带壳干花生计算。

水产品产量 指当年捕捞的水产品(包括人工养殖并捕捞的水产品和捕捞天然生长的水产品)产量。分为养殖产量和捕捞产量,养殖产量按出水产量计算,虽然养成但仍留在水中而未捕捞的不计算产量。水产品按种类分为鱼类、虾蟹类(甲壳类)、贝类和其他类。其他类主要指龟鳖、蛙类、珍珠等。

猪、牛、羊肉产量 指当年出栏并已屠宰后除去头蹄下水后带骨肉(即胴体重)的重量。

农作物总播种面积 指全年实际播种或移植各种农作物的面积总和。

有效灌溉面积 指具有一定的水源,地块比较平整,灌溉工程或设备已经配套,在一般年景下当年能够进行正常灌溉的耕地面积。

农用化肥施用量 指统计报告期内(一般指本年内)实际用于农业生产的化肥数量,包括氮肥、磷肥、钾肥和复合肥(复合肥指含有两种或两种以上营养元素的化肥),分为农用化肥施用量(实物)和农用化肥施用量(折纯)。农用化肥施用量(实物)是指实际施用的化肥数量。农用化肥施用量(折纯)是指把氮肥、磷肥、钾肥分别按含氮、含五氧化二磷、含氧化钾的百分比进行折算后的数量,复合肥按其所含主要成分折算。

农业机械总动力 指全部农业机械动力的额定功率之和。农业机械是指用于种植业、畜牧业、渔业、农产品初加工、农用运输和农田基本建设等活动的机械及设备。农机总动力按使用能源不同分为以下四部分:

柴油发动机动力:指全部柴油发动机额定功率之和;

汽油发动机动力:指全部汽油发动机额定功率之和;

电动机动力:指全部电动机(含潜水电泵的电动机)额定功率之和;

其他机械动力:指采用柴油、汽油、电力之外的其他能源,如水力、风力、煤炭、太阳能等动力机械功率之和。

Explanatory Notes on Main Statistical Indicators

Gross Output Value of Farming Forestry, Animal Husbandry and Fishery refers to the total value of products of farming, forestry, animal husbandry and fishery, and total value of services in support of farming, forestry, animal husbandry and fishery.

The statistical coverage of gross output value of farming, forestry, animal husbandry and fishery is the total value of products of farming, forestry, animal husbandry and fishery produced in the administrative region, and total value of services in support of them during a given period of time.

Ouptput of Grain refers to the output in the whole country or region including grains produced by state farms, collective units, industrial enterprises and mines. Grain includes rice, wheat, corn, sorghum, millet and other miscellaneous grains as well as tubers and beans. Output of beans refers to dry beans without pods. The output of tubers (sweet potatoes and potatoes, not including taros or cassava) was converted into that of grain at the ratio 4:1, i. e. four kilograms of fresh tubers were equivalent to one kilogram of grain up to 1963. Since 1964 the ratio for conversion has been 5:1.

Output of Oil – bearing Crops refers to the total production of oil – bearing crops of various kinds, including peanuts (dry, in shell), rapeseeds, sesame, sunflower seeds, fax seeds, and other oil – bearing crops. Soybeans, oil – bearing woody plants, and wild oil – bearing crops are not included.

Output of Aquatic Products refers to catches of both artificially cultured and naturally grown aquatic products in that year, including output of breeding and fishery. The production of aquaculture is calculated according to the output of effluent, cultivated but still in the water without fishing is not included. Output of aquatic products includes fish, crustaceans (shrimps, crabs), shellfish and others. Other types mainly refer to turtle, frog, pearl and so on.

Output of Pork, Beef, and Mutton refers to the meat of slaughtered hogs, cattle, sheep and goats with head, feet, and offal taken away.

Sown Area of Crops refers to total area of land actually sown or transplanted in the current year.

Irrigated Area refers to areas that are effectively irrigated, i. elevel land which has water source and complete sets of irrigation facilities to lift and move adequate water for irrigation purpose under normal conditions.

Consumption of Chemical Fertilizers refers to the quantity of chemical fertilizers applied in agricuhure in this year, including nitrogenous fertilizer, phosphate fertilizer, potash fertilizer, and compound fertilizer (fertilizers containing two or more kinds of nutrient elements), and can be divided into agricultural chemical fertilizer application amount (in kind) and agricultural fertilizer application amount (converted). The consumption of agricultural chemical fertilizers (in kind) refers to the actual amount of fertilizer applied. The consumption of agricultural chemical fertilizers (converted) refers to the amount of nitrogen fertilizer, phosphate fertilizer and potassium fertilizer converted according to the percentage of nitrogen, phosphorus pentoxide and potassium oxide respectively, and compound fertilizer converted according to its main components.

Total Power of Farm Machinery refers to the total rated capacity of all agricultural machinery. Agricultural machinery refers to the machineries and equipments which are used for activities of planting, animals husbandry, fishery, primary, processing of agricultural products, agricultural transport and infrastructure construction of farmland. Total power of agricultural machinery is grouped into four parts according to the energy used:

Diesel engine power refers to the total rated capacity of all diesel engines.

Gasoline engine power refers to the total rated capacity of all gasoline engines.

Motor power refers to the total rated capacity of all motors (include submersible pump motors).

Other mechanical powers refer to the total mechanical capacity of the sources of energy besides diesel, gasoline and motor power, such as hydro power, wind power, coal and solar energy.

Data are mainly from agricultural machinery agencies.

五、固定资产投资与建筑业

INVESTMENT IN FIXED ASSETS CONSTRUCTION

资料整理人员：帅国豪　琚宏飞　陈弥灵　朱　颖　黄文婷　樊　来　王奕辰

STAFF FOR DATA PROCESSING：

Shuai Guohao　Ju Hongfei　Chen Miling　Zhu Ying　Huang Wenting

Fan Lai　Wang Yichen

简要说明

本篇资料通过对一定时期全社会建造和购置固定资产活动的数量方面的描述，反映报告期内武汉市固定资产投资的规模和速度、固定资产投资的结构和比例关系、固定资产投资的资金来源及新增固定资产以及建设项目的新增生产或效益等和有资质的总承包、专业承包建筑业企业生产经营，房地产企业开发经营的基本情况。

全社会固定资产投资统计的范围包括：500 万元以上项目投资、房地产开发投资、农村私人（农户）固定资产投资。500 万元以上项目投资统计范围包括：城乡各种登记注册类型的企业、事业、行政单位及个体户进行的计划总投资（或实际需要总投资）500 万元及以上的建设项目或固定资产购置。

固定资产投资按国民经济行业划分：建设项目归哪个行业，按其建成投产后的主要产品或主要用途及社会经济活动性质来确定。基本建设按建设项目划分国民经济行业，更新改造、国有经济单位其他固定资产投资及城镇集体投资根据整个企业、事业单位所属的行业来划分。一般情况下，一个建设项目或一个企业、事业单位只能属于一种国民经济行业。为了更准确地反映国民经济各行业之间的比例关系，联合企业（总厂）所属分厂属于不同行业的，原则上按分厂划分行业。

Brief Description

The Data in this chapter show the size and pace, structural and proportional relations, funded sources of fixed assets, newly increased fixed assets, newly increased production capacity of construction projects, or efficiency of the investment in fixed assets and production of procure construction or professind construction enterprises and status of real estate enterprises business in reposed period by describing the volume of construction and purchase of fixed assets.

The investment in fixed assets in the whole country includes the investment in capital construction projects over 500 million yuan, the investment in real estate development, the investment by individuals in rural areas. Statistics on the investment of projects over 500 million yuan cover construction projects of 5 million yuan and above which are invested by enterprises, institutions, administrative units and individuals registed in urban and rural areas.

investment in fixed assets by sector: The classification of construction projects by sector is determined by the major products of the purpose of the projects when they are put into production or use, and by the nature of their social economic activities. The investment in capital construction is classified by construction projects, while investment in innovation, other investment by state owned units and urban collective units are classified according to the sector which the whole enterprise or institution belongs to. In general, one project or one enterprise or institution can only belong to one sector. In order to reflect the proportions among various sectors more accurately, the branch factories of integrated complex are classified into different sectors according to their economic activities.

5-1 全社会固定资产投资同比增速(2020-2021 年)
GROWTH RATE OF TOTAL INVESTMENT IN FIXED ASSETS(2020-2021)

单位:%　　　　(%)

项　目 Item	2020	2021
全社会固定资产投资 **Total Investment in Fixed Assets**	-11.8	12.9
一、按登记注册类型分 Grouped by Ownership		
(一)内资企业 Domestic Funded Enterprises	-11.3	13.2
国　有 State - owned Units	-17.2	25.6
集　体 Collective - owned Units	-81.2	-32.5
股份合作 Share - holding Cooperative	615.1	90.2
联　营 Joint - owned Economic Units	-40.5	34.0
#国有联营 Joint State - owned Units	-100.0	
#集体联营 Joint Collective - owned Unit		
有限责任公司 Companies of Limited Liabilities	-12.6	1.8
#国有独资公司 Companies with State - owned Exclusive Investment	-7.8	-7.7
股份有限公司 Companies of Share holding with Limited Liabilities	-11.7	-32.3
私营企业 Private - owned Units	1.4	53.5
其他内资公司 Other Companies	-40.6	77.2
(二)外商投资企业 Foreign - Funded Enterprises	-3.9	-6.4
中外合资经营 Sino - Foreign Joint Economic Units	-20.2	-19.2
中外合作经营 Sino - Foreign Cooperative Economic Units	424.5	-100
外商企业 Foreign Enterprises	15.0	16.2
外商投资股份有限公司 Companies Limited by Shares with Foreign Investment	-1.5	-18
其他外商投资 Other Foreign Funded Enterprises	3.8	-54.7

5-1 续 表 Continued

单位:% (%)

项 目 Item	2020	2021
(三)港澳台商投资企业 Economic Units Funded from Hong Kong, Macao and Taiwan	-32.7	27.6
与港澳台商合资经营 Joint Ventures With Hong Kong, Macao and Taiwan Businessmen	-29.8	12.9
与港澳台商合作经营 Joint Operation With Hong Kong, Macan and Taiwan Businessmen	-5.6	-100
港澳台商独资企业 Economic Units Funded by Entrepreneurs from Hong Kong, Macao and Taiwan	-32.1	27.8
港澳台商投资股份有限公司 Share-holding Corporations Funded from HongKong, Macao and Taiwan	-32.3	709.3
其他港澳台商投资 Others	-99.5	1415.2
(四)个体经营 Individual Business	-93.0	136.9
二、按构成分 Grouped by Structure		
建筑安装工程 Construction Installation	-13.8	10.9
设备工器具购置 Purchase of Equipment and Instruments	-2.3	1.8
其他费用 Others	-11.1	25
三、按三次产业分 Grouped by Industry		
第一产业 Primary Industry	-15.2	-3.2
第二产业 Secondary Industry	-20.2	10
#工 业 Industry	-20.4	10
#制造业 Manufacturing	-19.9	8.8
电力、燃气及水的生产和供应业 Production and Supply of Electricity, Cas and Water	-28.9	31.8
第三产业 Tertiary Industry	-8.8	13.9
#交通运输、仓储、邮电通信业 Transportation, Storage, Postal and Telecommunications Services	5.0	10.2
信息传输、软件和信息技术服务业 Information transmission, I. T and Software Services	-31.6	-7
#电信、广播电视和卫星传输服务业 Telecommunication、Ratio and TV and Satellite Transmission Services	-0.7	-24.5
水利、环境和公共设施管理业 Water Conservancy, Environment and Public Facilities Management	-24.9	0.4

5-2 历年全社会固定资产投资
TOTAL INVESTMENT IN FIXED ASSETS OVER THE YEARS

单位:万元 (10 000 yuan)

年份 Year	全社会固定资产投资 Total Investment in Fixed Assets	1.500万元以上项目固定资产投资 Investment of Construction Projects over 5 Million Yuan	2.房地产开发投资 Investment in Real Estate Development	3.农户(私人)投资 Investment of Farm Households in Rural Areas
1950	1170	1170		
1951	3180	3180		
1952	6741	6741		
1953	15656	15656		
1954	20901	20901		
1955	28200	28200		
1956	42740	42740		
1957	45184	45184		
1958	68222	68222		
1959	84323	84323		
1960	72920	72920		
1961	15651	15651		
1962	7034	7034		
1963	9576	9576		
1964	17283	17283		
1965	23474	23474		
1966	32646	32646		
1967	21013	21013		
1968	13381	13381		
1969	20035	20035		
1970	41436	41436		
1971	45621	45621		
1972	43245	43245		
1973	34687	34687		
1974	40909	40909		
1975	70842	70842		
1976	146559	145873		
1977	228047	227232		
1978	117384	116592		
1979	88384	87258		
1980	100751	97404		
1981	95404	89561		
1982	112112	100015		2125
1983	115984	107380		

5－2 续 表 Continued

单位:万元 (10 000 yuan)

年 份 Year	全社会固定资产投资 Total Investment in Fixed Assets	1.500万元以上项目固定资产投资 Investment of Construction Projects over 5 Million Yuan	2.房地产开发投资 Investment in Real Estate Development	3.农户(私人)投资 Investment of Farm Households in Rural Areas
1984	179294	148241		15507
1985	234020	199298		19038
1986	271164	217734		28182
1987	327384	270862		22681
1988	363111	315420		20376
1989	320134	274153		23584
1990	389728	314321	33452	28074
1991	437967	358547	34190	29446
1992	683566	577934	55821	26033
1993	1189811	897523	246322	28587
1994	2060165	1426027	570618	42665
1995	3222274	2057945	916194	92264
1996	3870259	2573798	972609	122553
1997	4081797	2555482	1065729	166680
1998	4204250	2642270	1067997	163203
1999	4312456	2853591	967130	170872
2000	4619265	3448981	1013105	104170
2001	5084427	3737461	1153357	111915
2002	5704258	4210086	1325012	76412
2003	6450642	4592141	1695468	79608
2004	8222009	5708088	2333006	95133
2005	10551808	7464910	2979919	64511
2006	13252872	9515715	3661516	75641
2007	17327895	12611534	4597498	118863
2008	22520524	16698038	5703605	118881
2009	30011045	22028211	7785946	196888
2010	37531682	27050971	10173987	306724
2011	42551621	29582102	12741746	227773
2012	50312488	34412161	15748605	151722
2013	60019555	40689272	19056000	274283
2014	70028536	46089075	23536263	403198
2015	77252645	50990998	25817857	443790
2016	70931658	45223562	25174350	533746
2017	78716603	51308716	26863358	544529

5-3 全社会住宅投资(2017-2021年)
TOTAL INVESTMENT IN RESIDENTIAL BUILDINGS(2017-2021)

单位:万元 (10 000 yuan)

项目 Item	2017	2018	2019	2020	2021
总计 Total	19083755	19830839	22593520	20590520	25025587
一、500万元以上项目固定资产投资 Investment of Construction Projects over 5 Mollion Yuan	374189	259159	760404	1000448	850082
二、房地产开发投资 Investment in Real Estate Development	18403091	19571680	21833116	19590072	24175505

5-4 全社会竣工房屋建筑面积(2017-2021年)
TOTAL FLOOR SPACE OF BUILDINGS COMPLETED(2017-2021)

单位:万平方米 (10 000 sq. m)

项目 Item	2017	2018	2019	2020	2021
总计 Total	1465.93	650.02	804.67		
一、500万元以上项目固定资产投资 Investment of Construction Projects over 5 Million Yuan	345.31	191.38	107.18		
二、房地产开发投资 Investment in Real Estate Development	776.30	458.63	697.50	777.86	771.17

5-5 全社会住宅竣工面积(2017-2021年)
TOTAL FLOOR SPACE OF RESIDENTIAL BUILDINGS COMPLETED(2017-2021)

单位:万平方米 (10 000 sq. m)

项目 Item	2017	2018	2019	2020	2021
总计 Total	880.25	305.77	479.31		
一、500万元以上项目固定资产投资 Investment of Construction Projects over 5 million Yuan	602.22	0.06	0.15		
二、房地产开发 Investment in Real Estate Development	597.82	305.71	479.16	611.73	591.23

5-6 全社会新增固定资产(2020-2021年)
TOTAL NEWLY INCREASED FIXED ASSETS(2020-2021)

单位:万元 (10 000 yuan)

项目 Item	2020	2021
总计 Total	22651120	21302161
一、500万元以上项目固定资产投资 Investment of Construction Projects over 5 million Yuan	16190009	16099639
二、房地产开发 Investment in Real Estate Development	6461111	5202522

5-7 固定资产投资(不含农户)同比增速(2020-2021年)
GROWTH RATE OF TOTAL INVESTMENT IN FIXED ASSETS(FARMING HOUSEHOLD EXCLUSIVE)(2020-2021)

单位:% (%)

项 目 Item	2020	2021
计划总投资 **Total Planned Investment**	22.4	0.0
自开始建设累计完成投资 **Total Investment from Started**	5.0	11.7
本年完成投资 **Total Investment Completed this Year**	-11.8	12.9
按建设性质分 **Grouped by Type of Consturction**		
#新 建 New Construction	-12.1	6.6
扩 建 Expansion	-15.8	-19.7
改建和技术改造 Reconsturcion and Technological Transformation	-27.2	44.9

5-8 500万元以上建设项目投产率(2020-2021年)
RATE OF PROJECTS OVER 5 MILLION YUAN COMPLETED AND PUT INTO USE(2020-2021)

项 目 Item	2020	2021
500万元以上建设项目投产率(%) **Rate of Projects Over 5 Million Yuan Completed and Put into Use(%)**	**34.9**	**39.7**
全部投产项目(个) Number of Projects Fully Completed and Put into Use(unit)	1051	1508
施工项目(个) Number of Projects under Construction(unit)	3008	3802

5-9 500万元以上项目分行业投资同比增速(2020-2021年)
GROWTH RATE OF INVESTMENT IN PROJECTS OVER 5 MILLION YUAN BY SECTOR(2020-2021)

单位:% (%)

项目 Item	2020	2021
总计 Total	**-15.2**	**9.9**
农、林、牧、渔业 Agriculture, Forestry, Animal Husbandry and Fishery	-18.3	3.5
采矿业 Mining	196.7	-78.5
制造业 Manufacturing	-19.9	8.8
电力、燃气及水的生产和供应业 Production and Supply of Electricity, Gas and Water	-28.9	31.8
建筑业 Construction	-4.9	25.3
批发和零售业 Wholesale and Retail Trade	-38.0	-3.2
交通运输、仓储及邮政业 Transportation, Storage and Post	5.0	10.2
住宿和餐饮业 Hotel and Catering services	-24.1	-47.6
信息传输、计算机服务和软件业 Information Transmission, Computer and Software Services	-31.6	-7.0

5－9 续 表 Continued

单位：% (%)

项目 Item	2020	2021
金融业 Financial Intermediation	15.8	－67.6
房地产业 Real Estate	17.4	8.1
租赁和商务服务业 Leasing and Business Services	－30.9	165.9
科学研究和技术服务 Scientific Research, Technical Services	23.5	59.5
水利、环境和公共设施管理业 Water Conservancy, Environment and Pulic Facilities Management	－24.9	0.4
居民服务和其他服务业 Service to Households and other Services	49.1	100.9
教育 Education	－12.6	34.9
卫生和社会工作 Health and Social Work	127.2	41.7
文化、体育和娱乐业 Culture, Sports and Entertainment	－45.4	－45.7
公共管理、社会保障和社会组织 Public management, Social Security and Social Organization	－49.7	49.0
国际组织 International Organizations		

5-10 500万元以上项目制造业投资同比增速(2020-2021年)
GROWTH RATE OF INVESTMENT IN MANUFACTURING IN PROJECTS OVER 5 MILLION YUAN(2020-2021)

单位:%

项目 Item	2020	2021
制造业 Manafacturing	**-19.9**	**8.8**
农副食品加工业 Processing of Food from Agricultural Products	-57.8	88.8
食品制造业 Food Production	59.6	47.1
酒、饮料和精制茶制造业 Liquor, Beverage and Refined Tea Production	-62.5	106.6
烟草制品业 Tobacco Processing	4208.0	-11.7
纺织业 Textile Industry	-64.7	114.9
纺织服装、服饰业 Textile, Garments and Fashion Industry	-48.9	96.3
皮革、毛皮、羽毛及其制品和制鞋业 Leather, Furs, Feather and Related Products	-96.7	3472.5
木材加工和木、竹、藤、棕、草制品业 Timber Processing, Wood, Bamboo, Cane, Palm Fiber and Straw Products	77.2	-3.1
家具制造业 Furniture Manufacturing	-9.3	-51.7
造纸和纸制品业 Papermaking and Paper Products	-22.1	98.3
印刷和记录媒介复制业 Printing and Reproduction of Recording Media	-40.3	-43.7
文教、工美、体育和娱乐用品制造业 Manufacture of Articles for Culture, Education, Arts and Crafts Sport and Entertainment Activities	-78.5	189.8
石油加工、炼焦和核燃料加工业 Petroleum Processing, Coking Products and Nuclear Fuel Processing	197.8	-31.0
化学原料和化学制品制造业 Raw Chemical Materials and Chemical Products	-66.3	7.1
医药制造业 Medical and Pharmaceutical Products	23.4	108.9

5-10 续 表 Continued

单位:% (%)

项　　　目 Item	2020	2021
化学纤维制造业 Chemical Fiber Manufacturing	41.2	-31.7
橡胶和塑料制品业 Rubber and Plastic Products	-40.2	-22.2
非金属矿物制品业 Non-metallic Mineral Products	-32.7	-9.3
黑色金属冶炼和压延加工业 Smelting and Pressing of Ferrous Metals	64.4	39.2
有色金属冶炼和压延加工业 Smelting and Pressing of Non-ferrous Metals	-44.3	486.5
金属制品业 Metal Products	-27.7	-7.8
通用设备制造业 General Purpose Machinery Manufacturing	-40.5	57.1
专用设备制造业 Special Purpose Equipment Manufacturing	-58.0	29.2
汽车制造业 Automobile Manufacturing	-6.8	-27.2
铁路、船舶、航空航天和其他运输设备制造业 Railway, Watercraft, Aviation and Other Transportation Equipment Manufacturing	-37.6	-2.1
电气机械和器材制造业 Electric Equipment and Machinery manufacturing	-32.5	43.1
计算机、通信和其他电子设备制造业 Computer, Telecommunication and Other Electronic Equipment Manufacturing	-3.1	4.1
仪器仪表制造业 Manufacture of Measuring Instruments and Machinery	-51.2	-79.8
其他制造业 Other Manufacturing	-71.6	24.4
废弃资源综合利用业 Utilization of Discard Rescurce and Material	106.6	188.6
金属制品、机械和设备修理业 Metal Products, Machinery and Repair of Equipment	-81.5	-71.1

5－11　500万元以上项目投资资金来源情况(2020－2021年)
SOURCE OF INVESTMENT FUNDS OF PROJECTS OVER 5 MILLION YUAN(2020－2021)

单位:万元　　(10 000 yuan)

项　目	Item	2020	2021
一、本年资金来源合计	**Total Sources of Funds this year**	**39567857**	**28909637**
1. 上年末结余资金	Residual Funds last year	2426619	2310952
2. 本年资金来源小计	Subtotal Sources of Funds this year	37141238	26598685
(1)国家预算内资金	State Budgetary Funds	5762352	4706401
(2)国内贷款	Domestic Loans	7904200	3581270
(3)债券	Bonds	0	0
(4)利用外资	Foreign Investment	213802	83460
(5)自筹资金	Self－raising Funds	20233846	15283047
(6)其他资金来源	Others	3027038	2944507
二、各项应付款合计	**All Account Payable This year**	**6162203**	**8223530**
其中:工程款	Funds of Projects	2422303	3980276

5-12 房地产开发投资(2020-2021年)
INVESTMENT IN REAL ESTATE DEVELOPMENT(2020-2021)

单位:万元 (10 000 yuan)

项目	Item	2020	2021
房地产开发投资完成额	**Total Investment**	**27771514**	**32546233**
一、按企业登记注册类型分	**Grouped by Type of Company Registration**		
(一)内资	Domestic-funded Enterprises	25775818	30412081
国有	State-owned	918188	1446422
集体	Collective-owned		
联营	Joint-owned Companies	78303	
有限责任公司	Companies of Limited Liabilities	17562382	17263547
股份有限公司	Companies of Share-holding With Limited Liabilities	762575	429827
私营企业	Private-owned Enterprises	6362025	9564110
其他内资	Other Type of Enterprises	92345	251002
(二)港、澳、台商投资	Enterprises Funded by Entrepreneurs from Hongkong, Macao & Taiwan	1281865	1264070
(三)外商投资	Foreign-funded Enterprises	713831	870082
二、按构成分	**Grouped by Structure**		
建筑工程	Construction	15150886	17997041
安装工程	Installation	1378650	1132762
设备工器具购置	Purchase of Equipment and Instruments	296907	105695
其他费用	Others	10945071	13310735
其中:土地购置费	Purchase of Land	8307605	10377558
三、按工程用途分	**Grouped by Use**		
住　宅	Residential Buildings	19590072	24175505
办公楼	Office Buildings	2524147	2607820
商业营业用房	Houses for Business Use	2598278	2506247
其他	Others	3059017	3256661

5-13 房地产开发投资效率(2020-2021年)
EFFICIENCY OF INVESTMENT IN REAL ESTATE DEVELOPMENT(2020-2021)

项目	Item	2020	2021
一、固定资产交付使用率(%)	**Rate of Projects of Fixed Assets Completed and Put into Use (%)**	**23.3**	**16.0**
本年新增固定资产(万元)	Newly Increased Fixed Assets(10 000 yuan)	6461111	5202522
二、房屋建筑面积竣工率(%)	**Rate of Floor Space of Buildings Completed(%)**	**5.0**	**4.7**
房屋竣工面积(平方米)	Floor Space of Buildings Completed(sq. m)	7778570	7711696
房屋施工面积(平方米)	Floor Space of Buildings under Construction(sq. m)	155658918	162516233
#住宅建筑面积竣工率(%)	Rate of Floor Space of Residential Buildings Completed(%)	5.7	5.3
住宅竣工面积(平方米)	Floor Space of Residential Buildings Completed(sq. m)	6117326	5912302
住宅施工面积(平方米)	Floor Space of Residential Buildings under Construction(sq. m)	107435644	110899964
待开发土地面积(平方米)	Land Space Undeveloped(sq. m)	6031995	7906574
本年购置土地面积(平方米)	Land Space Purchased This Year(sq. m)	2034389	2226754
本年土地成交价款(万元)	Land Transaction Value This Year(10000 yuan)	3300349	3156172
三、建设周期(年)	**Cycle of Construction(year)**	**10.7**	**8.6**
计划总投资(万元)	Total Planned Investment(10 000 yuan)	297424168	278752700

5－14 房屋施工面积和房屋竣工价值(2021 年)
FLOOR SPACE OF BUILDINGS UNDER CONSTRUCTION AND VALUE OF BUILDINGS COMPLETED(2021)

项目 Item	房屋施工面积合计(平方米) Total Floor Space of Buildings under Construction(sq. m)	本年新开工面积(平方米) Starting this year(sq. m)	房屋竣工面积(平方米) Floor Space of Buildings Completed(sq. m)	房屋竣工价值(万元) Value of Buildings Completed(10 000 yuan)
合计 Total	**162516233**	**25997423**	**7711696**	**4405109**
1. 住宅 Residential Buildings	110899964	17780131	5912302	3565275
2. 办公楼 Office Buildings	13912319	1789223	317042	234847
3. 商业营业用房 Houses for Business Use	12527053	1598600	475288	280761
4. 其　他 Others	25176897	4829469	1007064	324226

5－15 商品房销售、出租与待售情况(2021 年)
SELLING AND UNSOLD OF COMMERCIAL HOUSES(2021)

项目 Item	商品房销售额(万元) Sales Value of Commercial Houses(10 000 yuan)			待售面积(平方米) Unsold Floor Space(sq. m)	
	合计 Total	现房销售 Sales of Present Houses	期房销售 Advance Booking	合计 Total	1－3 年 1－3 year
合计 Total	**41575520**	**1793184**	**39782336**	**2363527**	**1523618**
住宅 Residential Buildings	38303831	1207111	37096720	1066091	789091
办公楼 Office Buildings	1415593	248320	1167273	411980	205672
商业营业用房 Houses for Business Use	1206726	164147	1042579	522620	330474
其　他 Others	649370	173606	475764	362836	198381

5-16 按资质等级分房地产开发投资情况(2021年)
BASIC STATUS OF INVESTMENT IN REAL ESTATE DEVELOPMENT GROUPED BY ENTERPRISE GRADE(2021)

项目 Item	总计 Total	一级 First Grade	二级 Secondary Grade	三级 Third Grade
计划总投资(万元) Total Planned Investment (10 000 yuan)	**278752700**	**10960964**	**39138375**	**9184482**
自开始建设累计完成投资(万元) Total Investment Complted this year (10 000 yuan)	152398108	7051462	28152831	6483776
本年完成投资(万元) Investment Completed in this Year (10 000 yuan)	**32546233**	**868329**	**2804830**	**822905**
按构成分: Grouped by Construction				
建筑工程(万元) Construction(10 000 yuan)	17997041	602010	1935044	679421
安装工程(万元) Installation(10 000 yuan)	1132762	24267	135287	30712
设备工器具购置(万元) Purchase of Equipment and Instruments(10 000 yuan)	105695	208	8401	5776
其他费用(万元) Others(10 000 yuan)	13310735	241844	726098	106996
其中:旧建筑物购置费(万元) Purchase of Old Construction(10 000 yuan)	98566	0	89715	0
土地购置费(万元) Purchase of Land(10 000 yuan)	10377558	183845	423396	62957
按工程用途分: Grouped by Use of Project				
住　宅(万元) Residential Buildings(10 000 yuan)	24175505	769679	2025477	632425
其中:90平方米及以下住房(万元) Residential Building Below 90 m^2(10 000 yuan)	3676418	85237	485120	217014
办公楼(万元) Office Buildings(10 000 yuan)	2607820	47413	292468	50407

5-16 续 表 1 Continued 1

项 目 Item	总 计 Total	一 级 First Grade	二 级 Secondary Grade	三 级 Third Grade
商业营业用房(万元) Houses for Business Use(10 000 yuan)	2506247	39256	198895	67792
其 他(万元) Other(10 000 yuan)	3256661	11981	287990	72281
本年新增固定资产(万元) New Increased Fixed Assets in This year(10 000 yuan)	5202522	99661	348167	446399
待开发土地面积(平方米) Land Space Undeveloped(sq. m)	7906574	59899	102213	216741
本年土地购置面积(平方米) Land Space Purchased This year(sq. m)	2226754	0	0	1000
房屋施工面积(平方米) **Floor Space of Building Under Construction(sq. m)**	**162516233**	**5818667**	**21743484**	**7149318**
住宅(平方米) Residential Space Under Construction(sq. m)	110899964	3945476	14596350	5103287
其中:90 平方米及以下住房(平方米) Residential Space Below 90 m^2 Under Construction(sq. m)	18808581	1110949	3016512	1420024
办公楼(平方米) Floor Space of Office Buildings under Construction(sq. m)	13912319	574836	2660385	664548
商业营业用房(平方米) Floor Space of Houses for Business Use under Construction(sq. m)	12527053	688572	1564685	540411
其他(平方米) Floor Space of other Building under Construction(sq. m)	25176897	609783	2922064	841072

5-16 续 表 2 Continued 2

项 目 Item	总 计 Total	一 级 First Grade	二 级 Secondary Grade	三 级 Third Grade
本年新开工面积(平方米) New Space Started This Year(sq. m)	**25997423**	**356046**	**2139549**	**932508**
住宅(平方米) New Residential Space Started This Year(sq. m)	17780131	107286	1573732	706171
其中:90平方米及以下住房(平方米) New Residential Space Below $90m^2$ Started This Year(sq. m)	3640073	0	179136	148565
办公楼(平方米) New Office Buildings Space Started This Year(sq. m)	1789223	150668	79616	15983
商业营业用房(平方米) New Space of House for Business Use Started This Year(sq. m)	1598600	80061	73176	42348
其他(平方米) New Space of Other Building Started This Year(sq. m)	4829469	18031	413025	168006
房屋竣工面积(平方米) Floor Space of Completed Building(sq. m)	**7711696**	**242481**	**594305**	**836329**
住宅(平方米) Floor Space of Residential Completed(sq. m)	5912302	190122	277957	546605
其中:90平方米及以下住房(平方米) Floor Space of Residential Buildings Below $90m^2$ Completed(sq. m)	627487	0	127470	110116
办公楼(平方米) Floor Space of Office Buildings Completed(sq. m)	317042	0	67970	107122
商业营业用房(平方米) Floor Space of House for Business Use Completed(sq. m)	475288	52359	95581	31280
其他(平方米) Floor Space of Other Building Completed(sq. m)	1007064	0	152797	151322

5－16 续 表 3 Continued 3

项 目 Item	总 计 Total	一 级 First	二 级 Secondary Grade	三 级 Third Grade
商品房销售额(万元) **Sales Value of Commercial Houses**(10 000 **yuan**)	**41575520**	**1600028**	**5091941**	**1121028**
住宅(万元) Sales Value of Residential Buildings(10 000 yuan)	38303831	1540128	4463435	1041427
其中:90 平方米及以下住房(万元) Sales Value of Residential Buildings Below 90m^2(10 000 yuan)	3367068	54113	420182	103132
办公楼(万元) Sales Value of Office Building(10 000 yuan)	1415593	28381	360677	31696
商业营业用房(万元) Sales Value of Houses for Commercial or Business Use(10 000 yuan)	1206726	12460	142041	36968
其他(万元) Sales Value of Other Buildings(10 000 yuan)	649370	19059	125788	10937
现房销售额(万元) **Sales Value of Present Buildings**(10 000 **yuan**)	**1793184**	**95326**	**548445**	**263913**
住宅(万元) Sales Value of Present residential Buildings(10 000 yuan)	1207111	62484	343374	238050
其中:90 平方米及以下住房(万元) Sales Value of Present Residential Buildings Below 90m^2(10 000 yuan)	250054	0	141670	30837
办公楼(万元) Sales Value of Present Office Buildings(10 000 yuan)	248320	17579	130150	14851
商业营业用房(万元) Sales Value of Present Houses for Commercial or Business Use(10 000 yuan)	164147	1020	34305	9555
其他(万元) Sales Value of other Present Houses(10 000 yuan)	173606	14243	40616	1457

5－16 续 表 4 Continued 4

项 目 Item	总 计 Total	一 级 First	二 级 Secondary Grade	三 级 Third Grade
期房销售额(万元) **Sales Value of Future Buildings**(10 000 **yuan**)	**39782336**	**1504702**	**4543496**	**857115**
住宅(万元) Sales Value of Future Residential Houses(10 000 yuan)	37096720	1477644	4120061	803377
其中:90 平方米及以下住房(万元) Sales Value of Future Residential Houses Below 90m^2(10 000 yuan)	3117014	54113	278512	72295
办公楼(万元) Sales Value of Future Office Buildings(10 000 yuan)	1167273	10802	230527	16845
商业营业用房(万元) Sales Value of Future Fouses for Commercial or Business Use(10 000 yuan)	1042579	11440	107736	27413
其他(万元) Sales Value of other Future Houses(10 000 yuan)	475764	4816	85172	9480
待售面积(平方米) **Unsold Floor Space**(**sq. m**)	**2363527**	**259946**	**598319**	**359996**
住宅(平方米) Unsold Floor Space of Residential Buildings(sq. m)	1066091	169213	250714	65657
其中:90 平方米及以下住房(平方米) Unsold Floor Space of Residential Buildings Below 90m^2(sq. m)	355482	136768	110585	11348
办公楼(平方米) Unsold Floor Space of Office Buildings(sq. m)	411980	59623	81547	140458
商业营业用房(平方米) Unsold Floor Space of Houses for Commercial or Business Use(sq. m)	522620	31110	186781	75466
其他(平方米) Unsold Floor Space of other Houses(sq. m)	362836	0	79277	78415

5-17 房地产开发资金来源情况(2020-2021年)
SOURCES OF FUNDS OF REAL ESTATE DEVELOPMENT(2020-2021)

单位:万元 (10 000 yuan)

项目	Item	2020	2021
一、本年实际到位资金合计	**The Actual Funds in Place This Year**	**54333054**	**59888411**
1.上年末结余资金	Residual Funds last year	20572602	17155425
2.本年实际到位资金小计	The Actual Funds in Subtotal this Year	33760452	42732986
(1)国内贷款	Domestic Loans	5616137	7506231
其中:银行贷款	Loans of Bank	4531329	6467893
(2)利用外资	Foreign Investment	1200	132906
(3)自筹资金	Self-raising Funds	10649314	11440477
(4)其他资金来源	Other Resoureces of Funds	17493801	23653372
二、本年各项应付款合计	**All Account Payable this year**	**8934508**	**10962111**
其中:工程款	Funds of Projects	4987039	5858840

5－18　建筑业(总承包和专业承包)企业生产情况(2021 年)

单位:千元

项　　目 Item	建筑企业个数 (个) Number of Construction Enterprises (unit)	建筑业签订合同额 Value of Signed Contracts
总　　计 Total	**1563**	**3639494488**
其中:国有及国有控股企业 of the Total:State－holding Enterprises	153	3010259236
一、按登记注册类型分组 Grouped by Ownership		
(一)内资企业 Domestic funded Enterprises	1560	3639457677
国有企业 State－owned Units	29	25936944
集体企业 Collective－owned Units	5	1158763
股份合作企业 Share－holding Cooperative	1	25921
联营企业 Joint－owned Economic units		
有限责任公司 Companies of Limited Liabilities	418	2991917946
股份有限公司 Companies of Share－holding with Limited Liabilities	25	99395883
私营企业 Private－owned	1080	520891444
其他企业 Others	2	130776
(二)港澳台商投资企业 Enterprises Funded by Entrepreneurs from Hongkong,Macao & Taiwan	2	3300
(三)外商投资企业 Foreign Funded	1	33511
二、按国民经济行业分组 Grouped by Sector		
房屋建筑业 Construction of Buildings	661	1984215626
土木工程建筑业 Givil Engineering Construction	329	1556328062
建筑安装业 Construction Installation	262	54773095
建筑装饰和其他建筑业 Construction Decoration and Other Construction	311	44177705

PRODUCTION OF CONSTRUCTION (PROCURE CONSTRUCTION OR PROFESSIOND CONSTRUCTION) ENTERPRISES(2021)

(1 000 yuan)

建筑业总产值 Gross Ouput Value	建筑工程产值 Output Value of Construction	安装工程产值 OutputValue of Installation	其他产值 Output Value of Others	竣工产值 Output Value of Completed Construction
1229221052	**1094657090**	**106739178**	**27824784**	**494459168**
859228976	789217475	55937365	14074136	320838732
1229181256	1094620594	106735878	27824784	494459168
11245813	9199705	237814	1808294	4930860
1018831	342003	676828	0	467531
1152	1152	0	0	0
877891752	796558890	64484849	16848013	333559482
40872791	38533455	993372	1345964	7605861
298040959	249889527	40343015	7808417	147785476
109958	95862	0	14096	109958
5881	2581	3300	0	0
33915	33915	0	0	0
689366938	601789042	73598238	13979658	374019942
478187701	456625257	14419248	7143196	92270534
31159505	15861884	12692482	2605139	13444964
30506908	20380907	6029210	4096791	14723728

5－18 续表

项　　目 Item	房屋施工面积(平方米) Floor Space of Buildings under Consturction(sq. m)	
	合　计 Total	其中:新开工面积 New Space Started this year
总　计 Total	**666133376**	**201163586**
其中:国有及国有控股企业 of the Total:State－holding Enterprises	482065774	109587722
一、按登记注册类型分组 Grouped by Ownership		
(一)内资企业 Domestic－funded Enterprises	666133376	201163586
国有企业 State－owned Units	3504699	1093288
集体企业 Collective－owned Units	310833	269093
股份合作企业 Share－holding Cooperative	0	0
联营企业 Joint－owned Economic Units		
有限责任公司 Companies of Limited Liabilities	501472552	118082010
股份有限公司 Companies of Share－holding with Limited Liabilities	14830053	5481479
私营企业 Private－owned	146015239	76237716
其他企业 Others	0	0
(二)港澳台商投资企业 Enterprises Funded by Entrepreneurs from Hongkong,Macao & Taiwan	0	0
(三)外商投资企业 Foreign Funded	0	0
二、按国民经济行业分组 Grouped by Sector		
房屋建筑业 Construction of Buildings	637386111	186484468
土木工程建筑业 Civil Engineering Construction	23249065	10286356
建筑安装业 Construction Installation	4638971	3854815
建筑装饰和其他建筑业 Construction Decoration and Other Construction	859229	537947

5－18 Continued

房屋竣工面积(平方米)		从事建筑业活动的从业人员平均人数 Average Employees Engaged Employees in Construction
合　计 Floor Space Completed(sq. m) Total	其中:住宅房屋 Residential Houses	
214334303	**126974059**	**1358329**
142498585	72338290	787660
214334303	126974059	1358258
1067583	170036	14285
257111	257111	1407
0	0	35
155640740	85550763	874829
2880281	1414368	21554
54488588	39581781	445797
0	0	351
0	0	28
0	0	43
207437129	122689976	928918
2718160	1061181	332326
3599203	2722411	56243
579811	500491	40842

5－19 建筑业(总承包和专业承包)企业财务情况(2021 年)

单位:千元

项目 Item	一、期末资产负债 Assets and Liabilities at the end of Year		
	流动资产合计 Circulating Funds	固定资产原价 Fixed Assets	累计折旧 Accumulated Depreciation
总计 Total	**978999188**	**103438211**	**51266561**
其中:国有及国有控股企业 of the Total:State－holding Enterprises	782674049	77171325	38601576
一、按登记注册类型分组 Grouped by Ownership			
(一)内资企业 Domestic－funded Enterprises	978952806	103435052	51263917
国有企业 State－owned Units	41150008	6462987	3445124
集体企业 Collective－owned Units	346836	66035	36872
股份合作企业 Share－holding Cooperative	3298	216	103
联营企业 Joint－owned Economic Units	1111193	908	503
有限责任公司 Companies of Limited Liabilities	768279303	76962079	38227301
股份有限公司 Companies of Share－holding with Limited Liabilities	38876711	2213000	1129058
私营企业 Private－owned	129185457	17729827	8424956
其他企业 Others			
(二)港澳台商投资企业 Enterprises Funded by Entrepreneurs from Hongkong,Macao & Taiwan	29865	1590	1264
(三)外商投资企业 Foreign Funded	16517	1569	1380
二、按国民经济行业分组 Grouped by Sector			
房屋建筑业 Construction of Buildings	405593821	26268209	12886476
土木工程建筑业 Civil Engineering Construction	515328511	70921844	35309159
建筑安装业 Construction Installation	28349656	3425936	1584900
建筑装饰和其他建筑业 Construction Decoration and Other Construction	29727200	2822222	1486026

THE FINANCIAL SITUATION IN CONSTRUCTION (PROCURE CONSTRUCTION OR PROFESSIOND CONSTRUCTION) ENTERPRISES(2021)

(1 000 yuan)

一、期末资产负债 Assets and Liabilities at the end of Year			二、损益及分配 Profits Loss and Distribution	
资产总计 Total Assets	负债合计 Total Liabilities	所有者权益合计 Owners´Equity	营业收入 Sales Income	主营业务收入 Sales Income from Principal Business
1330796234	**960007265**	**370788969**	**1182843953**	**1157721139**
1103203924	843494778	259709146	862337967	841497250
1330721423	959969828	370751595	1182811183	1157688369
58609562	44868072	13741490	37648790	28283176
386804	136984	249820	955507	955442
3411	235	3176	6955	6955
1111612	907539	204073	1215225	1215225
1076466725	799379629	277087096	895768331	883563176
41885405	37459831	4425574	35212962	34772817
152257904	77217538	75040366	212003413	208891578
57365	25891	31474	5832	5832
17446	11546	5900	26938	26938
481119176	325770960	155348216	613445244	603355165
779844384	587595377	192249007	506745197	493215871
34074991	25131148	8943843	32509466	31634204
35757683	21509780	14247903	30144046	29515899

5－19 续 表

单位：千元

项　　目 Item	二、损益及分配 Profits Loss and Distribution		
	营业成本 Sales Cost	主营业务成本 Sales Cost from Principal Business	税金及附加 Business Taxes and Extras
总　　计 **Total**	**1082382640**	**1057971753**	**5261857**
其中：国有及国有控股企业 of the Total：State－holding Enterprises	787170658	766879542	2510830
一、按登记注册类型分组 **Grouped by Ownership**			
（一）内资企业 Domestic－funded Enterprises	1082355818	1057944931	5261728
国有企业 State－owned Units	34630674	26133598	103024
集体企业 Collective－owned Units	817761	817761	18949
股份合作企业 Share－holding Cooperative	5299	5299	11
联营企业 Joint－owned Economic Units	1181946	1181310	2559
有限责任公司 Companies of Limited Liabilities	818126074	805503245	3121056
股份有限公司 Companies of Share－holding with Limited Liabilities	32119978	31927094	90995
私营企业 Private－owned	195474086	192376624	1925134
其他企业 Others			
（二）港澳台商投资企业 Enterprises Funded by Entrepreneurs from Hongkong，Macao & Taiwan	4583	4583	27
（三）外商投资企业 Foreign Funded	22239	22239	102
二、按国民经济行业分组 **Grouped by Sector**			
房屋建筑业 Construction of Buildings	570188912	560469364	3054670
土木工程建筑业 Civil Engineering Construction	455720507	442673744	1947473
建筑安装业 Construction Installation	29428013	28373317	152153
建筑装饰和其他建筑业 Construction Decoration and Other Construction	27045208	26455328	107561

5 - 19 Continued

(1 000 yuan)

二、损益及分配 Profits Loss and Distribution				人工成本及增值税 Labour Cost and Added Value Tax	
主营业务税金及附加 Main Business Taxes and Extras	营业利润 Operating Profits	利润总额 Total Profits	所得税费用 Income Tax Expenses	应付职工薪酬（本年贷方累计发生额） Employee Compensation (Credit Amout Accumulated this Year)	应交增值税 Added Value Tax Payable
5096771	**37650284**	**36622425**	**7798991**	**84159165**	**23909886**
2384408	26920932	25892558	4965850	50469125	14286096
5096642	37648755	36620896	7798907	84153211	23908924
102931	995015	824158	151852	4182707	654478
18949	35514	35983	8721	84312	31365
11	130	130	14	4470	153
2559	26522	26522	6642	41683	5646
2982287	29135015	28289058	5792525	53800653	16796619
90350	857756	843863	122346	2500953	487496
1899555	6598803	6601182	1716807	23538433	5933167
27	62	62	11	2011	191
102	1467	1467	73	3943	771
2946651	17414840	17866484	3732064	45645874	11431194
1905522	18412249	16916352	3633104	32515403	10614121
142383	1069254	1073447	283120	3259094	956486
102215	753941	766142	150703	2738794	908085

5-20 建筑业(总承包和专业承包)企业主要经济效益指标(2021 年)
MAIN ECONOMIC INDICATORS OF CONSTRUCTION (Procure Construction and Professional Construction)(2021)

项目 Item	全员劳动生产率(按建筑业总产值计算)(元/人) Overall Labor Productivity (yuan/person)	资产负债率(%) Assets Liabilities Ratio (%)	产值利润率(%) Output Value - Profit Ratio(%)
总计 **Total**	**904951**	**72.1**	**3.0**
其中:国有及国有控股企业 of the Total:State - holding Enterprises	1090863	76.5	3.0
一、按登记注册类型分组 **Grouped by Ownership**			
(一)内资企业 Domestic - funded Enterprises	904969	72.1	3.0
国有企业 State - owned Units	787246	76.6	7.3
集体企业 Collective - owned Units	724116	35.4	3.5
股份合作企业 Share - holding Cooperative	32914	6.9	11.3
联营企业 Joint - owned Economic Units		81.6	
有限责任公司 Companies of Limited Liabilities	1003501	74.3	3.2
股份有限公司 Companies of Share - holding with Limited Liabilities	1896297	89.4	2.1
私营企业 Private - owned	668558	50.7	2.2
其他企业 Others	313271		
(二)港澳台商投资企业 Enterprises Funded by Entrepreneurs from Hongkong, Macao & Taiwan	210036	45.1	1.1
(三)外商投资企业 Foreign Funded	788721	66.2	4.3
二、按国民经济行业分组 **Grouped by Sector**			
房屋建筑业 Construction of Buildings	742118	67.7	2.6
土木工程建筑业 Civil Engineering Construction	1438911	75.3	3.5
建筑安装业 Construction Installation	554016	73.8	3.4
建筑装饰和其他建筑业 Construction Decoration and Other Construction	746949	60.2	2.5

主要统计指标解释

固定资产投资额 指以货币形式表现的在一定时期内建造和购置固定资产的工作量以及与此有关的费用的总称。

本年新增固定资产 指在报告期已经完成建造和购置过程,并已交付生产或使用单位的固定资产的价值,包括已经建成投入生产或交付使用的工程投资和达到固定资产标准的设备、工具、器具的投资及有关应摊入的费用。属于增加固定资产价值的其他建设费用,应随同交付使用的工程一并计入新增固定资产。

调查单位通过划拨方式取得土地使用权所发生的建设用地费计入新增固定资产;房地产开发企业、工业商业等企业通过出让或“招拍挂”方式取得土地使用权而发生的建设用地费不计入新增固定资产。租用建设用地的费用,不计入新增固定资产投资。

施工和竣工房屋建筑面积 房屋建筑面积是从房屋外墙线算起的各层平面面积的总和,包括房屋结构(如柱、墙)占用的面积和地下室面积。多层建筑按各自然层面积总和计算,包括房屋内的楼隔层,突出墙面的眺望间、门斗、有柱雨罩的面积。不包括突出墙面结构的构件、艺术装饰等所占的面积,如台阶等。凹阳台、挑阳台按其水平投影面积一半计算建筑面积。

住宅建筑面积 指施工和竣工房屋建筑面积中供居住用的施工和竣工房屋建筑面积。

房屋施工面积 指报告期内施工的全部房屋建筑面积。包括本期新开工的房屋建筑面积、上期跨入本期继续施工的房屋建筑面积、上期停缓建在本期恢复施工的房屋建筑面积、本期竣工的房屋建筑面积以及本期施工后又停缓建的房屋建筑面积。多层建筑应填各层建筑面积之和。

房屋峻工面积 指报告期内房屋建筑按照设计要求已全部完工,达到住人和使用条件,经验收鉴定合格或达到竣工验收标准,可正式移交使用的各栋房屋建筑面积的总和。

主营业务收入 指企业经营主要业务所实现的收入。如果会计“利润表”列示“主营业务收入”项目,则根据其本年累计数填报;或者,根据会计“主要业务收入”科目的本年各月贷方余额(结转前)之和填报,如未设置该科目,以“营业收入”代替填报。

利润总额 指企业在一定会计期间的经营成果,是生产经营过程中各种收入扣除各种耗费后的盈余,反映企业在报告期内实现的盈亏总额。利润总额为营业利润加上营业外收入,减去营业外支出后的金额,根据会计“利润表”中“利润总额”项目的本期累计数填报。

建筑业总产值 指以货币表现的建筑业企业在一定时期内生产的建筑业产品和服务的总和。建筑业总产值包括:①建筑工程产值:指列入建筑工程预算内的各种工程价值。②安装工程产值:指设备安装工程价值以及将预制部品部件安装成建筑工程产品的价值。③其他产值:建筑业总产值中除建筑工程、安装工程以外的产值。包括房屋构筑物修理产值、非标准设备制造产值、总包企业向分包企业收取的管理费以及不能明确划分的施工活动所完成的产值。

Explanatory Notes on Main Statistical Indicators

Amount of investment in fixed assets refers to the volume of work in construction and purchases of fixed assets and related expenses in monetary terms.

Newly Increased Fixed Assets this Year Refer to the value of fixed assets which have been completed in construction, and accepted by production unit, including investments of equipments, instruments reach the standard of fixed assets, and projects which have been put into production or use, and other costs should be added. Other construction expenses, which belong to the added value of fixed assets, should be included in the newly increased fixed assets with projects which are put into use together.

The Construction land cost occurred in which enterprises getting land usage rights by way of transfer should be added into newly increased fixed assets; and cost occunred which real estate and instustrial and other enterprises obtained the land usage rights by means of recruitment and Bid invitation should not be added into newly increased fixed assets. The cost of renting construction land should not be included in the newly increased fixed assets.

Floor Space of Buildings Under Construction and Completed refer to total floor space in each story of buildings calculated from the outside line of building walls, including the space occupied by constructions like pillars or walls and basements. The floor space of multi – story building includes the total floor space of each story, including area occupied by separating walls, watching rooms, doorways, and pillars, but excluding protruding wall structures and artistic decoration, such as steps. The space of recessed verand and tantilevered balcony is counted by half of the projection area.

Floor Space of Residential Buildings refers to the floor space of the residential buildings under construction and completed among the total space of buildings under construction and completed.

Floor Space of Buildings Under Construction refers to floor space of buildings under construction during the reference period, including newly started buildings, buildings started earlier and continued during the reference period, buildings suspended earlier but restarted during the reference period, buildings completed during the reference period, and buildings suspended during the reference period. The floor space of multistoried buildings under construction should be fulled in the sum of space of each floor.

Floor Space of Buildings Completed refers to the floor space of buildings that are completed in the reference period in accordance with the requirements of the design, up to the standard for putting them into use or living, and have been checked and accepted by concerned departments as qualified ones or reach the standard of completion acceptance.

Main Business Revenue refers to the income of the main business confirmed by enterprises, such as the sale of goods, services, etc. Enterprise accountant fill in data on the final credit balance before carry – over of the subject of the accounting "main business income". The enterprise implementing the accounting standards for Business Enterprises or small – sized enterprises fill instead of "Business income", if the enterprise doesn't set the subject.

Total Profits refers to the enterprise's operating results of a certain accounting period, it is the production and operation of a variety of income after deducting the cost of surplus, and is a reflection of the enterprise in the reporting period to achieve the totalprofit and loss. The total profit is the sales profit plus sales exclusive income, minus sales exclusive expense. Enterprise fill data according to the current amount of the total profit project in the accounting profit table.

For the enterprise implementing the Accounting Standards for Business Enterprises or small – sized enterprises, For the enterprise implementing other accounting standards, the total profit is the sales profit plus investment income, subsidy income, sales exclusive income, minus Sales exclusive expenses.

Gross Output Value of Construction refers to the gross output value of construction and services showed in moneytary terms produced by construction enterprises during a certain period. It includes:

(1) Output value of construction projects, that is the value of projects covered by the project budgets;

(2) Output value of installation projects, that is the value of the installation of equipment and the value of assembling prefabricated parts into building engineering products.

(3) Output Value of Others: refers to output value exdude output value of aonstruction projects and output value of instcellation projects in Gross Output Value of Construction. It includes output value of repair of buildings and structures, output value of manfactured nonstandard equipment and management expenses iohich main contractors collect from Subcontractors. and output value of construction activities which can not be clearly defined and others.

六、公用事业

URBAN PUBLIC UTILITIES

资料整理人员：帅国豪　琚宏飞　陈弥灵　朱　颖　黄文婷　樊　来　王奕辰

STAFF FOR DATA PROCESSING：

Shuai Guohao　Ju Hongfei　Chen Miling　Zhu Ying　Huang Wenting　Fan Lai　Wang Yichen

简要说明

本篇资料反映武汉城市建设面貌，其内容根据市城乡建设局、市交通运输局提供的 2021 年《城市、县城建设统计报表制度》汇总整理而成。

Brief Description

The data in this chapter reflect the feature of urban construction and public utilities. Data are collected, prepared according to 2021 statistical system of Urban – Rural Construction Development that is provided by the Wuhan Urban and Rural Construction Bureau、Wuhan Transportation Bureau Transpotation Committee.

6-1 下水道、堤防、绿化情况(2020-2021年)
DRAINPIPES, DIKES AND VIRESCENCE(2020-2021)

指标名称 Index Name	2020	2021
污水年排放量(万吨) Annual Discharge Volume of Sewage(10 000 tons)	141744.80	162418.89
污水处理厂(座) Disposal Plants of Sewage(seat)	29	28
#二、三级处理(座) The Second, Third Disposal Plants of Sewage(seat)	29	28
污水处理能力(万立方米/日) Disposal Capacity of Sewage(10 000 m^3/day)	452.5	471
#二、三级处理(万立方米/日) The Second, Third Disposal Capacity of Sewage(10 000 m^3/day)	452.5	471
其他污水处理设施处理能力(万立方米/日) Other Disposal Capacity of Sewage(10 000 m^3/day)	53.39	53.39
污水处理总量(万立方米) Total Disposal Capacity of Sewage(10 000 m^3/day)	137656	158196
排水管道长度(公里) Length of Sewage Pipes(km)	11422	13011
污水处理厂集中处理率(%) Percentage of Collective Disposal by plants of Sewage(%)	97.00	97.40
防洪堤长度(公里) Length of Anti-Flood Dikes(km)	807.76	807.76
人均公园绿地面积(平方米) Park Green Area Per Capita(sq. m)	14.04	14.82
建城区绿地率(%) Greenbelt Rate of Completed Area(%)	37.05	40.02
建城区绿化覆盖率(%) Coverage Rate of Green Area in Completed Area(%)	42.07	43.07

6-2 自 来 水 情 况(2020-2021年)
BASIC STATISTICS ON TAP WATER SUPPLY(2020-2021)

指标名称 Index Name	2020	2021
水厂综合生产能力(万立方米/日) General Productive Capacity of Water Works(10 000 m^3/day)	541.20	548.50
供水管网长度(公里) Length of Water Supply Pipelines(km)	19818.63	22800.58
供水总量(万立方米) Total Volume of Water Supply (10 000 m^3)	130742.71	139887.77
售水总量(万立方米) Sales Volume of Tap Water (10 000 m^3)	99094.48	107559.71
居民家庭用水(万立方米) For Residential Use(10 000 m^3)	58379.83	63936.03
生产经营用水(万立方米) For Production and Operation(10 000 m^3)	24991.63	28669.27
公共服务用水(万立方米) For Public Service(10 000 m^3)	14830.11	14366.61
其他用水(万立方米) Others(10 000 m^3)	892.91	587.80
免费供水量(万立方米) Supply of Water for Free(10 000 m^3)	10356.96	9044.60
万元用水量(立方米/万元)(含一产业) Water Consumption of Annual ten Thousands (m^3/10 000 yuan)(include Primary Industry)	21.70	22.20
万元工业增加值用水量(立方米/万元) Water consumption of Per Unit of Indutry Added Value(m^3/10 000 yuan)	31.8	34.2
城市居民生活用水量(L/人日) Water Comsumption for Residentical Use in Urban Area(L/person. day)	159	152
工业用水量重复利用率(%) Reuse Ratio of Water Used by Industry(%)	91.2	91.52

6-3 公共交通情况(2020-2021年)
PUBLIC TRAFFIC(2020-2021)

指标名称 Index Name	2020	2021
营运公共车辆(辆) Operating Public Vehicles(unit)	9588	9837

#公共汽车(辆)
Buses(unit)
	9548	9798

无轨电车(辆) Trolley Buses(unit)	40	39
标准营运车数(标台) Number of Operating Public Vehicles (converted into standard unit)	11867.2	12030.7
客运总量(万人次) Passenger Volime of Traffic(10 000 persons)	58585.5	89668.2
每万人拥有公共交通车辆(标台)(按城区人口计算) Per 10 000 Capita Public Vehicles (converted into standard unit)(According to Urban Population)	11.4	10.4
营运出租汽车(辆) Operating Taxes(unit)	18078	18093
营运渡江客轮(艘) Operating Ferries(unit)	20	21
渡江客轮客运总数(万人次) Number of Passengers Carried by Ferries(10 000 persons)	218.8	524.9
轨道交通运营车数(辆) Number of Operating Light Rail Vehicles(unit)	2578	3124
轨道交通客运总量(万人次) Number of Passagers Carried by Light Rail(10 000 persons)	62059.4	101270.2

6-4 城市天然气情况(2020-2021年)
BASIC STATISTICS ON SUPPLY OF GAS IN URBAN AREA(2020-2021)

指标名称 Index Name	2020	2021
储气能力(万立方米) Gross Storage Quantity(10 000 cu. m)	1817.39	3617.39
供气管道长度(公里) Length of Pipeline of Gas Supply(km)	15587.61	15765.75
销售气量(万立方米) Volume of Sale(10 000 cu. m)	241329.67	266582.05
#居民家庭(万立方米) Residential Household(10 000 cu. m)	79680.83	80984.92
用气户数(户) Number of Consumers(household)	3876338	4133855
#家庭用户(户) Household Consumers(household)	3856300	4112149
用气人口(万人) Population with Access to Gas(10 000 Persons)	860	863
汽车加气站座数(座) Gas Supply Seat(seat)	74	73

6－5 清洁卫生情况(2020－2021 年)
ENVIRONMENT AND SANITATION IN THE CITY PROPER(2020－2021)

指标名称	Index Name	2020	2021
主城区生活垃圾无害化处理率(%)	Percentage of Harmless Treatment for Living Garbage In Main Urban District	100%	100%
新城区生活垃圾无害化处理率(%)	Percentage of Harmless Treatment for Living Garbage In New Urban District	100%	100%
实际清扫面积(万平方米)	Actual Area Cleaned(10 000sq. m)	20171	20678
清运生活垃圾量(万吨)	Volume of Garbage Disposal(10 000 tons)	405.17	479.55
生活垃圾无害化处理厂(场)(座)	Treatment Farms for Making Garbage Harmless(unit)	11	11
无害化垃圾处理能力(万吨/日)	Halmless Treatment Capacity for Garbage (10 000tons/day)	1.37	1.37
生活垃圾处理量(万吨)	Treatment Capacity of Living Garbage(10 000 tons)	405.17	479.55
生活垃圾无害化处理量(万吨)	Harmless Treatment Capacity for Living Garbage (10 000 tons)	405.17	479.55
公共厕所(座)	Number of Public Lavatories(set)	3849	4352

七、公共交通、邮电

PUBLIC TRANSPORTATION, POST AND TELECOMMUNICATIONS

资料整理人员：杨 丹 孙振华 胡少辉 陆文琪

STAFF FOR DATA PROCESSING:

Yang Dan Sun Zhenhua Hu Shaohui Lu Wenqi

简要说明

本篇交通、邮电资料内容包括交通运输全行业(水路、铁路、公路、航空)运行情况和邮政电信业务基本情况。交通数据由武汉市交通运输局提供,车辆数据由武汉市公安交通运输管理局提供,邮政数据由武汉市邮政管理局和湖北省邮政公司武汉市分公司提供,电信部分内容由湖北省通信管理局提供。

Brief Description

Data in this chapter present the development of transportation (railway、highway、waterway、aviation), post and telecommunications in Wuhan. Data on transportation are from Wuhan Transportation Bureau. Data on civil vehicles are from Wuhan Traffic Management Bureau. Data on postal and telecommunication services are from Wuhan Municipal Postal Administration and Wuhan branch of Hubei post company, Telecom part of the content are provided by Hubei Communications Administration.

7-1 全社会交通运输量(2020-2021年)
TOTAL PASSENGER AND FREIGHT TRAFFIC(2020-2021)

指标名称	Index Name	2020	2021
换算周转量(亿吨公里)	**Converted Turnover(100 million ton-km)**	**3570.85**	**4327.73**
铁　路(亿吨公里)	Railway(100 million ton-km)	1750.90	2132.80
水　运(亿吨公里)	Waterway(100 million ton-km)	1335.61	1533.91
航　空(亿吨公里)	Aviation(100 million ton-km)	12.31	21.55
公　路(亿吨公里)	Highway(100 million ton-km)	472.03	639.47
客运量(万人)	**Passenger Traffic(10 000 persons)**	**10656.08**	**13919.14**
铁　路(万人)	Railway(10 000 persons)	9052.10	12241.50
航　空(万人)	Aviation(10 000 persons)	801.13	1099.12
公　路(万人)	Highway(10 000 persons)	802.85	578.52
旅客周转量(亿人公里)	**Passenger Turnover(100 million persons-km)**	**582.94**	**731.41**
铁　路(亿人公里)	Railway(100 million persons-km)	480.10	596.00
航　空(亿人公里)	Aviation(100 million persons-km)	93.09	124.88
公　路(亿人公里)	Highway(100 million persons-km)	9.74	10.53
货运量(万吨)	**Freight Traffic(10 000 tons)**	**52686.12**	**67089.19**
铁　路(万吨)	Railway(10 000 tons)	7999.70	8736.80
水　运(万吨)	Waterway(10 000 tons)	12951.00	13216.00
航　空(万吨)	Aviation(10 000 tons)	10.51	20.80
公　路(万吨)	Highway(10 000 tons)	31724.91	45115.60
货物周转量(亿吨公里)	**Freight Turnover(100 million ton-km)**	**3081.58**	**3719.60**
铁　路(亿吨公里)	Railway(100 million ton-km)	1270.80	1536.80
水　运(亿吨公里)	Waterway(100 million ton-km)	1335.61	1533.91
航　空(亿吨公里)	Aviation(100 million ton-km)	4.11	10.48
公　路(亿吨公里)	Highway(100 million ton-km)	471.06	638.42
旅客吞吐量(万人)	**Passenger Throughput(10 000 persons)**	**1280.21**	**1979.66**
机　场(天河)(万人)	Airport(Tian He)(10 000 persons)	1280.21	1979.66
货物吞吐量(万吨)	**Cargo Throughput(10 000 tons)**	**10557.94**	**11710.60**
机　场(天河)(万吨)	Airport(Tian He)(10 000 tons)	18.94	31.60
港　口(万吨)	Port(10 000 tons)	10539.00	11679.00
其中:集装箱(万 TEU)	#Container(10 000 TEU)	196.30	247.50

7-2 历年客运量
PASSENGER TRAFFIC

单位:万人　　(10 000 persons)

年份 Year	总计 Total	铁路 Railway	水运 Waterway	航空 Aviation	公路 Highway
1978	4337.60	2138.50	1361.70	4.20	833.20
1980	5482.30	2337.40	1615.70	7.30	1521.90
1985	6518.90	2119.90	1754.00	8.70	2636.30
1986	6389.90	1841.90	1573.80	10.40	2963.80
1987	7480.20	2851.10	1514.50	18.20	3096.40
1988	7688.30	3177.50	1634.60	16.00	2860.70
1989	7263.10	2781.60	1517.40	13.10	2951.00
1990	6266.80	2088.00	1166.40	16.30	2996.20
1991	6700.20	1959.00	1241.00	34.00	3466.20
1992	7146.00	2035.00	1396.00	120.00	3595.00
1993	7294.00	2231.00	1254.00	114.00	3695.00
1994	7455.60	2311.60	886.00	162.00	4086.00
1995	7250.00	2242.00	624.60	216.00	4166.90
1996	7088.90	1994.10	514.00	241.00	4339.80
1997	7416.55	1974.10	555.50	217.48	4669.50
1998	8585.36	2105.60	443.20	222.96	5813.60
1999	9034.64	2256.70	332.10	237.14	6208.70
2000	8362.40	2498.60	261.40	260.40	5342.00
2001	8124.00	2654.20	198.40	277.30	4994.10
2002	11933.30	2774.30		308.00	8851.00
2003	11882.00	2611.60		334.40	8936.00
2004	12885.70	2956.90		448.80	9480.00
2005	15413.40	4626.40		493.70	10293.30
2006	16193.70	4849.00		573.70	10771.00
2007	17338.36	5124.90		712.56	11500.90
2008	18882.06	6026.50		773.56	12082.00
2009	21735.62	6439.80		763.82	14532.00
2010	22896.71	7281.30		885.41	14730.00
2011	25743.22	8511.70		914.52	16317.00
2012	27492.40	9764.90		933.50	16794.00
2013	29621.69	12105.40		995.29	16521.00
2014	27899.48	14053.90		1097.58	12748.00
2015	27628.71	15083.90		1163.55	11381.26
2016	29177.15	16393.10		1300.05	11484.00
2017	29950.30	18074.30		1466.00	10410.00
2018	28638.88	18220.30		1551.58	8867.00
2019	25516.37	18953.30		1680.07	4883.00
2020	10656.08	9052.10		801.13	802.85
2021	13919.14	12241.50		1099.12	578.52

7-3 历年旅客周转量
PASSENGER TURNOVER

单位:亿人公里 (100 million persons - km)

年份 Year	总计 Total	铁路 Railway	水运 Waterway	航空 Aviation	公路 Highway
1978	52.00	21.69	25.16	0.17	4.97
1980	55.84	23.91	24.18	0.37	7.37
1985	80.65	43.96	33.26	0.52	11.91
1986	91.07	45.21	32.37	0.69	12.79
1987	142.89	94.58	33.29	1.24	13.78
1988	161.41	109.59	36.48	1.08	14.26
1989	147.03	97.94	33.31	0.91	14.88
1990	127.25	85.00	26.35	1.09	14.81
1991	141.37	94.10	27.23	2.70	17.34
1992	167.10	105.30	32.10	2.70	18.60
1993	168.90	111.60	31.06	11.00	15.30
1994	179.70	117.00	25.90	15.70	21.10
1995	181.00	119.60	19.60	21.20	20.62
1996	171.09	107.50	18.13	24.32	21.15
1997	181.26	115.56	20.80	21.91	23.00
1998	185.81	122.39	16.40	21.81	25.21
1999	206.89	141.01	12.23	24.12	29.54
2000	220.02	158.58	10.06	25.49	25.89
2001	231.53	171.60	7.27	26.88	25.78
2002	266.00	182.80		28.90	54.30
2003	266.40	175.50		33.70	57.20
2004	317.60	213.00		44.20	60.40
2005	507.80	388.00		51.20	68.60
2006	543.14	410.00		62.06	71.08
2007	596.70	440.80		77.79	78.20
2008	634.51	474.01		78.80	81.70
2009	654.94	466.70		78.72	109.53
2010	747.45	528.90		99.06	119.49
2011	873.84	646.30		102.96	124.58
2012	897.34	663.60		106.36	127.38
2013	1011.82	763.00		124.06	124.76
2014	1059.22	834.10		138.02	87.10
2015	1102.36	869.30		151.97	81.09
2016	1157.13	901.50		174.25	81.38
2017	1244.75	969.00		198.47	77.28
2018	1232.52	956.60		208.94	66.99
2019	1243.32	963.90		235.95	43.47
2020	582.94	480.10		93.09	9.74
2021	731.41	596.00		124.88	10.53

7-4 历年货运量
FREIGHT TRAFFIC

单位:万吨 (10 000 tons)

年份 Year	总计 Total	铁路 Railway	水运 Waterway	航空 Aviation	公路 Highway
1978	6620.10	2499.40	2329.00	0.08	1791.60
1980	5926.60	2238.20	2015.30	0.17	1672.90
1985	6830.90	2312.90	2735.30	0.29	1782.40
1986	7001.80	2423.00	2859.20	0.19	1719.30
1987	9034.30	4631.40	2836.60	0.30	1566.00
1988	9078.10	4728.00	2914.60	0.29	1435.20
1989	8866.60	4831.30	2735.40	0.17	1299.70
1990	8378.50	4758.50	2485.60	0.10	1134.30
1991	8545.40	4809.00	2604.00	0.38	1132.00
1992	8700.00	4903.00	2741.00	2.00	1054.00
1993	8820.00	5046.00	2695.00	2.00	1077.00
1994	8227.10	5012.10	2193.00	2.00	1020.00
1995	8311.90	5055.00	2319.30	3.00	934.60
1996	8202.89	5030.80	2233.00	3.29	935.80
1997	7989.83	5004.00	2193.00	3.12	789.71
1998	9441.92	4854.60	3357.00	3.62	1226.70
1999	9612.14	4748.80	3655.90	4.84	1202.60
2000	9464.30	4921.10	3664.00	5.20	874.00
2001	9713.13	5253.20	3557.60	4.13	898.20
2002	15942.60	5472.20	3096.90	4.50	7369.00
2003	16609.80	5823.60	2994.60	5.30	7786.30
2004	17044.80	5860.80	3366.30	6.10	7811.60
2005	19611.70	8491.50	2629.10	6.20	8485.00
2006	20817.75	8990.00	2848.97	6.78	8972.00
2007	22554.93	9728.50	2899.40	8.89	9918.10
2008	29142.98	10201.80	8417.83	7.85	10515.50
2009	34409.19	9839.10	7884.00	7.09	16679.00
2010	40287.93	10145.60	9013.00	9.33	21120.00
2011	41804.45	10059.40	9293.06	9.99	22442.00
2012	43892.49	9177.40	10351.73	9.36	24354.00
2013	44528.75	9010.40	10485.55	9.80	25023.00
2014	48529.99	7683.20	12753.56	10.23	28083.00
2015	48185.19	6579.00	13099.71	10.89	28495.59
2016	49981.81	6744.20	14331.86	13.83	28891.92
2017	57271.17	6980.90	15292.25	16.04	34981.98
2018	62517.88	7372.80	16491.33	19.85	38633.90
2019	67555.22	8186.10	17573.73	17.19	41778.20
2020	52686.12	7999.70	12951.00	10.51	31724.91
2021	67089.19	8736.80	13216.00	20.80	45115.60

注:货运总量和水路货运量从2020年起,调整了统计口径。

Note:Total freight traffic and waterway freight adjusted statistical caliber since 2020.

7-5 历年货物周转量
FREIGHT TURNOVER

单位:亿吨公里　　(100 million tons - km)

年份 Year	总计 Total	铁路 Railway	水运 Waterway	航空 Aviation	公路 Highway
1978	261.92	134.64	124.22		3.06
1980	258.00	140.54	114.89	0.01	2.57
1985	386.81	185.33	196.86	0.03	4.59
1986	408.40	194.44	209.15	0.02	4.80
1987	616.45	399.11	212.50	0.02	4.82
1988	643.09	415.41	222.54	0.02	5.13
1989	671.29	443.03	223.70	0.01	4.55
1990	645.75	455.60	196.47	0.01	3.67
1991	679.82	470.80	205.53	0.03	3.66
1992	713.36	502.80	207.10	0.16	3.60
1993	724.90	514.40	206.60	0.20	3.70
1994	723.40	547.10	172.20	0.20	3.90
1995	751.60	563.70	184.80	0.27	2.81
1996	739.81	560.42	176.23	0.36	2.81
1997	673.70	488.83	182.07	0.35	2.45
1998	643.38	440.84	198.28	0.39	3.87
1999	636.11	420.25	211.29	0.54	4.02
2000	638.61	421.28	212.77	0.56	4.00
2001	655.02	432.60	219.39	0.44	2.59
2002	737.70	466.90	215.90	0.50	54.40
2003	764.00	488.50	218.50	0.60	56.50
2004	835.20	538.00	238.00	0.70	58.50
2005	1277.70	987.00	223.60	0.70	66.40
2006	1312.73	1017.00	225.53	0.76	69.45
2007	1418.00	1138.20	203.96	1.05	74.80
2008	1750.01	1096.91	573.26	0.94	78.90
2009	1900.05	1032.40	584.63	0.83	282.19
2010	2263.60	1144.60	810.28	1.11	307.61
2011	2644.18	1226.60	1072.86	1.46	343.26
2012	2910.22	1194.10	1303.94	1.36	410.82
2013	2555.96	1198.20	887.87	1.54	468.35
2014	3025.72	1113.00	1345.64	1.49	565.59
2015	2951.92	995.70	1357.68	1.67	596.87
2016	3082.35	971.50	1471.73	2.51	636.61
2017	3360.19	1057.70	1603.22	2.97	696.31
2018	3654.73	1145.30	1752.93	5.93	750.56
2019	3897.17	1253.80	1781.40	5.59	856.39
2020	3081.58	1270.80	1335.61	4.11	471.06
2021	3719.60	1536.80	1533.91	10.48	638.42

注:货物周转量和水运货物周转量从 2020 年起,调整了统计口径。

Note: Total freight turnover and waterway turnover adjusted statistical caliber since 2020.

7－6 民用车辆拥有量(2021年)
NUMBER OF CIVIL VEHICLES(2021)

计量单位:辆 (unit)

指标名称	总计 Total	营运 For Earning Income and Profit	非营运 Not for Earning Income or Profit	校车 School Bus	总计中: in total 进口 Import	个人 Individuals	新注册 New Registered	报废 Scrap
合计 Total	**4063017**	**225572**	**3836092**	**1353**	**236030**	**3526264**	**426772**	**49972**
一、汽车 Cars	3928618	194861	3732404	1353	233357	3426961	409981	48495
1.载客汽车 Passenger Vehicles	3679491	30341	3647797	1353	232449	3374939	373408	42296
其中:大型 Large－sized	20823	11988	8102	733	105	79	2108	2116
中型 Medium－sized	4893	100	4173	620	310	999	148	635
小型 Small－sized	3648023	18253	3629770	0	230649	3368669	371146	39052
微型 Mini－sized	5752	0	5752	0	1385	5192	6	493
其中:轿车 Cars	2150280	18215	2132065	0	86337	199034	199240	14931
2.载货汽车 Trucks	227848	163483	64365	0	879	46577	33984	5438
其中:重型 Large－sized	108282	100016	8266	0	526	6044	18946	2930
中型 Medium－sized	9061	5642	3419	0	1	897	754	494
轻型 Small－sized	110490	57823	52667	0	352	39631	14277	2000
微型 Mini－sized	15	2	13	0	0	5	7	14
其中:普通载货 Ordinary Trucks	38896	17482	21414	0	263	14427	3216	1375
3.其他汽车 Others	21279	1037	20242	0	29	5445	2589	761
其中:三轮汽车 Three Wheeled	72	0	72	0	0	71	0	5
低速货车 Low Speed Truck	1934	14	1920	0	0	1772	0	48
二、电车 Trolleys	64	64	0	0	0	0	39	15
1.无轨 Trolley Bus	64	64	0	0	0	0	39	15
2.有轨 Tram	0	0	0	0	0	0	0	0
三、摩托车 Motorcycles	103084	0	103084	0	2666	98600	9798	920
1.普通 Ordinary	99369	0	99369	0	2666	94892	7224	915
2.轻便 Light	3715	0	3715	0	0	3708	2574	5
四、挂车 Trilers	31236	30646	590	0	7	700	6954	539
五、其他类型车 Others	15	1	14	0	0	3	0	3

7-7 邮电业务基本情况(2020-2021年)
BASIC CONDITIONS OF POST AND TELECOMMUNICATION SERVICES(2020-2021)

指标名称	Index Name	2020	2021
一、邮政主要指标	**Main Items of Post**		
邮政业业务总量(2020年不变价格)(万元)	Business Volume of Post(in 2020 constant price)(10 000 yuan)	1258300	1727800
邮政业业务收入(万元)	Income of Post Services(10 000 yuan)	1318200	1706800
函件(万件)	Number of Letters(10 000 pcs)	1924.46	1896.34
包件(万件)	Number of Parcels(10 000 pcs)	11.79	12.91
报纸累计份数(万份)	Number of Newspaper(10 000 copies)	13112.2	16291.63
杂志累计份数(万份)	Number of Magazines(10 000 copies)	641.39	710.83
邮电局、所(处)	Number of Post & Telecommuniucation Offices(station)	272	259
信筒信箱(个)	Number of Post Boxes(unit)	515	515
邮路总长度(单程)(公里)	Length of Postal Routes(one way)(km)	54100.00	72446
二、电信主要指标	**Main Items of Telecommunication**		
电信业务总量(2020年不变价格)(万元)	Business Volume of Telecommunication(in 2020 constant price)(10 000 yuan)	1203183	1677542
电信业务收入(万元)	Income of Telecommunication Services(10 000 yuan)	1521487.13	1719623
固定电话用户数(万户)	Number of Subscribers of Telephone(10 000 subscribers)	156.45	147.7
移动电话用户数(万户)	Number of Mobile Telephone Subscribers(10 000 subscribers)	1557.37	1620.6
固定互联网宽带接入用户数(万户)	Subscribers of Broad Band Internet(10 000 subscribers)	479.53	517.9
电话普及率(部/百人)	Coverage Rate of Telephones(unit/100 persons)	154.6	157.7
固定电话普及率(部/百人)	Coverage Rate of House Telephones(unit/100 person)	14.1	13.2
移动电话普及率(部/百人)	Coverage Rate of Mobile Telephones(unit/100 persons)	140.5	144.5

主要统计指标解释

货(客)运量 指在一定时期内,各种运输工具实际运送的货物(旅客)数量。该指标是反映运输业为国民经济和人民生活服务的数量指标,也是制定和检查运输生产计划、研究运输发展规模和速度的重要指标。货运按吨计算,客运按人计算。货物不论运输距离长短、货物类别,均按实际重量统计。旅客不论行程远近或票价多少,均按一人次客运量统计,半价票、小孩票也按人统计。

货物(旅客)周转量 指在一定时期内,由各种运输工具运送的货物(旅客)数量与其相应运输距离的乘积之总和。该指标可以反映运输业生产的总成果,也是编制和检查运输生产计划,计算运输效率、劳动生产率以及核算运输单位成本的主要基础资料。计算货物周转量通常按发出站与到达站之间的最短距离,也就是计费距离计算。计算公式为

货物(旅客)周转量 = Σ[货物(旅客)运输量 × 运输距离]

港口货物吞吐量(又称港口吞吐量) 指经由水路运进、出港区范围,并经过装卸的货物数量。按货物流向分为进港吞吐量和出港吞吐量:按货物的贸易性质分为内贸和外贸吞吐量,按货物的类别分,可根据现行的交通行业标准《运输货物分类和代码》分类。

邮电业业务总量 指以价值量形式表现的邮电通信企业为社会提供各类邮电通信服务的总数量。邮电业务量按专业分类包括函件、包件、汇票、报刊发行、邮政快件、特快专递、邮政储蓄、集邮、公众电报、用户电报、传真、长途电话、出租电路、无线寻呼、移动电话、分组交换数据通信、出租代维等。计算方法为各类产品乘以相应的平均单价(不变价)之和,再加上出租电路和设备、代用户维护电话交换机和线路等的服务收入。该指标综合反映了一定时期邮电业务发展的总成果,是研究邮电业务量构成和发展趋势的重要指标。计算公式为:

邮电业务总量 = Σ(各类邮电业务量 × 不变单价) + 出租代维及其他业务收入 = 邮政业务总量 + 电信业务总量

民用汽车拥有量 指报告期末,在公安交通管理部门按照《机动车注册登记工作规范》,已注册登记领有民用车辆牌照的全部汽车数量。汽车拥有量统计的主要分类:根据汽车结构分为载客汽车、载货汽车及其他汽车,根据汽车所有者不同分为个人(私人)汽车、单位汽车.根据汽车的使用性质分为营运汽车、非营运汽车和特种汽车,根据汽车大小规格不同载客汽车分为大型、中型、小型和微型,载货汽车分为重型、中型、轻型和微型。

Explanatory Notes On Main Statistical Indicators

Freight(Passenger)Traffc refers to the volume of freight(passenger)transported with various means within a specific period of time. This indicatar reflects the service of the transport industry towards the national economy and people's living conditions, as well as an important indicator used in formulating and monitoring transport production plans and research into the scale and pace of transport development. Freight transport is calculated in tons and passenger traffic is calculated in terms of number of persons. Freigh transport is calculated in terms of the actual weight of the goods and takes no account of the type of freight and distance of travel. Passenger traffic is calculated by the principle that one person can be counted only once in one trip and takes no account of the travelling distance and ticket price. The passengers who travel with a half price ticket or a child's ticket is also calculated as one person.

Freight(Passenger)Turnover refers to the sum of the product of the volume of transported cargo(passengers)multiplied by the transport distance. It is an important indicator to reflect the achievement of the transportation industry. This is an important indicator to show the total results of the transport industry; to prepare and examine the transport plan; and to serve as the main basic data for calculating the efficiency labour productivity and unit cost of transport. Normally, the shortest distance between the departure station and the destination station(i. e. ,the payable distance)is the basis in calculating the freight ton – kilometres. The formulas as foflows:

Turnover Volume of Freight(Passenger)Trafficc = ∑Freight(Passenger) ∑Freight(Passenger)Distance of Transportation

Ports Cargo Throughput Capacity refers to the volume of cargo passing in and out the harbor area and having been loaded and unloaded. The volume of freight handled may be classified as in – port&out – port. It can also be classified as national trade and international trade by the attribute of trade or be classified by the classification of cargo according to the standard of Transportation use" The Classification and Code of Transported Cargo".

Business Volume of Post and Telecommunications Services refers to the total amount of post and telecommunications services, expressed in value terms, provided by the post and telecommunications departments for the society. Post and telecommunications services can be classified as letters, parcels, remittance issue of newspapers and magazines, fastmail service, express mail service, savings deposits, stamps for collection, public and individual telegraph service, facsimiles, long – distance telephone service, leasing of telephonelines, urban paging service, mobile telephone service, data transfer and transmission etc. The accounting approach is to multiply the service products of all types with their average unit price(constant price)to get sum of business value, plus income from other services such as leasing of telephone lines and equipment, maintenance of telephone switchboards and lines on behalf of customers. This indicator reflects the overall results of post and telecommunications service during a given period, and is important to study the composition of business service and the development of post and telecommunications service. The formulas as follows:

Business volume of Post and Telecommunication Services = ∑(Transaction of Post and Telecommunication Services Constant Price) + Income from leasing. Maintenance and Other Services = Business Volume of Post + Business Volume of Telecommunication.

Number of Civil Vehicles refers to the total number of vehicles that are registered and received vehicles license according to the Work Standard for Motor Vehicles Registration formulated by transport management office under department of public security at the end of reference period. They are divided into following categories according to the structure of motor vehicles: passenger vehicles, trucks and others; private vehicles and vehicles for units use according to ownerships; working vehicles, non – working vehicles and special motor vehicles according to kind of usage; large passenger vehicles, medium passenger vehicles, small passenger vehicles and mini passenger vehicle, heavy trucks, medium trucks, light trucks and mini trucks according to sizes of vehicles.

八、贸易、外经、旅 游 业

DOMESTIC TRADE, FOREIGN TRADE, ECONOMIC COOPERATION AND TOURISM

资料整理人员：王保汉　万庆敏　涂孝斌　陈　圆　董　烁　王　琛
STAFF FOR DATA PROCESSING：
Wang Baohan　Wan Qingmin　Tu Xiaobin　Chen Yuan　Dong Shuo　Wang Chen

简要说明

本篇资料反映武汉市国内贸易、对外经济及旅游情况。国内贸易资料内容包括社会消费品零售总额、批发和零售业商品流转情况、住宿和餐饮业经营情况、限额以上批发和零售业财务状况、限额以上住宿和餐饮业财务状况、连锁企业经营情况、亿元商品交易市场基本情况、商业综合体总体情况等。国内贸易数据采集方式:对限额以上企业及大个体户采用全面调查的方法,从2011年年报起,由企业在国家统计局统计数据联网直报平台上报送企业一套表;对限额以下企业及个体户采用抽样调查方法;亿元商品交易市场、连锁企业实行全面调查;商业综合体情况实行重点调查。对外经济资料包括进出口贸易、实际利用外资等,其中进出口贸易资料由武汉海关提供,利用外资资料由武汉市商务局提供。旅游资料包括接待旅游者人数、旅游总收入以及星级饭店个数、客房数、床位数等,由武汉市文化和旅游局提供。

Brief Description

The data in this chapter reflect the development of domestic-trade, foreign trade, economic cooperation and tourism. Data on domestic trade includes total retail sales of consumer goods, circulation of goods in wholesale and retail trade, operation of hotel and catering services, financial conditions on wholesale, retail, hotel and catering services above designated size, operation of chain business, bussiness of transaction over 100 million yuan, business combination, etc. The way data on domestic trade are obtained complete survey is used for enterprises above desighated size and big individuals, and since 2011, enterprises have reported integrated survey tables on cyber – reporting system of State Statistics Bureau; sample survey is used for enterprises below designated size and individuals; complete survey is used for business of transaction over 100 million yuan and chain bussiness; major survey is used for bussiness combination. Data on foreign trade and economic coorperation involve imports and exports, foreign capital actually used, etc. The information of impots and exports of foreign trade comes from Wuhan Customs. The infromation of utilization of foreign capital comes from Wuhan Bureau of Commerce. Data on tourism are provided by Wuhan Cultural and Tourism Bureau, including number of tourists abroad, revenue of tourism, number of Star – rated hotels, rooms, beds, etc.

8-1 历年社会消费品零售总额及指数
TOTAL RETAIL SALES OF CONSUMER GOODS AND INDICES OVER THE YEARS

年份 Year	消费品零售总额（万元）Total Retail Sales of Consumer Goods (10 000 yuan)	指数（上年=100）Indice (preceding year=100)	年份 Year	消费品零售总额（万元）Total Retail Sales of Consumer Goods (10 000 yuan)	指数（上年=100）Indice (preceding year=100)
1952	41082	—	1987	636886	119.2
1953	54166	131.8	1988	833627	130.9
1954	51675	95.4	1989	932510	111.9
1955	52224	101.1	1990	957229	102.7
1956	72538	138.9	1991	1091230	114.0
1957	77584	107.0	1992	1236422	113.2
1958	83757	108.0	1993	1725865	139.6
1959	92593	110.5	1994	2396113	138.8
1960	98845	106.8	1995	3109558	129.8
1961	88515	89.5	1996	3885447	125.0
1962	87404	98.7	1997	4526332	116.5
1963	80004	91.5	1998	5022531	111.0
1964	80766	101.0	1999	5598203	111.5
1965	80921	100.2	2000	6511410	116.3
1966	86446	106.8	2001	7344851	112.8
1967	94690	109.5	2002	8074502	109.9
1968	96140	101.5	2003	9094980	112.6
1969	95908	99.8	2004	10226924	112.4
1970	95631	99.7	2005	11755034	114.9
1971	96836	101.3	2006	13611836	115.8
1972	104620	108.0	2007	16081951	118.1
1973	114218	109.2	2008	19704283	122.5
1974	117409	102.8	2009	22806054	115.7
1975	127036	108.2	2010	27239487	119.4
1976	132784	104.5	2011	32350075	118.8
1977	139750	105.2	2012	37030815	114.5
1978	157086	112.4	2013	42057385	113.6
1979	179840	114.5	2014	47883874	113.9
1980	219490	122.0	2015	53018198	110.7
1981	244985	111.6	2016	58436632	110.2
1982	266412	108.7	2017	64932430	111.1
1983	296380	111.2	2018	71696981	110.4
1984	362100	122.2	2019	77744917	108.4
1985	486210	134.3	2020	61498424	79.1
1986	534462	109.9	2021	67950422	110.5

注:1992－2019 年社会消费品零售额及指数根据第四次经济普查结果修正。

Note:The retail Sales Volume and index of consumer goods in 1992－2019 were revised according to the results of the fourth conomic census.

8－2 社会消费品零售总额及构成(2017－2021年)
TOTAL RETAIL SALES OF CONSUMER GOODS AND ITS COMPOSITION(2017－2021)

单位:亿元 (100 million yuan)

项目 Item	2017	2018	2019	2020	2021
社会消费品零售总额 Total Retail Sales of Consumer Goods	**6493.24**	**7169.70**	**7774.49**	**6149.84**	**6795.04**
其中限额以上: Total Retail Sales of Consumer Goods Above Designated	3956.53	3767.64	3874.11	3142.73	3440.92
一、按经营单位所在地分 Accorading to the Division of Business Location					
城镇 Urban	6129.30	6699.18	7218.58	5989.77	6623.06
其中:城区 Town	5781.87	6344.18	6860.06	5647.59	6237.83
乡村 Rural	363.94	470.52	555.91	160.07	171.98
二、按商品形态分 Accorading to the Division of Commodity Form					
餐饮收入 Revenue From Catering	616.93	678.65	757.25	258.73	335.06
商品零售 Goods Retailing	5876.31	6491.05	7017.24	5891.12	6459.98

8-3 限额以上批发和零售业商品销售类值(2021年)

TOTAL SALES OF ENTERPRISES ABOVE DESIGNATED SIZE IN WHOLESALE AND RETAIL TRADE BY CATEGORY OF COMMODITIED(2021)

单位:万元　　(10 000 yuan)

指标名称	Index name	商品销售总额 Total	批发额 Wholesale	零售额 Retail
总　计	**Total**	**132957148.8**	**100545357.0**	**32411791.8**
粮油、食品类	Food	9653186.3	5726618.1	3926568.2
饮料类	Beverage	859007.0	304779.8	554227.2
烟酒类	Tabacco and Alcohol	5585363.3	4910804.9	674558.4
服装、鞋帽、针纺织品类	Garments、Shoes Hats and Textile Products	2813917.2	1024411.6	1789505.6
化妆品类	Cosmetics	1601028.7	114406.0	1486622.7
金银珠宝类	Jewelry	796742.6	329244.9	467497.7
日用品类	Articles for Daily Use	3415376.5	1221927.9	2193448.6
五金、电料类	Hardware and Electrical Tools	177454.9	117732.3	59722.6
体育、娱乐用品类	Sports and Recreation Articles	357520.9	32267.7	325253.2
书报杂志类	Books and Newspapers	898874.9	373378.9	525496.0
电子出版物及音像制品类	Electronic Publications and Audio Video Products	3941.0	356.1	3584.9
家用电器和音像器材类	Household Appliances and Audio and Video Apparatus	5686684.6	1407538.8	4279145.8
中西药品类	Medicines	10555730.4	9501872.0	1053858.4
文化办公用品类	Culture and Office Articles	2932560.0	1415586.5	1516973.5
家具类	Furniture	163206.6	41823.5	121383.1
通讯器材类	Telecommunication Equipments	7216290.6	4939595.7	2276694.9
煤炭及制品类	Coal Products	4693772.1	4693772.1	0.0
木材及制品类	Timber and Products	67329.0	67329.0	0.0
石油及制品类	Petroleum and Products	25174301.7	22699743.1	2474558.6
化工材料及制品类	Chemical Materials and Products	3192278.1	3192278.1	0.0
金属材料类	Metal Materials	26095359.3	26095359.3	0.0
建筑及装潢材料类	Building Materials	2189711.7	1931387.0	258324.7
机电产品及设备类	Mechanical and electric Products	2183726.3	2150234.0	33492.3
汽车类	Automobile	12739165.0	4535820.6	8203344.4
种子饲料类	Seed and Forage	196842.1	196842.1	0.0
棉麻类	Cotton and Fiber	715966.3	708921.4	7044.9
其他类	Others	2991811.7	2811325.6	180486.1

8－4 限额以上批发和零售业重要商品销售数量(2021 年)
TOTAL SALES OF ENTERPRISES ABOVE DESIGNATED SIZE IN WHOLESALE AND RETAIL TRADES BY COMMODITY(2021)

商品名称	Commodity name	计量单位 Unit	销售量 Sales
大米(稻米)	Rice	千克(kg)	1032699788
白面(小麦面)	Flour	千克(kg)	15835666
小　麦	Wheat	千克(kg)	955017174
玉　米	Corn	千克(kg)	541391119
大　豆	Soybean	千克(kg)	3685019
薯　类	Tuber Crops	千克(kg)	1657718
食用植物油	Edible Vegetable Oil	千克(kg)	1293685609
猪　肉	Pork	千克(kg)	52943960
牛　肉	Beef	千克(kg)	19411756
羊　肉	Mutton	千克(kg)	3274284
禽　肉	Poultry	千克(kg)	32731508
鲜　蛋	Eggs	千克(kg)	47825572
彩色电视机	Television Set	台(set)	2283558
家用电冰箱	Refrigerator	台(set)	1475337
房间空调器	Air Conditioner	台(set)	2960417
电脑(微型计算机)	Computer	台(set)	3015679
汽　车	Motor Vehicles	辆(unit)	1354871
其中:轿　车	Automobile	辆(unit)	339867
钢　材	Rolled－Steel	吨(ton)	28414188
铜	Copper	吨(ton)	327715
铝	Alluminium	吨(ton)	5479008
水　泥	Cement	吨(ton)	8714485
化学肥料	Chemical Fertilizer	吨(ton)	1549680
化学农药	Chemical Pesticide	吨(ton)	1707

8－5 限额以上批发业法人企业基本情况(2021年)

BASIC SITUATION OF WHOLESALE ENTERPRISE LEGAL PERSON ABOVE DESIGNATED SIZE(2021)

指标名称 Index name	法人企业数(个) Number of Enterprises (unit)	从业人员期末人数(人) Staff and Workers at Year－end(person)	年末零售营业面积(平方米) Business Area for retail at Year－end(sq. m)
总计 Total	**1644**	**80673**	**829389**
其中:国有控股 State Owned and State Holding	165	16161	229021
一、按批发行业小类分 According to the classification of the wholesale industry			
谷物、豆及薯类批发 Wholesale of Grain, Beans and Potatoes	7	562	14426
种子批发 Seed Wholesale	5	230	1780
畜牧渔业批发 Livestock Wholesale	7	57	321
棉、麻批发 Cotton & hamp Wholesale	8	133	20
林业产品批发 Forestry products wholesale	0	0	0
牲畜批发 Livestock Wholesale	3	479	1000
渔业产品批发 Fishery Products Wholesale	0	0	0
其他农牧产品批发 Other Wholesale Agricultural and Livestock Produvts	2	42	496
米、面制品及食用油批发 Wholesale of Rice, Noodle and Edible Oil	32	2838	8594
糕点、糖果及糖批发 Wholesale of Cakes, Candy and Sugar	10	504	298
果品、蔬菜批发 Wholesale of Fruit and Vegetables	16	471	4505
肉、禽、蛋、奶及水产品批发 Wholesale of Meat, Bird, Eggs, Milk and Aquatic products	45	2652	15638
盐及调味品批发 Wholesale of Salt and Seasoning	7	858	3300
营养和保健品批发 Wholesale of Health Care products	9	576	2829
酒、饮料及茶叶批发 Wholesale of Alcohol, Drinks and Tea	36	8170	31496
烟草制品批发 Wholesale of Tobaccos	3	1537	0

8-5 续 表 1 Continued 1

指标名称 Index name	法人企业数（个） Number of Enterprises (unit)	从业人员期末人数（人） Staff and Workers at Year-end (person)	年末零售营业面积（平方米） Business Area for retail at Year-end (sq. m)
其他食品批发 The Other foods Wholesale	26	2552	15156
纺织品、针织品及原料批发 Wholesale of Textiles, Knitwear and Raw Material	21	311	2211
服装批发 Wholesale of Gamments	33	1960	38950
鞋帽批发 Wholesale of Shoes and Hats	4	1883	15700
化妆品及卫生用品批发 Wholesale of Conmetics and Hygiene	12	1142	6293
厨房卫具及日用杂货批发 Wholesale of Kitchen Supplies, Toilet Articles and Daily Necessities	10	841	3220
灯具、装饰物品批发 Wholesale of Lampsand Ornament	3	51	108
家用视听设备批发 Wholesale of Home Audio and Visual Equipment	5	159	140
日用家电批发 Wholesale of Household appliances	23	1025	9414
其他家庭用品批发 Wholesale of Other household products	15	304	5890
文具用品批发 Wholesale of Stationery	42	561	41265
体育用品及器材批发 Cultural and Sports Goods	1	3	0
图书批发 Wholesale of Books	4	794	9392
报刊批发 Wholesale of Newspapers	0	0	0
音像制品、电子和数字出版物批发 Wholesale of Video Products、E-Journals and Digital Editions	0	0	0
首饰、工艺品及收藏品批发 Wholesale of Jewely, Handicraft and Collection	8	1274	6214
乐器批发 Wholesale of Musical Instruments	0	0	0
其他文化用品批发 Wholesale of Other Cultural Products	5	139	0

8－5 续 表 2 Continued 2

指标名称 Index name	法人企业数（个） Number of Enterprises（unit）	从业人员期末人数（人） Staff and Workers at Year－end（person）	年末零售营业面积（平方米） Business Area for retail at Year－end（sq. m）
西药批发 Western Medicine Wholesale	180	16664	131294
中药批发 Traditional Chinese Medicine Wholesale	47	2901	14762
动物用药品批发 Wholesale of Animal Drugs	5	55	828
医疗用品及器材批发 Medical Supplies and Apparatus Wholesale	153	5204	36439
煤炭及制品批发 Wholesale of Coal and Related Products	22	788	2726
石油及制品批发 Wholesale of Petroleum and related Products	54	3614	202426
非金属矿及制品批发 Wholesale of Non－Metal Minerals and Products	1	9	150
金属及金属矿批发 Wholesale of Metals and Metal Minerals	251	4409	39619
建材批发 Wholesale of Building Materials	90	1632	21993
化肥批发 Wholesale of Fertilizers	15	425	1300
农药批发 Wholesale of Pesticides	2	25	0
农用薄膜批发 Wholesale of Plastic Film	0	0	0
其他化工产品批发 Other Chemical Products Wholesale	91	1427	6876
农业机械批发 Agricultural Machinery Wholesale	2	22	1070
汽车零配件批发 Wholesale of Auto Parts	81	2605	54606
摩托车及零配件批发 Wholesale of Motorcycles and Parts	4	67	4500
五金产品批发 Hardware Products Wholesale	32	784	4518

8-5 续 表 3 Continued 3

指标名称 Index name	法人企业数（个） Number of Enterprises (unit)	从业人员期末人数（人） Staff and Workers at Year-end (person)	年末零售营业面积（平方米） Business Area for retail at Year-end (sq. m)
电气设备批发 Ecectrical Equipment Wholesale	24	416	4203
计算机、软件及辅助设备批发 Wholesale of Computer, Software and Related Appliances	33	1970	9826
通讯设备批发 Wholesale of Communications Equipment	18	917	4127
广播影视设备批发 Wholesale of Radio, Film and Television Equipment	0	0	0
其他机械设备及电子产品批发 Wholesale of Other mechanical Equipment and Ecectronic Products	108	4044	42315
贸易代理 Trade Agent	4	43	2462
一般物品拍卖 General Goods Auction	0	0	0
艺术品、收藏品拍卖 Artwork and Collectibles Auction	0	0	0
艺术品代理 Artwork Agent	0	0	0
其他贸易经纪与代理 Other Trade Agent	0	0	0
再生物资回收与批发 Wholesale of Recycled Materials	4	63	1850
宠物食品用品批发 Wholesale of Pet Food and Supplies	1	32	200
互联网批发 Wholesale of Internet	1	12	120
其他未列明批发业 Other Unlisted Wholesale	19	437	2523
二、按登记注册类型分 Grouped by Registration			
内资企业 Domestic-funded Enterprises	1594	64356	778598
国有企业 State-owned Units	26	3843	15159
集体企业 Collective-owned Units	2	71	280
股份合作企业 Cooperative Enterprises of Share Holding	0	0	0

8-5 续 表 4 Continued 4

指标名称 Index name	法人企业数（个） Number of Enterprises (unit)	从业人员期末人数（人） Staff and Workers at Year-end (person)	年末零售营业面积（平方米） Business Area for retail at Year-end (sq. m)
有限责任公司 Companies of Limited Liabilities	481	22496	365788
国有独资公司 Companies with State-owned Exclusive Investment	16	1154	14402
其他有限责任公司 Other Companies of Limited Liabilities	465	21342	351386
股份有限公司 Companies of Share-holding with Limited Liabilities	22	4792	3549
私营企业 Private-owned Units	1061	33109	393822
私营独资企业 Private Exclusive Investment	16	197	3091
私营有限责任公司 Private Companies of Limited Liabilities	1028	32178	367289
私营股份有限公司 Private Companies of Limited Liabilities with Share Holding	17	734	23442
其他企业 Others	1	42	0
港、澳、台商投资企业 Enterprises Funded by Entepreneurs from Hongkong, Macao & Taiwan	25	10645	33811
与港澳台商合资经营企业 Joint Ventures with Hongkong, Macao and Taiwan	5	184	161
港澳台商独资企业 Manage with Hongkong, Macao and Taiwan Jointly	17	9978	33650
港澳台商投资股份有限公司 Share holding Corporations Funded from HongKong, Macao and Taiwan	1	432	0
其他港澳台投资企业 Others Enterprises	2	51	0
外商投资企业 Foreign-funded Enterprises	25	5672	16980
中外合资经营企业 Sino-Foreign Cooperative Economic Units	10	1370	1600
外资企业 Enterprises with Foreign Exclusive Investment	12	3720	12380
外商投资股份有限公司 Companies Limited by Shares with Foreign Investment	2	455	0
其他外商投资企业 Other Foreign Funded Enterprises	1	127	3000

8-6 限额以上批发业法人企业商品购销存(2021年)

单位:万元

指标名称 Index name	商品购进额 Total Amount of Purchasing Goods	进口 Imports
总计 Total	**102477605.2**	**1864194.9**
其中:国有控股 State Owned and State holding	57865614.1	942800.8
一、按批发行业小类分 According to the classification of the wholesale industry		
谷物、豆及薯类批发 Wholesale of Grain, Beans and Potatoes	313970.4	0.0
种子批发 Seed Wholesale	19670.3	914.4
畜牧渔业饮料批发 Wholesale of Livestock and Fishery Beverages	164915.2	0.0
棉、麻批发 Cotton & hamp Wholesale	690470.6	0.0
林业产品批发 Forestry products wholesale	0.0	0.0
牲畜批发 Livestock Wholesale	88615.4	0.0
渔业产品批发 Fishery Products Wholesale	0.0	0.0
其他农牧产品批发 Other wholesale agricultural and livestock products	251707.5	0.0
米、面制品及食用油批发 Wholesale of Rice, Noodle and Edible Oil	2656367.6	47485.8
糕点、糖果及糖批发 Wholesale of Cakes, Candy and Sugar	135052.1	0.0
果品、蔬菜批发 Wholesale of Fruit and Vegetables	83588.0	0.0
肉、禽、蛋、奶及水产品批发 Wholesale of Meat, Bird, Eggs, Milk and Aquatic products	1757206.2	166040.3
盐及调味品批发 Wholesale of Salt and Seasoning	51030.0	0.0
营养和保健品批发 Wholesale of Health Care products	58914.6	0.0
酒、饮料及茶叶批发 Wholesale of Alcohol, Drinks and Tea	2237773.3	5074.8
烟草制品批发 Wholesale of Tobaccos	1246888.6	9531.1
其他食品批发 The Other Foods Wholesale	755712.2	1113.7
纺织品、针织品及原料批发 Wholesale of Textiles, Knitwear and Raw Material	462597.5	0.0

PURCHASE, SALES AND STOCK OF ENTERPRISES ABOVE DESIGNATED SIZE IN WHOLESALE(2021)

(10 000 yuan)

商品销售额 Total Sales	批发额 Wholesale	出口 Exports	零售额 Retail	期末商品库存额 Stocks at Year - end
101772420.2	**99476110.3**	**1211162.6**	**2107445.3**	**4849441.6**
53761604.4	52964709.2	395515.8	793627.5	2229021.8
301699.7	301699.7	0.0	0.0	42076.4
24550.0	24549.0	0.0	1.0	15904.7
166883.4	162519.8	0.0	4363.6	289.8
747317.0	740785.3	0.0	6531.7	27627.5
0.0	0.0	0.0	0.0	0.0
79973.9	79973.9	18165.8	0.0	10186.0
0.0	0.0	0.0	0.0	0.0
203078.5	175702.3	0.0	27376.2	8717.7
2549989.0	2459547.9	153.2	90441.1	452525.1
131462.0	128844.9	0.0	2617.1	16521.7
93022.2	84814.1	0.0	7909.7	1131.2
1815761.1	1770223.6	1381.8	40845.3	175979.4
64721.7	64721.7	0.0	0.0	6859.5
67667.4	65131.0	0.0	2536.4	14950.7
3389702.3	3319712.5	0.0	69989.8	125646.3
1774014.2	1770746.5	930.3	0.0	28035.7
900922.4	859251.9	3244.1	41275.8	40221.2
478246.8	274134.3	126687.1	204112.5	2870.9

8-6 续表 1

单位:万元

指标名称 Index name	商品购进额 Total Amount of Purchasing Goods	进口 Imports
服装批发 Wholesale of Gamments	384746.0	581.5
鞋帽批发 Wholesale of Shoes and Hats	162399.3	0.0
化妆品及卫生用品批发 Wholesale of Conmetics and Hygiene	239869.3	0.0
厨具卫具及日用杂货批发 Wholesale of Kitchen Supplies, Toilet Articles and Daily Necessities	71073.5	6539.2
灯具、装饰物品批发 Wholesale of Lampsand Ornament	11570.2	0.0
家用视听设备批发 Wholesale of Home Audio and Visual Equipment	43669.6	0.0
日用家电批发 Wholesale of Househdd appliances	976153.8	0.0
其他家庭用品批发 Wholesale of Other household products	654153.9	0.0
文具用品批发 Wholesale of Stationery	443372.6	0.0
文具用品及器材批发 Stationery Products Wholesale	2108.0	0.0
图书批发 Wholesale of Books	102009.0	0.0
报刊批发 Wholesale of Newspapers	0.0	0.0
音像制品、电子和数字出版物批发 Wholesale of Video Products、E - Journals and Digital Editions	0.0	0.0
首饰、工艺品及收藏品批发 Wholesale of Jewely, Handicraft and Collection	375684.1	0.0
乐器批发 Wholesale of Musical Instruments	0.0	0.0
其他文化用品批发 Wholesale of Other Cultural Products	110647.8	0.0
西药批发 Western Medicine Wholesale	8088887.3	0.0
中药批发 Traditional Chinese Medicine Wholesale	805385.7	0.0
动物用药品批发 Wholesale of Animal Drugs	20774.8	0.0
医疗用品及器材批发 Medical Supplies and Apparatus Wholesale	1824054.6	89165.2
煤炭及制品批发 Wholesale of Coal and Related Products	5053968.3	15108.5
石油及制品批发 Wholesale of Petroleum and related Products	26268103.2	236208.7
非金属矿及制品批发 Wholesale of Non - Metal Minerals and Products	2808.1	0.0
金属及金属矿批发 Wholesale of Metals and Metal Minerals	26391536.3	1473.9

8－6 Continued 1

(10 000 yuan)

商品销售额 Total Sales	批发额 Wholesale	出口 Exports	零售额 Retail	期末商品库存额 Stocks at Year－end
443527.0	407637.8	83544.1	33570.9	98103.6
205640.7	149328.4	6720.3	56312.3	56606.9
263062.6	241110.9	0.0	21951.7	36933.4
86548.5	80693.4	22370.9	5855.1	17189.7
12223.6	12223.6	0.0	0.0	6.8
48285.5	47218.5	18679.4	1067.0	4847.0
957965.3	939775.4	11588.8	18189.9	133212.3
657929.3	644411.1	15946.4	13518.2	8260.2
459937.5	431527.6	0.0	28128.0	10133.2
2050.2	2050.2	0.0	0.0	60.3
111189.4	110389.4	0.0	800.0	15843.9
0.0	0.0	0.0	0.0	0.0
0.0	0.0	0.0	0.0	0.0
418097.3	326864.9	0.0	91232.4	27360.0
0.0	0.0	0.0	0.0	0.0
116124.5	28563.0	240.6	87561.5	15557.6
8557285.3	8450818.6	2598.7	89540.3	787624.6
884949.6	875596.8	0.0	9352.8	79194.6
24118.8	15600.8	0.0	8518.0	1906.7
2141633.9	2102080.6	203387.7	39553.3	182256.3
5144427.0	4920714.2	0.0	223520.3	26681.4
21532063.3	21278706.9	144387.0	246175.9	535250.5
2920.2	2248.7	0.0	671.5	1.1
26969331.3	26748631.5	53230.5	168550.5	705523.0

8-6 续表 2

单位:万元

指标名称 Index name	商品购进额 Total Amount of Purchasing Goods	进口 Imports
建材批发 Wholesale of Building Materials	2662249.6	0.0
化肥批发 Wholesale of Fertilizers	615295.7	2582.3
农药批发 Wholesale of Pesticides	24160.8	0.0
农用薄膜批发 Wholesale of Plastic Film	0.0	0.0
其他化工产品批发 Other Chemical Products Wholesale	3675127.9	63845.4
农业机械批发 Agricaltural Machinery Wholesale	12163.2	0.0
汽车零配件批发 Wholesale of Auto Parts	4125348.5	488312.0
摩托车及零配件批发 Wholesale of Motorcycles and Parts	34477.1	0.0
五金产品批发 Hardware Products Wholesale	437686.7	26437.7
电气设备批发 Ecectrical Equipment Wholesale	172073.7	8779.4
计算机、软件及辅助设备批发 Wholesale of Computer, Software and Related Appliances	3669004.1	0.0
通讯设备批发 Wholesale of Communications Equipment	725560.1	96022.9
广播影视设备批发 Wholesale of Radio, Film and Television Equipment	0.0	0.0
其他机械设备及电子产品批发 Wholesale of Other mechanical Equipment and Ecectronic Products	2911674.6	592570.6
贸易代理 Trade Agent	72341.4	5309.7
一般物品拍卖 General Goods Auction	0.0	0.0
艺术品、收藏品拍卖 Artwork and Collectibles Auction	0.0	0.0
艺术品代理 Artwork Agent	0.0	0.0
其他贸易经纪与代理 Other Trade Agent	0.0	0.0
再生物资回收与批发 Wholesale of Recycled Materials	82663.1	0.0
宠物食品用品批发 Wholesale of Pet Food and Supplies	596.4	163.0
互联网批发 Wholesale of Internet	4491.6	0.0
其他未列明批发业 Other Unlisted Wholesale	245235.8	934.8

8-6 Continued 2

(10 000 yuan)

商品销售额 Total Sales	批发额 Wholesale	出口 Exports	零售额 Retail	期末商品库存额 Stocks at Year-end
2807350.9	2743136.1	16046.3	64214.8	68308.0
482030.0	482030.0	0.0	0.0	184190.7
25570.7	25570.7	0.0	0.0	2176.2
0.0	0.0	0.0	0.0	0.0
3797536.4	3783402.1	131223.0	4570.5	85611.7
12359.0	10445.8	0.0	1913.2	879.0
4217860.8	4011661.9	166441.1	206198.9	404254.4
36715.9	36715.9	0.0	0.0	4785.9
463763.4	455639.7	9079.0	7577.4	21860.9
193245.0	192850.9	0.0	394.1	8712.2
3681533.9	3640199.0	9177.3	40080.8	162292.0
760680.2	683586.0	0.0	77094.2	34092.5
0.0	0.0	0.0	0.0	0.0
3035739.0	2899773.2	146055.5	50054.0	133384.4
70227.2	70227.2	0.0	0.0	6720.4
0.0	0.0	0.0	0.0	0.0
0.0	0.0	0.0	0.0	0.0
0.0	0.0	0.0	0.0	0.0
0.0	0.0	0.0	0.0	0.0
83761.0	83761.0	0.0	0.0	2981.1
6168.7	5244.7	5011.2	924.0	390.1
4753.6	4753.6	0.0	0.0	64.5
263802.1	248561.8	14872.5	12353.6	16640.7

8-6 续 表 3

单位:万元

指标名称 Index name	商品购进额 Total Amount of Purchasing Goods	进口 Imports
二、按登记注册类型分 Grouped by Registration		
内资企业 Domestic - funded Enterprises	79586240.8	1382781.1
国有企业 State - owned Units	6662382.3	43816.5
集体企业 Collective - owned Units	17091.0	0.0
股份合作企业 Cooperative Enterprises of Share Holding	0.0	0.0
有限责任公司 Companies of Limited Liabilities	39466627.0	980354.0
国有独资公司 Companies with State - owned Exclusive Investment	3260943.6	1793.2
其他有限责任公司 Other Companies of Limited Liabilities	36205683.4	978560.8
股份有限公司 Companies of Share - holding with Limited Liabilities	8615585.8	0.0
私营企业 Private - owned	24817592.6	358610.6
私营独资企业 Private Exclusive Investment	123825.6	0.0
私营有限责任公司 Private Companies of Limited Liabilities	24459799.1	358130.6
私营股份有限公司 Private Companies of Limited Liabilities with Share Holding	233967.9	480.0
其他企业 Others	4248.3	0.0
港、澳、台商投资企业 Enterprises Funded by Entepreneurs from Hongkong, Macao & Taiwan	2530120.1	5822.4
与港澳台商合资经营企业 Joint Ventures with Hongkong, Macao and Taiwan	126831.9	1180.6
港澳台商独资企业 Manage with Hongkong, Macao and Taiwan Jointly	2298084.0	4641.8
港澳台商投资股份有限公司 Share holding Corporations Funded from HongKong, Macao and Taiwan	77146.3	0.0
其他港澳台投资企业 Other Enterprises	28057.9	0.0
外商投资企业 Foreign - funded Enterpnises	20361244.3	475591.4
中外合资经营企业 Sino - Foreign Cooperative Economic Units	19057792.5	379355.0
外资企业 Enterprises with Foreign Exclusive Investment	1233292.9	96236.4
外商投资股份有限公司 Companies Limited by Shares with Foreign Investment	51655.7	0.0
其他外商投资企业 Other Foreign Funded Enterprises	18503.2	0.0

8-6 Continued 3

(10 000 yuan)

商品销售额 Total Sales	批发额 Wholesale	出口 Exports	零售额 Retail	期末商品库存额 Stocks at Year-end
77124082.4	75090272.1	998789.4	1847013.5	4222792.9
6923539.3	6904555.9	6817.1	18983.4	623163.7
22342.9	19889.3	0.0	2453.6	784.4
0.0	0.0	0.0	0.0	0.0
40545465.0	39473679.4	518900.4	1051045.2	1825972.1
3411380.6	3273624.4	153.2	137756.2	102711.7
37134084.4	36200055.0	518747.2	913289.0	1723260.4
3559721.7	3549111.1	14823.7	10569.1	409759.1
26065993.1	25136016.0	458248.2	763962.2	1362996.3
129461.9	127891.4	2702.7	1570.5	5603.9
25698199.5	24780836.1	455545.5	751494.8	1307278.1
238331.7	227288.5	0.0	10896.9	50114.3
4248.7	4248.7	0.0	0.0	117.3
3718873.9	3591421.0	0.0	125385.1	169366.5
142159.9	141857.8	0.0	302.1	8736.1
3466810.0	3339676.3	0.0	125065.9	135673.1
79053.6	79053.6	0.0	0.0	24910.4
30850.4	30833.3	0.0	17.1	46.9
20929463.9	20794417.2	212373.2	135046.7	457282.2
19387792.5	19374182.6	20005.1	13609.9	425918.9
1479679.9	1362957.9	174202.3	116722.0	19690.5
42603.8	42603.8	18165.8	0.0	10173.6
19387.7	14672.9	0.0	4714.8	1499.2

8－7 限额以上零售业法人企业基本情况(2021 年)
BASIC SITUATION OF LEGAL PERSON ENTERPRISES ABOVE DESIGNATED SIZE IN RETAILING(2021)

指标名称 Index name	法人企业数 (个) Number of Enterprises (unit)	从业人员期末人数 (人) Staff and Workers at Year－end(person)	年末零售营业面积 (平方米) Business Area for retail at Year－end(sq. m)
总　计 Total	**1062**	**126314**	**6549636**
其中:国有控股 State－owned and State Holding	91	32140	2267396
一、按零售行业小类分 According to the Classfication of Retail Industry			
百货零售 Department Store	41	13213	1375625
超级市场零售 Super Market	26	28136	1402328
便利店零售 Convenience Store	4	873	54269
其他综合零售 Other Comprehensire	6	109	3133
粮油零售 Grain and Oil	1	19	320
糕点、面包零售 Cake and Bread	10	2510	22414
果品、蔬菜零售 Fruits and Vegetables	25	1076	23527
肉、禽、蛋、奶及水产品零售 Meat, Bird, Eggs, Milk and Aquatic products	22	861	6756
营养和保健品零售 Health Care products	4	215	113346
酒、饮料及茶叶零售 Alcohol, Drinks and Tea	24	515	10828
烟草制品零售 Tobaccos	4	508	3695
其他食品零售 Other foods Retail	23	4891	166064
纺织品及针织品零售 Textiles and Knitwear	3	112	3774
服装零售 Clothing	58	5372	439129
鞋帽零售 Shoes and Hats	7	1841	9963
化妆品及卫生用品零售 Cosmetics and Hygiene	4	453	1759
厨具卫具及日用杂品零售 Kitchen Utensils and Daily Sundries	9	319	7833
钟表、眼镜零售 Clocks, Watch and Glasses	8	458	4529
箱包零售 Luggage and Bags	5	154	2235

8-7 续 表 1 Continued 1

指标名称 Index name	法人企业数（个） Number of Enterprises (unit)	从业人员期末人数（人） Staff and Workers at Year-end(person)	年末零售营业面积（平方米） Business Area for retail at Year-end(sq. m)
自行车等代步设备零售 Bicycles and Other Scooters	0	0	0
其他日用品零售 Other Daily Necessities	11	202	4269
文具用品零售 Stationery	13	248	2915
体育用品及器材零售 Soprts Goods	3	34	1112
图书、报刊零售 Books and Newspapers	12	4664	157765
音像制品、电子和数字出版物零售 Audio-Visual Products Electronic and Digital Publications	1	15	400
珠宝首饰零售 Jewelry	11	588	5432
工艺美术品及收藏品零售 Arts and Crafts and Collectibles	2	9	500
乐器零售 Musical Instruments	6	178	6558
照相器材零售 Photographic Equipment	1	6	100
其他文化用品零售 Other Cultural Articles	4	249	5226
西药零售 Western Medicine	52	12853	246303
中药零售 Traditional Chinese Medicine	6	442	13609
动物用药品零售 Veterinary Medicine	1	16	0
医疗用品及器材零售 Medical Supplies and Equipment	9	167	1106
保健辅助治疗器材零售 Hleath Care and Auxiliary Therapeutic Equipment	0	0	0
汽车新车零售 New Cars	283	19685	1093632
汽车旧车零售 Used Cars	3	17	3240
汽车零配件零售 Atuo Parts	13	279	7047
摩托车及零配件零售 Motocycle and Spare Parts	5	103	4438
机动车燃油零售 Motor Fuel	36	4386	477896
机动车燃气零售 Motor Vehicle Gas	2	299	52122
机动车充电销售 Motor Charging	0	0	0
家用视听设备零售 Home Auto-visual and Electronic Products Equipment	13	329	3521
日用家电设备零售 Household Appliances	49	3150	378243

8-7 续 表 2 Continued 2

指标名称 Index name	法人企业数（个） Number of Enterprises (unit)	从业人员期末人数（人） Staff and Workers at Year-end(person)	年末零售营业面积（平方米） Business Area for retail at Year-end(sq. m)
计算机、软件及辅助设备零售 Computer, Software and Auxiliary Equipment	45	2645	25406
通信设备零售 Communication Equipment	21	6527	85423
其他电子产品零售 Other Electronic Products	14	297	1897
五金零售 Hardware	30	367	10003
灯具零售 Lamps and Lanterns	9	62	2224
家具零售 Furniture	25	1586	80469
涂料零售 Coating	0	0	0
卫生洁具零售 Sanitary ware	2	10	485
木质装饰材料零售 Wood Decoration	5	177	47401
陶瓷、石材装饰材料零售 Ceramic and Stone	4	73	7900
其他室内装饰材料零售 Other Indoor Decoration Materials	20	284	14010
流动货摊零售 Mobile Stalls	0	0	0
互联网零售 Internet	56	3837	14810
邮购及电视、电话零售 Mail、TV and Telephone	0	0	0
自动售货机零售 Vending Machine	1	67	165
旧货零售 Second-hand Goods	0	0	0
生活用燃料零售 Domestic Fule	4	669	108585
宠物食品用品零售 Pet Food and Supplies	0	0	0
其他未列明零售业 Other not Listed	6	159	33897
二、按登记注册类型分 Grouped by Registration			
内资企业 Domestic Investment	1017	99933	5429144
国有企业 State-owned	19	2361	53371
集体企业 Collective-owned	1	32	30

8－7 续 表 3 Continued 3

指标名称 Index name	法人企业数（个） Number of Enterprises (unit)	从业人员期末人数（人） Staff and Workers at Year－end(person)	年末零售营业面积（平方米） Business Area for retail at Year－end(sq. m)
股份合作企业 Cooperative Enterprises of Share Holding	1	64	300
联营企业 Joint Venture	0	0	0
国有联营企业 State－owned Joint Venture	0	0	0
有限责任公司 Compaines of Limited Liabilities	295	56316	3039032
国有独资公司 State Owned	10	1296	105213
其他有限责任公司 Other Companies of Limited Liabilities	285	55020	2933819
股份有限公司 Share Holding	19	5628	669073
私营企业 Private－owned	682	35532	1667338
私营独资企业 Private Exclusive Investment	20	418	12875
私营合伙企业 Private Partnership Enterprises	2	38	700
私营有限责任公司 Private Companies of Limited Liabilities	646	33934	1632832
私营股份有限公司 Private Companies of Limited Liabilities with Share Holding	14	1142	20931
其他企业 Others	0	0	0
港、澳、台商投资企业 Enterprises funded by Entepreneurs from HongKong, Macao & Taiwan	13	9684	239348
与港澳台商合资经营企业 Joint Venture with Hongkong, Macao & Taiwan	4	940	75310
港澳台商独资企业 Hongkong and Marcro, Taiwan Owned	9	8744	164038
外商投资企业 Foreign Investment	32	16697	881144
中外合资经营企业 Chinese Foreign Equity Joint Ventures	2	1611	145960
外资企业 Foreign Enterprise	24	14549	713167
外商投资股份有限公司 Companies Limited by Shares with Foreign Investment	5	471	6015
其他外商投资企业 Others	1	66	16002

8－8 限额以上零售业法人企业商品购销存(2021 年)

单位:万元

指标名称 Index name	商品购进额 Total Amount of Purchasing Goods	进口 Imports
总计 Total	**30805216.1**	**830574.9**
其中:国有控股 State－owned and State Holding	5911716.5	506.7
一、按零售行业小类分 According to the Classfication of Retail Industry		
百货零售 Department Store	3569327.6	281.4
超级市场零售 Super Market	2123317.7	225.3
便利店零售 Convenience Store	115927.1	0.0
其他综合零售 Other Comprehensire	10539.1	0.0
粮油零售 Grain and Oil	729.9	0.0
糕点、面包零售 Cake and Bread	91453.9	0.0
果品、蔬菜零售 Fruits and Vegetables	173397.3	0.0
肉、禽、蛋、奶及水产品零售 Meat, Bird, Eggs, Milk and Aquatic products	79502.9	0.0
营养和保健品零售 Health Care products	7264.3	0.0
酒、饮料及茶叶零售 Alcohol, Drinks and Tea	95293.5	0.0
烟草制品零售 Tobaccos	75974.6	0.0
其他食品零售 Other foods Retail	206430.3	583.3
纺织品及针织品零售 Textiles and Knitwear	2374.8	0.0
服装零售 Clothing	482311.3	9418.5
鞋帽零售 Shoes and Hats	97631.7	0.0
化妆品及卫生用品零售 Cosmetics and Hygiene	25861.1	0.0
厨具卫具及日用杂品零售 Kitchen Utensils and Daily Sundries	16875.0	0.0
钟表、眼镜零售 Clocks, Watch and Glasses	32256.2	0.0
箱包零售 Luggage and Bags	7083.9	0.0

PURCHASE, SALES AND STOCK OF ENTERPRISES ABOVE DESINGATED SIZE IN RETAIL TRADE(2021)

(10 000 yuan)

商品销售额 Total Sales	批发额 Wholesale	出口 Exports	零售额 Retail	期末商品库存额 Stocks at Year - end
35564649.6	**4100806.4**	**809.1**	**31460306.6**	**2236490.9**
7875681.3	1146264.8	0.0	6725962.7	556848.4
3839197.4	833.2	0.0	3838364.2	164061.6
2638943.7	188576.7	0.0	2446913.2	328418.4
159315.6	517.6	0.0	158798.0	16951.2
12977.7	0.0	0.0	12977.7	320.5
756.0	0.0	0.0	756.0	62.3
134876.1	0.0	0.0	134876.1	948.9
183645.6	6590.6	0.0	177055.0	1702.2
134844.9	32720.4	0.0	102124.5	5376.5
8003.3	273.4	0.0	7729.9	3082.4
120305.5	7075.1	0.0	113230.4	20138.7
88573.7	0.0	0.0	88573.7	29550.6
298300.8	14445.8	0.0	283855.0	15957.0
3796.5	0.0	0.0	3796.5	1430.2
669442.3	21489.6	0.0	647952.7	74363.4
116682.2	520.3	0.0	116161.9	37327.7
57396.5	10720.4	0.0	46676.1	7879.4
20456.9	695.4	0.0	19761.5	3295.5
45035.1	724.6	0.0	44310.5	111968.8
8009.9	1164.3	0.0	6845.6	1029.6

8-8 续 表 1

单位:万元

指标名称 Index name	商品购进额 Total Amount of Purchasing Goods	进口 Imports
自行车等代步设备零售 Bicycles and Other Scooters	0.0	0.0
其他日用品零售 Other Daily Necessities	15985.8	0.0
文具用品零售 Stationery	50576.4	0.0
体育用品及器材零售 Soprts Goods	2796.5	0.0
图书、报刊零售 Books and Newspapers	449485.3	0.0
音像制品、电子和数字出版物零售 Audio - Visual Products Electronic and Digital Publications	1057.0	0.0
珠宝首饰零售 Jewelry	44273.2	0.0
工艺美术品及收藏品零售 Arts and Crafts and Collectibles	11581.3	0.0
乐器零售 Musical Instruments	15441.8	0.0
照相器材零售 Photographic Equipment	1471.5	0.0
其他文化用品零售 Other Cultural Articles	12098.9	0.0
西药零售 Western Medicine	773675.9	0.0
中药零售 Traditional Chinese Medicine	20288.4	0.0
动物用药品零售 Veterinary Medicine	1241.8	0.0
医疗用品及器材零售 Medical Supplies and Equipment	26483.3	0.0
保健辅助治疗器材零售 Hleath Care and Auxiliary Therapeutic Equipment	0.0	0.0
汽车新车零售 New Cars	7894592.2	514107.9
汽车旧车零售 Used Cars	5521.7	0.0
汽车零配件零售 Atuo Parts	45954.0	0.0
摩托车及零配件零售 Motocycle and Spare Parts	17977.5	0.0
机动车燃油零售 Motor Fuel	2148341.7	0.0
机动车燃气零售 Motor Vehicle Gas	17356.5	0.0
机动车充电销售 Motor Charging	0.0	0.0
家用视听设备零售 Home Auto - visual and Electronic Products Equipment	61162.2	0.0
日用家电设备零售 Household Appliances	774892.5	0.0

8－8 Continued 1

(10 000 yuan)

商品销售额 Total Sales	批发额 Wholesale	出口 Exports	零售额 Retail	期末商品库存额 Stocks at Year－end
0.0	0.0	0.0	0.0	0.0
18462.0	553.2	0.0	17908.8	3910.0
55096.1	10590.0	0.0	44506.1	1522.2
4059.1	3346.7	0.0	712.4	922.8
787888.7	284059.8	0.0	503828.9	132648.6
1134.5	0.0	0.0	1134.5	92.5
45487.7	3385.9	0.0	42101.8	24359.7
11723.6	0.0	0.0	11723.6	46.6
18850.4	580.9	0.0	18269.5	6726.8
1561.0	0.0	0.0	1561.0	1.2
15320.1	0.0	0.0	15320.1	4572.5
937019.7	2599.5	0.0	934420.2	112036.1
24578.6	2144.4	0.0	22434.2	4926.5
1746.6	0.0	0.0	1746.6	210.5
34424.7	2958.1	0.0	31466.6	1372.1
0.0	0.0	0.0	0.0	0.0
8298034.3	129681.6	0.0	8168352.7	841014.2
7457.7	0.0	0.0	7457.7	20.0
51565.3	8981.3	0.0	42584.0	3789.8
27144.2	0.0	0.0	27144.2	1975.1
3212733.8	798018.6	0.0	2414715.2	36041.4
29252.0	3555.7	0.0	25696.3	18.4
0.0	0.0	0.0	0.0	0.0
69970.9	0.0	0.0	69970.9	1700.6
764954.6	23023.3	0.0	741931.3	44640.2

8-8 续 表 2

单位:万元

指标名称 Index name	商品购进额 Total Amount of Purchasing Goods	进口 Imports
计算机、软件及辅助设备零售 Computer, Software and Auxiliary Equipment	217449.4	3517.0
通信设备零售 Communication Equipment	2774704.3	0.0
其他电子产品零售 Other Electronic Products	29585.5	662.0
五金零售 Hardware	57932.7	0.0
灯具零售 Lamps and Lanterns	11855.4	0.0
家具零售 Furniture	58551.3	0.0
涂料零售 Coating	0.0	0.0
卫生洁具零售 Sanitary ware	22352.1	0.0
木质装饰材料零售 Wood Decoration	30889.1	0.0
陶瓷、石材装饰材料零售 Ceramic and Stone	7849.2	0.0
其他室内装饰材料零售 Other Indoor Decoration Materials	32792.5	0.0
流动货摊零售 Mobile Stalls	0.0	0.0
互联网零售 Internet	7863245.7	299983.1
邮购及电视、电话零售 Mail、TV and Telephone	0.0	0.0
自动售货机零售 Vending Machine	2710.1	0.0
旧货零售 Second - hand Goods	0.0	0.0
生活用燃料零售 Domestic Fule	30795.8	0.0
宠物食品用品零售 Pet Food and Supplies	0.0	0.0
其他未列明零售业 Other not Listed	58695.4	1796.4
二、按登记注册类型分 **Grouped by Registration**		
内资企业 Domestic Investment	22447559.9	490391.8
国有企业 State - owned	327806.1	506.7
集体企业 Collective - owned	2330.8	0.0

8－8 Continued 2

(10 000 yuan)

商品销售额 Total Sales	批发额 Wholesale	出口 Exports	零售额 Retail	期末商品库存额 Stocks at Year－end
286759.6	80056.6	0.0	206703.0	24428.2
3006710.6	2229975.8	0.0	776734.8	35239.4
37900.6	10308.5	0.0	27592.1	2902.6
66813.8	7900.9	809.1	58912.9	4466.0
12880.8	508.9	0.0	12371.9	919.3
124067.3	7982.7	0.0	116084.6	13516.8
0.0	0.0	0.0	0.0	0.0
22754.2	0.0	0.0	22754.2	197.4
33097.1	19480.0	0.0	13617.1	2389.3
8911.7	1000.0	0.0	7911.7	10782.1
39948.3	2238.9	0.0	37709.4	3250.6
0.0	0.0	0.0	0.0	0.0
8854299.7	152462.0	0.0	8701754.9	86300.6
0.0	0.0	0.0	0.0	0.0
4091.2	0.0	0.0	4091.2	30.8
0.0	0.0	0.0	0.0	0.0
37798.3	22191.8	0.0	15606.5	327.3
0.0	0.0	0.0	0.0	0.0
69591.1	6873.9	0.0	62717.2	5327.8
26082622.1	1400612.2	809.1	24678473.3	1941018.3
341313.2	6294.3	0.0	335018.9	54396.4
2319.1	0.0	0.0	2319.1	65.5

8-8 续 表 3

单位:万元

指标名称 Index name	商品购进额 Total Amount of Purchasing Goods	进口 Imports
股份合作企业 Cooperative Enterprises of Share Holding	3478.7	0
联营企业 Joint Venture	0.0	0.0
国有联营企业 State - owned Joint Venture	0.0	0.0
有限责任公司 Compaines of Limited Liabilities	11552070.0	310785.0
国有独资公司 State Owned	652418.8	0.0
其他有限责任公司 Other Companies of Limited Liabilities	10899651.2	310785.0
股份有限公司 Share Holding	1594516.4	0.0
私营企业 Private - owned	8967357.9	179100.1
私营独资企业 Private Exclusive Investment	38101.5	1796.4
私营合伙企业 Private Partnership Enterprises	4961.3	0.0
私营有限责任公司 Private Companies of Limited Liabilities	8833352.9	177303.7
私营股份有限公司 Private Companies of Limited Liabilities with Share Holding	90942.2	0.0
其他企业 Others	0.0	0.0
港、澳、台商投资企业 Enterprises funded by Entepreneurs from HongKong, Macao & Taiwan	2650883.0	5822.5
与港澳台商合资经营企业 Joint Venture with Hongkong, Macao & Taiwan	46624.3	5822.5
港澳台商独资企业 Hongkong and Marcro, Taiwan Owned	2604258.7	0.0
外商投资企业 Foreign Investment	5706773.2	334360.6
中外合资经营企业 Chinese Foreign Equity Joint Ventures	1317620.6	299887.7
外资企业 Foreign Enterprise	4214874.2	1817.9
外商投资股份有限公司 Companies Limited by Shares with Foreign Investment	137133.5	0.0
其他外商投资企业 Others	37144.90	32655.00

8－8 Continued 3

(10 000 yuan)

商品销售额 Total Sales	批发额 Wholesale	出口 Exports	零售额 Retail	期末商品库存额 Stocks at Year－end
5155.1	0	0.0	5155.1	81.9
0.0	0.0	0.0	0.0	0.0
0.0	0.0	0.0	0.0	0
13579259.7	1012433.0	0.0	12563372.9	1070358.9
1145487.1	603887.1	0.0	541600.0	17808.9
12433772.6	408545.9	0.0	12021772.9	1052550
2084648.3	33728.0	0.0	2050920.3	89300.8
10069926.7	348156.9	809.1	9721687.0	726814.8
38483.7	792.8	0.0	37690.9	7134.6
4993.2	0.0	0.0	4993.2	107.9
9908815.3	338680.2	809.1	9570052.3	711011.7
117634.5	8683.9	0.0	108950.6	8560.6
0.0	0.0	0.0	0.0	0
2977721.7	166999.5	0.0	2810722.2	167097.5
144885.9	31896.8	0.0	112989.1	6853.3
2832835.8	135102.7	0.0	2697733.1	160244.2
6504305.8	2533194.7	0.0	3971111.1	128375.1
1533240.6	192236.5	0.0	1341004.1	9335.4
4786823.4	2336196.5	0.0	2450626.9	106467.4
142067.9	4761.7	0.0	137306.2	10894.9
42173.90	0.00	0.00	42173.90	1677.40

8－9 限额以上住宿业法人企业基本情况(2021 年)

指标名称 Index name	法人企业数 (个) Number of Enterprises (unit)	从业人员期末人数 (人) Employed Person at Year－end (person)
总　计 Total	**305**	**16870**
其中:国有控股 State Holding	28	3064
一、按住宿业行业小类分 Grouped by Small Class		
旅游饭店 Traveling Hotel	126	11457
经济型连锁酒店 Budget Hotel Chain	65	1840
其他一般旅馆 Other Generel Hotel	104	2821
民宿服务 B & B Service	1	22
露营地服务 Camping Service	0	0
其他住宿业 Other Accomodation Service	9	730
二、按登记注册类型分 Grouped by registration		
内资企业 Domestic－funded Enterprises	293	14768
国有企业 State－Owned Units	8	636
集体企业 Collective－Owned Units	3	267
股份合作企业 Cooperative Enterprises of Share Holding	0	0
联营企业 Joint Venture	1	105
国有联营企业 State－owned Joint Venture	1	105
集体联营企业 Collective Joint Ventures	0	0
国有与集体联营企业 Joint State－Collective Enterprises	0	0

BASIC SITUATION OF HOTELS ABOVE DESIGNATED SIZE(2021)

客房数 （间） Rooms （room）	床位数 （个） Beds （unit）	餐位数 （位） Tables of Catering（unit）	年末餐饮营业面积 （平方米） Operational Area for Catering（sq. m）
58721	**90739**	**55516**	**1119029**
5424	8460	9415	136588
26329	38241	37396	613969
18826	31969	8968	218444
11664	17794	7564	265972
180	296	0	12863
0	0	0	0
1722	2439	1588	7781
54525	84593	48944	1050618
1173	1859	3052	35600
463	670	2009	6464
0	0	0	0
188	323	367	700
188	323	367	700
0	0	0	0
0	0	0	0

8-9 续 表

指标名称 Index name	法人企业数 （个） Number of Enterprises （unit）	从业人员期末人数 （人） Employed Person at Year-end （person）
其他联营企业 Other Enterprises	0	0
有限责任公司 Companies of Limited Liabilities	79	5097
国有独资公司 Companies with State-owned Exclusive Investment	3	426
其他有限责任公司 Other Companies of Limited Liabilities	76	4671
股份有限公司 Companies of Share-holding with Limited Liabilities	3	217
私营企业 Private-owned Units	199	8446
私营独资企业 Dproprietorship	3	20
私营合伙企业 Private Partnership Enterprises	1	30
私营有限责任公司 Private Companies of Limited Liabilities	193	8323
私营股份有限公司 Private Companies of Limited Liabilities with Share Holding	2	73
港、澳、台商投资企业 Enterprises funded by Entepreneurs from HongKong, Macao & Taiwan	8	1202
与港澳台商合资经营企业 Joint Ventures with HongKong, Macao and Taiwan	1	184
与港澳台商合作经营企业 Cooperation Companies	0	0
港澳台商独资企业 Manage with HongKong, Macao and Taiwan jointly	5	558
港澳台商投资股份有限公司 Share holding Corporations Funded from HongKong, Macao and Taiwan	2	460
外商投资企业 Foreign-funded Enterprises	4	900
中外合资经营企业 sino-Foreign Cooperative Economic Units	1	342
外资企业 Enterprises with Foreign Exclusive Investment	2	321
外商投资股份有限公司 Companies Limited Shares with Foreign Inevstment	1	237

8 – 9 Continued

客房数 （间） Rooms （room）	床位数 （个） Beds （unit）	餐位数 （位） Tables of Catering（unit）	年末餐饮营业面积 （平方米） Operational Area for Catering（sq. m）
0	0	0	0
12344	18506	15865	289908
533	815	674	4066
11811	17691	15191	285842
582	893	440	33273
39775	62342	27211	684673
33	61	12	625
155	199	0	15100
39263	61625	27089	667407
324	457	110	1541
2451	3289	3302	50120
264	408	350	16900
0	0	0	0
1530	2089	1678	26576
657	792	1274	6644
1745	2857	3270	18291
442	620	458	4170
898	1437	1962	13121
405	800	850	1000

8-10 限额以上住宿业法人企业经营情况(2021 年)

单位:万元

指标名称 Index name	营业额 Total Revenue	客房收入 Revenue From Hotel
总　计 Total	**440292.1**	**285992.9**
其中:国有控股 State Holding	71514.2	36871.0
一、按住宿业行业小类分 Grouped by Small Class		
旅游饭店 Traveling Hotel	293530.0	162966.0
经济型连锁酒店 Budget Hotel Chain	54673.5	48829.9
其他一般旅馆 Other Generel Hotel	77066.5	64200.8
民宿服务 B & B Service	574.1	574.1
露营地服务 Camping Service	0.0	0.0
其他住宿业 Other Accomodation Service	14448.0	9422.1
二、按登记注册类型分 Grouped by registration		
内资企业 Domestic - funded Enterprises	381143.0	252852.2
国有企业 State - owned Units	15164.3	6564.7
集体企业 Collective - owned Units	5758.1	2983.9
股份合作企业 Cooperative Enterprises of Share Holding	0.0	0.0
联营企业 Joint Venture	1480.9	701.4
国有联营企业 State - owned Joint Venture	1480.9	701.4
集体联营企业 Collective Joint Ventures	0.0	0.0
国有与集体联营企业 Joint State - Collective Enterprises	0.0	0.0

OPERATION OF HOTELS ABOVE DESIGNATED SIZE(2021)

(10 000 yuan)

餐费收入 Revenue From Meals	商品销售收入 Revenue From Commodities	其他收入 Others
106516.6	**2163.0**	**45619.6**
22071.0	173.1	12399.1
86531.4	1873.5	42159.1
4813.7	171.2	858.7
10681.9	115.6	2068.2
0.0	0.0	0.0
0.0	0.0	0.0
4489.6	2.7	533.6
87155.1	1948.7	39187.0
5394.9	137.9	3066.8
2094.7	0.0	679.5
0.0	0.0	0.0
694.9	0.0	84.6
694.9	0.0	84.6
0.0	0.0	0.0
0.0	0.0	0.0

8-10 续 表

单位:万元

指标名称 Index name	营业额 Total Revenue	客房收入 Revenue From Hotel
其他联营企业 Other Enterprises	0.0	0.0
有限责任公司 Companies of Limited Liabilities	126036.3	74387.6
国有独资公司 Companies with State - owned Exclusive Investment	11249.4	5517.2
其他有限责任公司 Other Companies of Limited Liabilities	114786.9	68870.4
股份有限公司 Companies of Share - holding with Limited Liabilities	3870.1	2850.9
私营企业 Private - owned Units	228833.3	165363.7
私营独资企业 Dproprietorship	866.8	866.8
私营合伙企业 Private Partnership Enterprises	598.2	598.2
私营有限责任公司 Private Companies of Limited Liabilities	224724.7	161929.2
私营股份有限公司 Private Companies of Limited Liabilities with Share Holding	2643.6	1969.5
港、澳、台商投资企业 Enterprises funded by Entepreneurs from HongKong, Macao & Taiwan	34317.0	20613.1
与港澳台商合资经营企业 Joint Ventures with HongKong, Macao and Taiwan	5455.3	2693.9
与港澳台商合作经营企业 Cooperation Companies	0.0	0.0
港澳台商独资企业 Manage with HongKong, Macao and Taiwan jointly	18132.7	10556.1
港澳台商投资股份有限公司 Share holding Corporations Funded from HongKong, Macao and Taiwan	10729.0	7363.1
外商投资企业 Foreign - funded Enterprises	24832.1	12527.6
中外合资经营企业 sino - Foreign Cooperative Economic Units	11561.4	4374.9
外资企业 Enterprises with Foreign Exclusive Investment	8539.9	5138.2
外商投资股份有限公司 Companies Limited Shares with Foreign Inevstment	4730.8	3014.5

8－10 Continued

(10 000 yuan)

餐费收入 Revenue From Meals	商品销售收入 Revenue From Commodities	其他收入 Others
0.0	0.0	0.0
34512.8	952.4	16183.5
2535.7	0.0	3196.5
31977.1	952.4	12987.0
684.9	0.0	334.3
43772.9	858.4	18838.3
0.0	0.0	0.0
0.0	0.0	0.0
43113.5	858.4	18823.6
659.4	0.0	14.7
10478.8	98.4	3126.7
2761.4	0.0	0.0
0.0	0.0	0.0
4750.9	98.4	2727.3
2966.5	0.0	399.4
8882.7	115.9	3305.9
4719.0	0.0	2467.5
2686.0	115.9	599.8
1477.7	0.0	238.6

8－11 限额以上餐饮业法人企业基本情况(2021 年)

指标名称 Index name	法人企业数 (个) Number of Enterprises (unit)	从业人员期末人数 (人) Employed Person at Year－end (person)
总　计 Total	**438**	**78436**
其中:国有控股 State Holding	4	427
一、按餐饮业行业小类分 Gropued by Small Class		
正餐服务 Dinner Service	389	36033
快餐服务 Fast Food Service	17	31621
茶馆服务 Teahouse Service	1	4
咖啡馆服务 Cafe Service	2	4759
酒吧服务 Pub Service	3	1162
其他饮料及冷饮服务 Other Beverage and Related Service	8	1611
餐饮配送服务 Food Distribution Service	15	3058
外卖送餐服务 Takeaway Service	0	0
小吃服务 Caff Service	2	166
其他未列明餐饮业 Other	1	22
二、按登记注册类型分 Grouped by registration		
内资企业 Domestic－funded Enterprises	418	37724
国有企业 State－owned Units	1	33
集体企业 Collective－owned Units	2	221
股份合作企业 Cooperative Enterprises of Share Holding	0	0
联营企业 Joint Venture	0	0
国有联营企业 State－owned Joint Venture	0	0
集体联营企业 Collective Joint Ventures	0	0
国有与集体联营企业 Joint State－Collective Enterprises	0	0

BASIC SITUATION OF ENTERPRISES IN CATERING SERVECES ABOVE DESIGNATED SIZE(2021)

客房数 (间) Rooms (room)	床位数 (个) Beds (unit)	餐位数 (位) Tables of Catering (unit)	年末餐饮营业面积 (平方米) Operational Area for Catering(sq. m)
8837	**13111**	**486090**	**1953202**
360	700	7272	50735
8337	13111	305895	1458224
0	0	94200	340838
0	0	13	300
0	0	33844	52349
0	0	19983	43208
0	0	1285	5962
0	0	30665	51228
0	0	0	0
0	0	190	918
0	0	15	175
8554	12618	332379	1492694
100	200	400	3600
0	0	3186	19526
0	0	0	0
0	0	0	0
0	0	0	0
0	0	0	0
0	0	0	0

8-11 续 表

指标名称 Index name	法人企业数（个） Number of Enterprises（unit）	从业人员期末人数（人） Employed Person at Year-end（person）
其他联营企业 Other Enterprises	0	0
有限责任公司 Companies of Limited Liabilities	89	5350
国有独资公司 Companies with State-owned Exclusive Investrrent	1	280
其他有限责任公司 Other Companies of Limited Liabilities	88	5070
股份有限公司 Companies of Share-holding with Limited Liabilities	2	781
私营企业 Private-owned	324	31339
私营独资企业 Private Exclusive Ivestment	13	366
私营合伙企业 Private Partnership Enterprises	3	40
私营有限责任公司 Private Companies of Limited Liabilities	305	28749
私营股份有限公司 Private Cpmpanies of Limited Liabilities with Share Holding	3	2184
港、澳、台商投资企业 Enterprises funded by Entepreneurs from HongKong, Macao & Taiwan	11	33755
与港澳台商合资经营企业 Joint Ventures with HongKong, Macao and Taiwan	1	116
港澳台商独资企业 Manage with HongKong, Macao and Taiwan jointly	9	33603
其他港澳台投资企业 Other Enterprises	1	36
外商投资企业 Foreign-funded Enterprises	9	6957
中外合资经营企业 Sino-Foreign Cooperative Economic Units	2	229
外资企业 Enterprises with Foreign Exclusive Investment	7	6728

8-11 Continued

客房数（间）Rooms（room）	床位数（个）Beds（unit）	餐位数（位）Tables of Catering（unit）	年末餐饮营业面积（平方米）Operational Area for Catering(sq. m)
0	0	0	0
1369	2335	86124	336648
0	0	6000	31559
1369	2335	80124	305089
0	0	0	0
7085	10083	242669	1132920
18	32	2878	8264
0	0	111	836
7067	10051	207462	1075860
0	0	32218	47960
209	366	123168	355202
195	350	300	2500
14	16	122568	352602
0	0	300	100
74	127	30543	105306
0	0	2235	3552
74	127	28308	101754

8－12 限额以上餐饮业法人企业经营情况(2021年)

单位:万元

指标名称 Index name	营业额 Total Revenue	客房收入 Revenue From Hotel
总 计 Total	**1987433.3**	**32955.2**
其中:国有控股 State Holding	29398.1	1007.1
一、按餐饮业行业小类分 Gropued by Small Class		
正餐服务 Dinner Service	974864.0	32955.2
快餐服务 Fast Food Service	616785.1	0.0
茶馆服务 Teahouse Service	496.5	0.0
咖啡馆服务 Cafe Service	201940.4	0.0
酒吧服务 Pub Service	31445.0	0.0
其他饮料及冷饮服务 Other Beverage and Related Service	59482.0	0.0
餐饮配送服务 Food Distribution Service	95319.7	0.0
外卖送餐服务 Takeaway Service	0.0	0.0
小吃服务 Caff Service	3847.4	0.0
其他未列明餐饮业 Other	3253.2	0.0
二、按登记注册类型分 Grouped by registration		
内资企业 Domestic－funded Enterprises	1118689.7	32268.9
国有企业 State－owned Units	481.9	289.2
集体企业 Collective－owned Units	6001.7	0.0
股份合作企业 Cooperative Enterprises of Share Holding	0.0	0.0
联营企业 Joint Venture	0.0	0.0
国有联营企业 State－owned Joint Venture	0.0	0.0
集体联营企业 Collective Joint Ventures	0.0	0.0
国有与集体联营企业 Joint State－Collective Enterprises	0.0	0.0

OPERATION OF ENTERPRISES IN CATERING SERVICES ABOVE DESIGNATED SIZE(2021)

(10 000 yuan)

餐费收入 Revenue From Meals	商品销售收入 Revenue From Commodities	其他收入 Others
1866503.2	**57407.0**	**30567.9**
10520.0	15863.5	2007.5
892155.3	29176.9	20576.6
609384.9	2923.3	4476.9
256.9	239.6	0.0
178737.7	20857.0	2345.7
31445.0	0.0	0.0
58887.2	479.2	115.6
90151.8	3723.9	1444.0
0.0	0.0	0.0
2239.6	4.2	1603.6
3244.8	2.9	5.5
1029045.4	34116.3	23259.1
187.4	5.3	0.0
5995.3	0.0	6.4
0.0	0.0	0.0
0.0	0.0	0.0
0.0	0.0	0.0
0.0	0.0	0.0
0.0	0.0	0.0

8-12 续表

单位:万元

指标名称 Index name	营业额 Total Revenue	客房收入 Revenue From Hotel
其他联营企业 Other Enterprises	0.0	0.0
有限责任公司 Companies of Limited Liabilities	203237.9	5518.6
国有独资公司 Companies with State - owned Exclusive Investrrent	26286.8	0.0
其他有限责任公司 Other Companies of Limited Liabilities	176951.1	5518.6
股份有限公司 Companies of Share - holding with Limited Liabilities	15908.3	0.0
私营企业 Private - owned	893059.9	26461.1
私营独资企业 Private Exclusive Ivestment	10681.2	33.2
私营合伙企业 Private Partnership Enterprises	1537.4	0.0
私营有限责任公司 Private Companies of Limited Liabilities	814647.9	26427.9
私营股份有限公司 Private Cpmpanies of Limited Liabilities with Share Holding	66193.4	0.0
港、澳、台商投资企业 Enterprises funded by Entepreneurs from HongKong, Macao & Taiwan	688971.0	274.8
与港澳台商合资经营企业 Joint Ventures with HongKong, Macao and Taiwan	1602.4	2.1
港澳台商独资企业 Manage with HongKong, Macao and Taiwan jointly	685954.2	272.7
其他港澳台投资企业 Other Enterprises	1414.4	0.0
外商投资企业 Foreign - funded Enterprises	179772.6	411.5
中外合资经营企业 Sino - Foreign Cooperative Economic Units	4159.5	0.0
外资企业 Enterprises with Foreign Exclusive Investment	175613.1	411.5

8－12 Continued

(10 000 yuan)

餐费收入 Revenue From Meals	商品销售收入 Revenue From Commodities	其他收入 Others
0.0	0.0	0.0
173703.1	17715.4	6300.8
9258.2	15021.1	2007.5
164444.9	2694.3	4293.3
15908.3	0.0	0.0
833251.3	16395.6	16951.9
10497.2	2.0	148.8
1537.4	0.0	0.0
755023.3	16393.6	16803.1
66193.4	0.0	0.0
658342.8	23138.6	7214.8
9.9	0.0	1590.4
656918.5	23138.6	5624.4
1414.4	0.0	0.0
179115.0	152.1	94.0
4159.5	0.0	0.0
174955.5	152.1	94.0

8－13　批发和零售业连锁经营情况(2021 年)

项　　目 Item	连锁总店数 (个) Number of Headquarters in Chain Stores (unit)	连锁门店数 (个) Number of Branches in Chain Stores (unit)	直　营　店 Direct Management
总　计 Total	**112**	**9226**	**6488**
其中:外商及港、澳、台投资 Foreign and HongKong, Macao and Taiwan Investment	9	683	666
按业态分 Grouped by Shape of Retail			
便利店 CVS	4	2135	513
折扣店 Discount Stores	0	0	0
超　市 Supermarkets	7	391	312
大型超市 Large Scale Supermarket	4	177	177
仓储会员店 Warehouse Club Stores	1	3	3
百货店 Bazaar	4	243	243
专业店 Special Shop	52	2997	2691
其中:加油站 Among them:Gas Station	9	480	480
专卖店 Exclusive Shop	39	3274	2546
家具建材商店 Furniture Buliding Materials Store	1	6	3
厂家直销中心 Factory Outlet Center	0	0	0
其　他 Others	0	0	0

WHOLESALE AND RETAIL CHAIN BUSINESS(2021)

加盟店 Joining－in Stores	年末零售营业面积（平方米）Space of Management（10 000m²）	从业人数（人）Number of Employees（person）	销售总额（亿元）Total Sales Revenue（100 million yuan）	零 售 额 Retail
2738	**323.29**	**76638**	**1378.62**	**1016.56**
17	43.10	17684	544.09	313.57
1622	10.66	2046	29.95	24.71
0	0.00	0	0.00	0.00
79	50.00	12655	89.11	79.81
0	87.72	13853	103.74	103.74
0	0.14	19	0.10	0.10
0	42.26	7149	303.57	303.57
306	102.27	20711	470.93	361.28
0	34.59	4123	284.25	214.29
728	30.21	20141	378.44	142.51
3	0.03	64	2.78	0.83
0	0.00	0	0.00	0.00
0	0.00	0	0.00	0.00

8－14 住宿和餐饮业连锁经营情况(2021年)

项　　目 Item	连锁总店数(个) Number of Headquarters in Chain Stores (unit)	连锁门店数(个) Number of Branches in Chain Stores (unit)	直营店 Direct Management	加盟店 Joining－in Stores
总计 Total	**38**	**2281**	**2214**	**67**
#:外商及港、澳、台投资 Foreign and HongKong, Macao and Taiwan Investment	9	1486	1465	21
按行业分 Grouped by Sector				
住宿业 Accommodation	5	47	39	8
旅游饭店 Traveling Hotel	2	30	30	0
经济型连锁酒店 Budget Hotel Chain	1	1	0	1
其他一般旅馆 Other General Hotel	1	10	4	6
民宿服务 B & B Service	0	0	0	0
露营地服务 Camping Service	0	0	0	0
其他住宿业 Others	1	6	5	1
餐饮业 Catering	33	2234	2175	59
正餐服务 Dinner	21	522	515	7
快餐服务 Short Order	6	950	898	52
茶馆服务 Teahouse Service	0	0	0	0
咖啡馆服务 Coffee Services	2	632	632	0
酒吧服务 Pub Service	0	0	0	0
其他饮料及冷饮服务 Other Beverage and Related Service	3	34	34	0
餐饮配送服务 Food Distribution Service	0	0	0	0
外卖送餐服务 Takeaway Service	0	0	0	0
小吃服务 Caff Service	0	0	0	0
其他未列明餐饮业 Other	1	96	96	0

ACCOMMODATION AND CATERING INDUSTRY CHAIN OPERATION(2021)

年末餐饮营业面积（平方米）Space of Management（10 000m²）	从业人数（人）Number of Employees（person）	客房数（间）Rooms（room）	床位数（个）Beds（unit）	餐位数（位）Tables of Catering（unit）	营业额（万元）Total Sales Revenue（100 million yuan）	
						商品销售额及餐费收入 Revenue from Meals and Commodities
63.21	**50734**	**6403**	**8249**	**213737**	**113.31**	**109.65**
40.25	39942	0	0	154988	82.90	82.06
0.78	936	4511	5495	676	2.13	0.38
0.56	606	3013	3449	538	1.27	0.33
0.20	51	174	210	80	0.17	0.04
0.00	195	982	1353	0	0.61	0.00
0.00	0	0	0	0	0.00	0.00
0.00	0	0	0	0	0.00	0.00
0.02	84	342	483	58	0.08	0.01
62.43	49798	1892	2754	213061	111.18	109.27
26.69	13623	1892	2754	88989	38.17	37.23
26.25	30189	0	0	69760	48.78	48.05
0.00	0	0	0	0	0.00	0.00
5.23	4757	0	0	33844	20.19	19.96
0.00	0	0	0	0	0.00	0.00
0.40	297	0	0	598	1.34	1.33
0.00	0	0	0	0	0.00	0.00
0.00	0	0	0	0	0.00	0.00
0.00	0	0	0	0	0.00	0.00
3.87	932	0	0	19870	2.69	2.69

8－15 限额以上批发业法人财务指标(2021 年)

单位:万元

指标名称 Index name	法人企业数(个) Number of Enterprises(unit)	期末资产负债 Late Assets and Liabilities 流动资产合计 Total Liquid Assets
总 计 **Total**	**1644**	**33222485.1**
其中:国有控股 State Owned and State holding	165	14896242.8
一、按批发行业小类分 **According to the classification of the wholesale industry**		
谷物、豆及薯类批发 Wholesale of Grain, Beans and Potatoes	7	163824.9
种子批发 Seed Wholesale	5	34576.9
畜牧渔业饮料批发 Wholesale of Livestock and Fishery Beverages	7	13052.7
棉、麻批发 Cotton&hamp Wholesale	8	362457.0
林业产品批发 forestry products wholesale	0	0.0
牲畜批发 Livestock Wholesale	3	108973.9
渔业产品批发 Fishery Products Wholesale	0	0.0
其他农牧产品批发 Other wholesale agricultrral and livestock prodacts	2	70455.7
米、面制品及食用油批发 Wholesale of Rice, Noodle and Edible Oil	32	1552315.3
糕点、糖果及糖批发 Wholesale of Cakes, Candy and Sugar	10	50184.6
果品、蔬菜批发 Wholesale of Fruit and Vegetables	16	20331.8
肉、禽、蛋、奶及水产品批发 Wholesale of Meat, Bird, Eggs, Milk and Aquatic products	45	699583.9
盐及调味品批发 Wholesale of Salt and Seasoning	7	46096.9
营养和保健品批发 Wholesale of Health Care products	9	37939.5
酒、饮料及茶叶批发 Wholesale of Alcohol, Drinks and Tea	36	1705766.7
烟草制品批发 Wholesale of Tobaccos	3	685044.7
其他食品批发 The Other foods Wholesale	26	332021.8
纺织品、针织品及原料批发 Wholesale of Textiles, Knitwear and Raw Material	21	56493.6
服装批发 Wholesale of Gamments	33	222346.6
鞋帽批发 Wholesale of Shoes and Hats	4	69588.7
化妆品及卫生用品批发 Wholesale of Conmetics and Hygiene	12	114073.6

FINANCIAL INDICATORS OF ENTERPRISES ABOVE DESIGNATED SIZE IN WHOLE SALE(2021)

(10 000 yuan)

期末资产负债 Late Assets and Liabilities				损益及分配 Increase, Decrease and Assigning	
固定资产原价 Original Price of Fixed Assets	资产总计 Total Assets	负债合计 Total Liabilities	所有者权益合计 Total Interests of Own	营业收入 Sales Revenue	营业成本 Sales Cost
40579610.3	**29488747.8**	**10984763.3**	**90894692.3**	**86267195.9**	**305015.7**
18077605.6	13090643.4	4982526.8	47754999.2	46342875.3	246705.5
180931.6	166968.2	13963.4	276261.2	277846.5	366.7
57996.9	19276.2	38720.7	29860.1	20999.6	80.1
13944.1	12312.1	1632.0	153553.9	151844.9	73.3
394029.2	323278.5	70750.7	681817.0	665139.7	393.4
0.0	0.0	0.0	0.0	0.0	0.0
168512.4	149455.3	19057.1	78827.7	86944.7	75.5
0.0	0.0	0.0	0.0	0.0	0.0
70807.4	57901.0	12906.4	183778.2	181901.2	109.3
1895842.3	1339535.4	556306.9	2208771.7	2106758.4	1370.9
53617.3	37968.9	15648.4	121827.4	112917.0	99.4
30014.7	23129.6	6243.4	91168.9	83069.9	54.1
718852.5	555040.1	162401.5	1731081.6	1645925.2	1098.6
209257.1	110009.2	99247.9	59997.0	44687.1	373.9
64431.9	59833.3	4598.6	62281.7	48969.5	120.3
1772571.4	1312287.4	460284.0	3014338.1	1971087.7	11290.2
791564.9	148674.9	640635.5	1573500.1	1098955.6	211297.4
357042.4	371458.7	-14705.3	907459.3	835995.6	1171.0
58834.9	39822.0	19012.9	445995.6	428253.9	202.1
295777.5	222755.9	71275.1	413017.4	342662.2	665.3
84544.6	55956.9	28587.7	182985.9	151857.2	322.2
123370.8	73851.5	49519.3	254654.6	200784.5	461.8

8-15 续 表 1

单位:万元

指标名称 Index name	法人企业数（个） Number of Enterprises(unit)	期末资产负债 Late Assets and Liabilities 流动资产合计 Total Liquid Assets
厨具卫具及日用杂货批发 Wholesale of Kitchen Supplies, Toilet Articles and Daily Necessities	10	22518.6
灯具、装饰物品批发 Wholesale of Lampsand Ornament	3	10055.5
家用视听设备批发 Wholesale of Home Audio and Visual Equipment	5	17107.8
日用家用电器批发 Wholesale of Household Electrical Appliances	23	583229.6
其他家庭用品批发 Wholesale of Other household products	15	34415.5
文具用品批发 Wholesale of Stationery	42	106169.8
体育用品及器材批发 Cultural and Sports Goods	1	540.2
图书批发 Wholesale of Books	4	74228.1
报刊批发 Wholesale of Newspapers	0	0.0
音像制品、电子和数字出版物批发 Wholesale of Video Products、E - Journals and Digital Editions	0	0.0
首饰、工艺品及收藏品批发 Wholesale of Jewely, Handicraft and Collection	8	114215.3
乐器批发 Wholesale of Musical Instruments	0	0.0
其他文化用品批发 Wholesale of Other Cultural Products	5	77496.2
西药批发 Western Medicine Wholesale	180	7106204.6
中药批发 Traditional Chinese Medicine Wholesale	47	409955.7
动物用药品批发 Wholesale of Animal Drugs	5	15029.7
医疗用品及器材批发 Medical Supplies and Apparatus Wholesale	153	2318302.7
煤炭及制品批发 Wholesale of Coal and Related Products	22	946492.4
石油及制品批发 Wholesale of Petroleum and related Products	54	1454532.4
非金属矿及制品批发 Wholesale of Non - Metal Minerals and Products	1	1711.0
金属及金属矿批发 Wholesale of Metals and Metal Minerals	251	6391852.9
建材批发 Wholesale of Building Materials	90	933469.0
化肥批发 Wholesale of Fertilizers	15	432784.3
农药批发 Wholesale of Pesticides	2	4128.7

8 - 15 Continued 1

(10 000 yuan)

期末资产负债 Late Assets and Liabilities				损益及分配 Increase, Decrease and Assigning	
固定资产原价 Original Price of Fixed Assets	资产总计 Total Assets	负债合计 Total Liabilities	所有者权益合计 Total Interests of Own	营业收入 Sales Revenue	营业成本 Sales Cost
33405.9	24507.8	8898.1	80305.9	66146.3	209.7
10091.7	9333.5	758.2	11173.6	10570.8	7.6
17219.4	12690.3	4529.1	44908.1	40896.5	32.9
585707.7	558250.7	27457.0	859105.0	807364.8	1179.6
39433.0	26592.1	12840.9	586085.1	580168.9	635.8
145613.7	80656.0	64018.4	417862.4	404140.8	219.3
541.0	320.2	220.8	1979.6	1934.4	0.6
90341.7	67413.7	22928.0	125926.5	104872.3	58.4
0.0	0.0	0.0	0.0	0.0	0.0
0.0	0.0	0.0	0.0	0.0	0.0
120674.5	52589.0	68085.5	374511.4	322622.1	4637.0
0.0	0.0	0.0	0.0	0.0	0.0
79081.4	61783.2	17298.2	103012.6	98017.6	104.4
9497009.7	6756116.0	2740269.8	7683492.2	7069294.7	13854.3
438657.3	326391.6	112265.7	795647.6	713224.0	1783.4
15149.3	9046.3	6103.0	21346.9	18107.3	67.0
3226354.5	2120850.6	1105503.9	1916643.2	1591378.2	5739.3
1151435.6	834515.0	314717.5	4562451.0	4497624.3	3247.0
2125578.0	485337.7	1637145.9	19138387.9	18900467.0	9481.1
1711.0	1711.0	0.0	2584.7	2490.2	1.5
7266683.5	5354143.0	1902136.4	23830206.4	23444515.2	17190.3
1291468.4	766697.2	524771.2	2169812.3	2079503.3	2238.8
510431.8	447593.7	62838.1	453455.4	437742.3	542.7
4139.3	2150.9	1988.4	23870.6	22989.9	10.6

8－15 续　表 2

单位：万元

指标名称 Index name	法人企业数（个） Number of Enterprises(unit)	期末资产负债 Late Assets and Liabilities 流动资产合计 Total Liquid Assets
农用薄膜批发 Wholesale of Plastic Film	0	0.0
其他化工产品批发 Other Chemical Products Wholesale	91	481590.5
农业机械批发 Agricultural Machinery Wholesale	2	10791.2
汽车零配件批发 Wholesale of Auto Parts	81	2966224.3
摩托车及零配件批发 Wholesale of Motorcycles and Parts	4	7701.0
五金产品批发 Hardware Products Wholesale	32	204780.6
电气设备批发 Ecectrical Equipment Wholesale	24	80714.0
计算机、软件及辅助设备批发 Wholesale of Computer, Software and Related Appliances	33	756595.5
通讯设备批发 Wholesale of Communications Equipment	18	131178.4
广播影视设备批发 Wholesale of Video, Film and Television Equipment	0	0.0
其他机械设备及电子产品批发 Other mechanical Equipment and Ecectronic Products	108	982736.8
贸易代理 Trade Agent	4	20810.3
一般物品拍卖 General Goods Auction	0	0.0
艺术品、收藏品拍卖 Artwork and Collectibles Auction	0	0.0
艺术品代理 Artwork Agent	0	0.0
其他贸易经纪与代理 Other Trade Agent	0	0.0
再生物资回收与批发 Wholesale of Recyded Matorials	4	14418.1
宠物食品用品批发 Wholesale of Pet Food and Supplies	1	3150.3
互联网批发 Wholesale of Internet	1	2323.6
其他未列明批发业 Other Non－listed Wholesale	19	159901.7
二、按登记注册类型分 Grouped by Registration		
内资企业 Domestic－funded Ecterprises	1594	27809785.6
国有企业 State－owned Units	26	3532708.8
集体企业 Collective－owned Units	2	9628.7
股份合作企业 Cooperative Enterprises of Share Holding	0	0.0
联营企业 Joint Venture	1	333.7

8－15 Continued 2

(10 000 yuan)

期末资产负债 Late Assets and Liabilities				损益及分配 Increase, Decrease and Assigning	
固定资产原价 Original Price of Fixed Assets	资产总计 Total Assets	负债合计 Total Liabilities	所有者权益合计 Total Interests of Own	营业收入 Sales Revenue	营业成本 Sales Cost
0.0	0.0	0.0	0.0	0.0	0.0
510848.9	392696.2	113748.9	3346947.3	3236162.5	2087.7
10795.9	7752.1	3043.8	12359.0	11040.9	118.6
3455251.2	3497807.7	－44770.7	3854610.6	3685708.0	4375.2
7751.8	5902.4	1849.4	33556.4	30653.2	25.5
310483.3	191612.4	118153.8	433017.2	408176.6	406.0
86746.8	61756.7	24990.1	177395.7	160460.9	312.7
771349.7	603383.9	167423.7	3569796.1	3461525.9	2192.8
139300.2	683929.1	－544628.9	669858.3	641655.3	736.0
0.0	0.0	0.0	0.0	0.0	0.0
1088022.9	816183.7	200332.8	2740875.8	2608179.1	3217.5
22988.0	15731.4	7256.6	62413.8	60821.6	14.6
0.0	0.0	0.0	0.0	0.0	0.0
0.0	0.0	0.0	0.0	0.0	0.0
0.0	0.0	0.0	0.0	0.0	0.0
0.0	0.0	0.0	0.0	0.0	0.0
15325.6	10853.2	4472.4	74124.8	70832.5	172.7
4028.1	2356.0	1672.1	6168.7	4295.5	0.0
2323.6	1875.3	448.3	4206.7	4040.9	6.8
161722.0	118703.1	39910.7	235416.1	212971.7	482.8
34370045.5	24042893.5	10221072.4	68894736.3	65615536.3	280666.8
4476899.3	2702650.7	1774248.6	6081574.6	5450620.7	215343.5
9784.7	6908.9	2875.8	19825.8	16693.3	47.9
0.0	0.0	0.0	0.0	0.0	0.0
333.7	230.9	102.8	2542.4	2410.7	1.9

8-15 续 表 3

单位:万元

指标名称 Index name	法人企业数(个) Number of Enterprises(unit)	期末资产负债 Late Assets and Liabilities 流动资产合计 Total Liquid Assets
国有联营企业 State - owned Joint Venture	0	0.0
集体联营企业 Collective Joint Ventures	0	0.0
国有与集体联营企业 Joint State - Collective Enterprises	1	333.7
其他联营企业 Other Enterprises	0	0.0
有限责任公司 Companies of Limited Liabilities	481	13969901.9
国有独资公司 Companies with State - owned Exclusive Investment	16	2269128.9
其他有限责任公司 Other Compaines of Limited Liabilities	465	11700773.0
股份有限公司 Companies of Share - holding with Limited Liabilities	22	3761834.9
私营企业 Private - owned Units	1061	6533734.5
私营独资企业 Private Exclusive Investment	16	29009.9
私营合伙企业 Private Partnership Enterprises	0	0.0
私营有限责任公司 Private Compaines of Limited Liabilities	1028	6359433.9
私营股份有限公司 Private Companies of Limited Liabilities with Share Holding	17	145290.7
其他企业 Others	1	1643.1
港、澳、台商投资企业 Enterprises Funded by Entepreneurs from HongKong, Macao and Taiwan	25	3379903.0
合资经营企业(港或澳、台资) Joint Ventures with HongKong, Macao and Taiwan	5	1365540.6
合作经营企业(港或澳、台资) Cooperative(Hong Kong, Macao and Tainan)	0	0.0
港澳台商独资企业 Manage with HongKong, Macao and Taiwan Jointly	17	1788935.5
港澳台商投资股份有限公司 Share holding Corporations Funded from HongKong, Macao and Taiwan	1	197416.9
其他港澳台投资企业 Other Enterprises	2	28010.0
外商投资企业 Foreign - funded Enterprises	25	2032796.5
中外合资经营企业 Sino - Foreign Cooperative Economic Units	10	1331949.0
中外合作经营企业 Cooperatively - Owned	0	0.0
外资企业 Enterprises with Foreign Exclusive Investment	12	595086.7
外商投资股份有限公司 Companies Limited Shares with Foreign Inevstment	2	101609.1
其他外商投资企业 Other Foreign Funded Enterprises	1	4151.7

8 – 15 Continued 3

(10 000 yuan)

期末资产负债 Late Assets and Liabilities				损益及分配 Increase, Decrease and Assigning	
固定资产原价 Original Price of Fixed Assets	资产总计 Total Assets	负债合计 Total Liabilities	所有者权益合计 Total Interests of Own	营业收入 Sales Revenue	营业成本 Sales Cost
0.0	0.0	0.0	0.0	0.0	0.0
0.0	0.0	0.0	0.0	0.0	0.0
333.7	230.9	102.8	2542.4	2410.7	1.9
0.0	0.0	0.0	0.0	0.0	0.0
16187007.0	12759628.1	3420998.2	36459128.2	35299203.7	36474.2
2944310.4	2319722.6	624587.8	3046052.2	2974221.5	2552.5
13242696.6	10439905.5	2796410.4	33413076.0	32324982.2	33921.7
6003895.9	3212933.4	2729233.9	3226222.0	2980730.7	6418.7
7690474.1	5359306.7	2293197.1	23101194.6	21861628.9	22380.6
36148.6	28374.4	7774.2	119089.6	111604.2	159.0
0.0	0.0	0.0	0.0	0.0	0.0
7429515.4	5218541.1	2179497.6	22740258.4	21533434.1	21907.0
224810.1	112391.2	105925.3	241846.6	216590.6	314.6
1650.8	1234.8	416.0	4248.7	4248.3	0.0
3848539.7	2798588.6	1049931.5	3327810.8	2246936.7	15392.6
1541569.3	1255881.3	285688.0	128318.2	116085.0	399.0
0.0	0.0	0.0	0.0	0.0	0.0
1970724.7	1368290.0	602415.1	3099055.8	2045656.9	14464.4
307475.1	158316.0	149159.1	71525.2	59228.1	482.7
28770.6	16101.3	12669.3	28911.6	25966.7	46.5
2361025.1	2647265.7	-286240.6	18672145.2	18404722.9	8956.3
1583479.7	1454596.8	128882.9	17168582.1	17023166.6	7156.5
0.0	0.0	0.0	0.0	0.0	0.0
612996.3	1044171.7	-431175.4	1441284.7	1314043.1	1719.9
157734.6	144339.9	13394.7	42890.8	51685.0	65.1
6814.5	4157.3	2657.2	19387.6	15828.2	14.8

8－15 续 表 4

单位:万元

指标名称 Index name	损益及分配 Increase, Decrease and Assigning	
	税金及附加 Taxes and Extras	其他业务利润 Profits of Other Business
总 计 **Total**	**90660.5**	**1396839.3**
其中:国有控股 State Owned and State holding	27592.3	511189.7
一、按批发行业小类分 **According to the classification of the wholesale industry**		
谷物、豆及薯类批发 Wholesale of Grain, Beans and Potatoes	5.1	－5209.9
种子批发 Seed Wholesale	270.0	2372.5
畜牧渔业饮料批发 Wholesale of Livestock and Fishery Beverages	0.0	181.2
棉、麻批发 Cotton&hamp Wholesale	14.2	1096.9
林业产品批发 forestry products wholesale	0.0	0.0
牲畜批发 Livestock Wholesale	－8.8	－15350.8
渔业产品批发 Fishery Products Wholesale	0.0	0.0
其他农牧产品批发 Other wholesale agricultrral and livestock prodacts	0.0	－496.7
米、面制品及食用油批发 Wholesale of Rice, Noodle and Edible Oil	7054.1	20328.7
糕点、糖果及糖批发 Wholesale of Cakes, Candy and Sugar	528.3	293.1
果品、蔬菜批发 Wholesale of Fruit and Vegetables	276.8	－2959.4
肉、禽、蛋、奶及水产品批发 Wholesale of Meat, Bird, Eggs, Milk and Aquatic products	2021.0	725.5
盐及调味品批发 Wholesale of Salt and Seasoning	805.8	－57.9
营养和保健品批发 Wholesale of Health Care products	825.1	300.2
酒、饮料及茶叶批发 Wholesale of Alcohol, Drinks and Tea	3914.8	333701.8
烟草制品批发 Wholesale of Tobaccos	910.4	181838.2
其他食品批发 The Other foods Wholesale	393.9	－475.5
纺织品、针织品及原料批发 Wholesale of Textiles, Knitwear and Raw Material	0.0	4741.1
服装批发 Wholesale of Gamments	537.7	－11834.3
鞋帽批发 Wholesale of Shoes and Hats	0.0	－140.6
化妆品及卫生用品批发 Wholesale of Conmetics and Hygiene	1424.2	11758.2

8－15 Continued 4

(10 000 yuan)

损益及分配 Increase, Decrease and Assigning		人工成本及增值税 Labor Cost and Value Added Tax	
营业利润 Operating Profit	利润总额 Total Profits	应付职工薪酬 （本年贷方累计发生额） Employee Compensation	应交增值税 Value added Tax Payable
1416340.0	**347185.7**	**1102812.9**	**621628.8**
528628.7	152064.5	371781.2	270938.5
－2271.1	9.4	3316.7	70.1
2729.4	25.0	2713.1	2.5
301.3	－19.0	561.1	103.5
1951.1	3.3	1519.5	18027.6
0.0	0.0	0.0	0.0
－28191.4	1.0	4820.0	9.9
0.0	0.0	0.0	0.0
－518.0	58.3	526.1	234.9
32393.3	2324.0	31638.8	9972.6
536.3	166.9	3327.0	1097.4
－2720.8	12.5	3309.6	119.6
2013.2	1450.1	26287.8	18117.8
－73.7	0.7	10376.3	2180.3
1052.0	262.9	4507.9	1120.1
347244.5	85557.6	135934.8	32184.8
181834.8	53787.7	75001.5	59932.9
－2243.1	1755.8	21796.7	4478.4
5171.4	786.1	3944.1	430.9
－11783.5	3800.2	19253.9	12328.1
－22.5	8.4	12889.5	2925.0
11830.1	1653.0	9014.5	3875.0

8－15 续 表 5

单位:万元

指标名称 Index name	损益及分配 Increase, Decrease and Assigning	
	税金及附加 Taxes and Extras	其他业务利润 Profits of Other Business
厨具卫具及日用杂货批发 Wholesale of Kitchen Supplies, Toilet Articles and Daily Necessities	129.1	1909.1
灯具、装饰物品批发 Wholesale of Lampsand Ornament	340.1	50.8
家用视听设备批发 Wholesale of Home Audio and Visual Equipment	8.8	162.1
日用家用电器批发 Wholesale of Household Electrical Appliances	1814.9	13182.1
其他家庭用品批发 Wholesale of Other household products	510.0	－1121.5
文具用品批发 Wholesale of Stationery	40.3	2377.9
体育用品及器材批发 Cultural and Sports Goods	0.0	－56.5
图书批发 Wholesale of Books	15.1	5246.6
报刊批发 Wholesale of Newspapers	0.0	0.0
音像制品、电子和数字出版物批发 Wholesale of Video Products、E－Journals and Digital Editions	0.0	0.0
首饰、工艺品及收藏品批发 Wholesale of Jewely, Handicraft and Collection	4045.2	15774.4
乐器批发 Wholesale of Musical Instruments	0.0	0.0
其他文化用品批发 Wholesale of Other Cultural Products	0.0	－2804.0
西药批发 Western Medicine Wholesale	42736.5	325650.6
中药批发 Traditional Chinese Medicine Wholesale	472.0	5198.0
动物用药品批发 Wholesale of Animal Drugs	0.0	934.9
医疗用品及器材批发 Medical Supplies and Apparatus Wholesale	8766.5	195149.3
煤炭及制品批发 Wholesale of Coal and Related Products	100.6	34255.8
石油及制品批发 Wholesale of Petroleum and related Products	2485.0	100845.7
非金属矿及制品批发 Wholesale of Non－Metal Minerals and Products	0.0	7.2
金属及金属矿批发 Wholesale of Metals and Metal Minerals	1469.8	116989.6
建材批发 Wholesale of Building Materials	167.4	38077.6
化肥批发 Wholesale of Fertilizers	12.0	9157.0
农药批发 Wholesale of Pesticides	0.0	327.9

8－15 Continued 5

(10 000 yuan)

损益及分配 Increase, Decrease and Assigning		人工成本及增值税 Labor Cost and Value Added Tax	
营业利润 Operating Profit	利润总额 Total Profits	应付职工薪酬 （本年贷方累计发生额） Employee Compensation	应交增值税 Value added Tax Payable
1974.5	349.4	5493.0	1166.3
60.3	7.8	246.4	69.1
187.5	227.8	2107.6	209.8
13246.1	3077.0	11779.4	6845.7
－1020.9	116.6	2297.4	2174.0
2500.8	170.0	4623.0	4885.0
－36.5	0.0	36.6	4.1
5083.5	676.4	5351.4	162.4
0.0	0.0	0.0	0.0
0.0	0.0	0.0	0.0
15911.8	4835.8	21619.3	5209.8
0.0	0.0	0.0	0.0
－2496.4	762.4	1973.8	545.5
308494.9	51267.6	184987.6	125537.0
5632.1	2351.3	27815.1	9735.7
965.5	36.7	1095.0	530.5
195683.6	24788.6	84025.7	42440.4
34346.4	6028.5	16101.4	13583.0
98394.7	24925.4	79154.2	55844.3
7.2	0.2	49.0	1.2
119503.5	27947.2	74639.6	56385.7
37603.3	4433.0	29485.0	23570.0
9344.5	1608.7	5937.5	812.7
327.9	14.5	303.7	1717.7

8-15 续 表 6

单位:万元

指标名称 Index name	损益及分配 Increase, Decrease and Assigning	
	税金及附加 Taxes and Extras	其他业务利润 Profits of Other Business
农用薄膜批发 Wholesale of Plastic Film	0.0	0.0
其他化工产品批发 Other Chemical Products Wholesale	1044.1	31572.3
农业机械批发 Agricaltural Machinery Wholesale	0.0	153.3
汽车零配件批发 Wholesale of Auto Parts	5059.8	-59599.4
摩托车及零配件批发 Wholesale of Motorcycles and Parts	0.0	103.1
五金产品批发 Hardware Products Wholesale	155.3	7578.6
电气设备批发 Ecectrical Equipment Wholesale	6.0	4007.3
计算机、软件及辅助设备批发 Wholesale of Computer, Software and Related Appliances	509.7	23917.4
通讯设备批发 Wholesale of Communications Equipment	438.9	-27168.3
广播影视设备批发 Wholesale of Radio, Film and Television Equipment	0.0	0.0
其他机械设备及电子产品批发 Other mechanical Equipment and Ecectronic Products	1340.7	19380.6
贸易代理 Trade Agent	17.5	155.1
一般物品拍卖 General Goods Auction	0.0	0.0
艺术品、收藏品拍卖 Artwork and Collectibles Auction	0.0	0.0
艺术品代理 Artwork Agent	0.0	0.0
其他贸易经纪与代理 Other Trade Agent	0.0	0.0
再生物资回收与批发 Wholesale of Recyded Matorials	0.0	1624.7
宠物食品用品批发 Wholesale of Pet Food and Supplies	0.0	175.6
互联网批发 Wholesale of Internet	0.0	75.8
其他未列明批发业 Other Non-listed Wholesale	2.6	12736.3
二、按登记注册类型分 Grouped by Registration		
内资企业 Domestic-funded Ecterprises	77770.9	1120941.4
国有企业 State-owned Units	11933.6	256606.8
集体企业 Collective-owned Units	0.0	1210.6
股份合作企业 Cooperative Enterprises of Share Holding	0.0	0.0
联营企业 Joint Venture	0.0	0.7

8 - 15 Continued 6

(10 000 yuan)

损益及分配 Increase, Decrease and Assigning		人工成本及增值税 Labor Cost and Value Added Tax	
营业利润 Operating Profit	利润总额 Total Profits	应付职工薪酬 (本年贷方累计发生额) Employee Compensation	应交增值税 Value added Tax Payable
0.0	0.0	0.0	0.0
32409.5	4327.2	17526.7	26316.3
163.3	6.8	248.8	2.9
-59696.8	21602.0	48333.4	37363.1
122.7	1.5	706.5	140.2
7792.1	1290.7	7218.2	1605.5
4229.0	447.2	5178.4	2810.1
36289.1	4691.2	21400.9	4032.7
-26467.2	1122.1	14141.4	2777.4
0.0	0.0	0.0	0.0
21215.3	5078.5	50635.8	23500.9
168.0	19.7	457.3	82.4
0.0	0.0	0.0	0.0
0.0	0.0	0.0	0.0
0.0	0.0	0.0	0.0
0.0	0.0	0.0	0.0
1627.5	381.4	780.7	844.5
228.2	15.3	333.3	0.0
80.8	4.9	74.6	45.4
13230.9	2928.4	5916.3	3466.1
1140288.8	240385.3	842257.1	532792.9
261906.3	67488.2	108968.7	90012.7
1872.7	449.0	1168.6	2066.4
0.0	0.0	0.0	0.0
0.7	0.0	24.1	0.0

8－15 续 表 7

单位：万元

指标名称 Index name	损益及分配 Increase, Decrease and Assigning	
	税金及附加 Taxes and Extras	其他业务利润 Profits of Other Business
国有联营企业 State－owned Joint Venture	0.0	0.0
集体联营企业 Collective Joint Ventures	0.0	0.0
国有与集体联营企业 Joint State－Collective Enterprises	0.0	0.7
其他联营企业 Other Enterprises	0.0	0.0
有限责任公司 Companies of Limited Liabilities	18256.3	346483.6
国有独资公司 Companies with State－owned Exclusive Investment	3997.2	63439.9
其他有限责任公司 Other Compaines of Limited Liabilities	14259.1	283043.7
股份有限公司 Companies of Share－holding with Limited Liabilities	29964.1	262668.8
私营企业 Private－owned Units	17616.9	253977.0
私营独资企业 Private Exclusive Investment	12.8	1284.4
私营合伙企业 Private Partnership Enterprises	0.0	0.0
私营有限责任公司 Private Compaines of Limited Liabilities	16966.8	268691.8
私营股份有限公司 Private Companies of Limited Liabilities with Share Holding	637.3	－15999.2
其他企业 Others	0.0	－6.1
港、澳、台商投资企业 Enterprises Funded by Entepreneurs from HongKong, Macao and Taiwan	11576.3	274595.3
合资经营企业(港或澳、台资) Joint Ventures with HongKong, Macao and Taiwan	0.9	－13196.4
合作经营企业(港或澳、台资) Cooperative(Hong Kong, Macao and Tainan)	0.0	0.0
港澳台商独资企业 Manage with HongKong, Macao and Taiwan Jointly	11575.4	291456.3
港澳台商投资股份有限公司 Share holding Corporations Funded from HongKong, Macao and Taiwan	0.0	－1986.9
其他港澳台投资企业 Other Enterprises	0.0	－1677.7
外商投资企业 Foreign－funded Enterprises	1313.3	1302.6
中外合资经营企业 Sino－Foreign Cooperative Economic Units	27.4	51498.3
中外合作经营企业 Cooperatively－Owned	0.0	0.0
外资企业 Enterprises with Foreign Exclusive Investment	936.1	－35073.5
外商投资股份有限公司 Companies Limited Shares with Foreign Inevstment	－8.8	－15441.3
其他外商投资企业 Other Foreign Funded Enterprises	358.6	319.1

8－15 Continued 7

(10 000 yuan)

损益及分配 Increase, Decrease and Assigning		人工成本及增值税 Labor Cost and Value Added Tax	
营业利润 Operating Profit	利润总额 Total Profits	应付职工薪酬 （本年贷方累计发生额） Employee Compensation	应交增值税 Value added Tax Payable
0.0	0.0	0.0	0.0
0.0	0.0	0.0	0.0
0.7	0.0	24.1	0.0
0.0	0.0	0.0	0.0
369472.6	82186.1	333680.5	193347.0
69268.7	7479.9	30272.7	7279.8
300203.9	74706.2	303407.8	186067.2
246833.0	35084.0	77424.5	58390.3
260194.6	55178.0	320692.4	188976.5
1295.1	127.2	1837.6	1356.9
0.0	0.0	0.0	0.0
274852.8	54381.2	309406.6	181998.3
－15953.3	669.6	9448.2	5621.3
3.9	0.0	298.3	0.0
284853.1	78871.0	172467.2	41455.0
－13334.4	820.5	2298.4	2623.8
0.0	0.0	0.0	0.0
301910.2	78056.6	162917.2	37308.1
－2018.6	－6.1	6122.5	2111.3
－1704.1	0.0	1129.1	－588.2
－8801.9	27929.4	88088.6	47380.9
54042.7	22944.0	30991.4	30372.4
0.0	0.0	0.0	0.0
－35246.1	4828.5	50563.2	16662.4
－28161.3	7.4	4750.3	36.3
562.8	149.5	1783.7	309.8

8－16 限额以上零售业法人财务指标(2021 年)

单位:万元

指标名称 Index name	法人企业数(个) Number of Enterprises(unit)	期末资产负债 Late Assets and Liabilities 流动资产合计 Total Liquid Assets
总计 Total	**1062**	**9732092.6**
其中:国有控股 State－owned and State Holding	91	3584304.0
一、按零售行业小类分 According to the Classfication of Retail Industry		
综合零售 Comprehensire	77	2229601.4
百货零售 Department Store	41	1319548.1
超级市场零售 Super Market	26	843889.4
便利店零售 Convenience Store	4	59388.1
其他综合零售 Other Comprehensive	6	6775.8
食品、饮料及烟草制品专门零售 Monopoly Retail of Foods,Beverage and Tobacco	113	513562.3
粮油零售 Grain and Oil	1	826.5
糕点、面包零售 Cake and Bread	10	77650.0
果品、蔬菜零售 Fruits and Vegetables	25	25840.6
肉、禽、蛋、奶及水产品零售 Wholesale of Meat, Bird, Eggs, Milk and Aquatic products	22	30919.5
营养和保健品零售 Wholesale of Health Care products	4	12388.7
酒、饮料及茶叶零售 Wholesale of Alcohol, Drinks and Tea	24	67940.8
烟草制品零售 Wholesale of Tobaccos	4	64726.9
其他食品零售 The Other foods Wholesale	23	233269.3
纺织、服装及日用品专门零售 Monopoly Retail of Textile,Garments,and Daily Used Articles	105	385781.0
纺织品及针织品零售 Textiles and Knitwear	3	1930.4
服装零售 Clothing	58	247949.2
鞋帽零售 Shoes and Hats	7	40270.0
化妆品及卫生用品零售 Cosmetics and Hygiene	4	22598.4
厨房用具及日用杂品零售 Kitchen Utensils and Daily Sundries	9	10653.7
钟表、眼镜零售 Clocks, Watch and Glasses	8	28814.7
箱包零售 Luggage and Bags	5	3021.9

FINANCIAL INDICATORS OF ENTERPRISES ABOVE DESIGNATED SIZE IN RETAIL(2021)

(10 000 yuan)

期末资产负债 Late Assets and Liabilities				损益及分配 Increase, Decrease and Assigning	
固定资产原价 Original Price of Fixed Assets	资产总计 Total Assets	负债合计 Total Liabilities	所有者权益合计 Total Interests of Own	营业收入 Sales Revenue	营业成本 Sales Cost
16422040.8	**12135505.5**	**4197845.6**	**31674508.5**	**28097806.4**	**94944.9**
7541858.2	5329971.2	2188174.1	6706986.8	5637893.7	32938.8
6144049.0	4212255.8	1900033.5	5764310.1	4628711.3	38806.5
4227675.9	2569234.7	1658441.2	2815056.0	2245721.7	28747.5
1820463.7	1556057.0	233047.3	2733855.2	2210019.3	9700.5
87928.2	82742.1	5186.1	203202.2	162979.6	339.5
7981.2	4222.0	3358.9	12196.7	9990.7	19.0
746417.3	394328.4	346843.2	994752.6	764465.2	3385.4
1872.2	121.7	1750.5	668.9	496.1	3.2
95798.4	83501.6	12296.8	122480.4	67169.0	290.1
38405.8	78515.4	-40109.6	199850.1	188232.4	120.7
50662.7	20868.5	24548.5	123569.8	104480.2	304.6
14267.2	13016.4	1250.8	6985.0	5815.6	15.4
84889.6	49033.2	35856.4	109102.5	84099.5	464.4
78008.4	21776.9	56231.5	85217.0	67430.5	360.3
382513.0	127494.7	255018.3	346878.9	246741.9	1826.7
620597.9	485497.4	135100.5	722140.2	522040.5	3501.7
2107.0	2789.8	-682.8	3314.6	2239.9	26.0
440000.1	382786.2	57213.9	454047.4	327307.3	2810.2
46567.8	26991.7	19576.1	104172.1	77664.1	251.7
25613.2	12248.1	13365.1	57752.1	33666.1	79.2
12427.5	7466.3	4961.2	19345.7	14376.0	54.5
32280.0	19919.4	12360.6	40749.3	30397.1	152.8
3173.0	3328.1	-155.1	7097.2	6054.5	9.0

8-16 续 表 1

单位:万元

指标名称 Index name	法人企业数(个) Number of Enterprises(unit)	期末资产负债 Late Assets and Liabilities 流动资产合计 Total Liquid Assets
自行车等代步设备零售 Bicycles and Other Scooters	0	0.0
其他日用品零售 Other Daily Necessities	11	30542.7
文化、体育用品及器材专门零售 Monopoly Retail of Cultural,Sports Products and Equipments	53	1806271.4
文具用品零售 Stationery	13	13731.7
体育用品及器材零售 Sports Goods	3	2866.9
图书、报刊零售 Books and Newspapers	12	1730466.2
音像制品、电子和数字出版零售 Photographic Equipment	1	905.5
珠宝首饰零售 Bijouterie	11	38888.6
工艺美术品及收藏品零售 Arts and rafts and Collections	2	1551.8
乐器零售 Musical Instruments	6	10873.8
照相器材零售 Photographic Equipment	1	621.4
其他文化用品零售 Other Cultural Activities	4	6365.5
医药及医疗器材专门零售 Monopoly Retail of Medicine and Medical Appliances	68	502837.4
西药零售 Western Medicine	52	466113.8
中药零售 Traditional Chinese Medicine	6	12866.7
动物用药品零售 Veterinary Medicine	1	1185.7
医疗用品及器材零售 Medical Supplies and Equipment	9	22671.2
保健辅助治疗器材零售 Hleath Care and Auxiliary Therapeutic Equipment	0	0.0
汽车、摩托车、零配件和燃料及其他动力销售 Monopaly Retail of Cars,Motorcycle,Spare Parts,Fuel and Other Power	342	2285540.4
汽车新车零售 New Cars	283	2091824.9
汽车旧车零售 Used Cars	3	3561.7
汽车零配件零售 Auto Parts	13	11701.9
摩托车及零配件零售 Motocycle and Spare Parts	5	5785.3
机动车燃油零售 Motor Fuel	36	139530.6
机动车燃气零售 Motor Vehicle Gas	2	33136.0
机动车充电销售 Motor Charging	0	0.0
家用电器及电子产品专门零售 Monopoly Retail of Home Appliances and Electronic Products	142	1063083.2

8 – 16 Continued 1

(10 000 yuan)

期末资产负债 Late Assets and Liabilities				损益及分配 Increase, Decrease and Assigning	
固定资产原价 Original Price of Fixed Assets	资产总计 Total Assets	负债合计 Total Liabilities	所有者权益合计 Total Interests of Own	营业收入 Sales Revenue	营业成本 Sales Cost
0.0	0.0	0.0	0.0	0.0	0.0
58429.3	29967.8	28461.5	35661.8	30335.5	118.3
2041733.3	1607023.8	434709.3	970454.4	791729.0	2925.2
14616.5	11485.5	3131.0	49117.1	45309.4	63.8
4121.1	2983.5	1137.5	4511.0	2669.5	21.6
1957459.5	1542353.6	415105.9	827896.8	675080.6	1740.9
930.6	248.3	682.3	1004.0	616.1	7.1
43157.7	33506.2	9651.5	45606.2	35834.8	1023.4
1589.0	583.9	1005.0	10669.5	7792.5	2.6
12258.6	9218.1	3040.5	16677.4	12880.6	51.8
621.4	533.9	87.5	1385.3	1296.6	1.3
6978.9	6110.8	868.1	13587.1	10248.9	12.7
693594.4	652826.6	40767.8	917555.0	742381.8	2023.7
650739.1	616549.3	34189.8	869043.5	706723.8	1883.2
16229.8	14865.1	1364.7	22656.2	17214.1	49.5
1185.7	323.5	862.2	1594.2	1081.9	3.8
25439.8	21088.7	4351.1	24261.1	17362.0	87.2
0.0	0.0	0.0	0.0	0.0	0.0
3791815.9	2741064.8	999072.3	10523746.8	9712626.2	26505.4
2631377.2	2041378.3	537111.6	7548132.6	6931754.9	22186.7
3930.5	4040.7	1098.3	6067.4	5091.5	136.5
14162.0	7642.0	6520.0	45210.2	40861.9	77.8
9660.7	8769.1	891.6	26960.4	23849.6	384.0
1089043.6	651464.3	437579.3	2869798.3	2693922.6	3596.7
43641.9	27770.4	15871.5	27577.9	17145.7	123.7
0.0	0.0	0.0	0.0	0.0	0.0
1285274.3	1019157.0	266112.0	3744455.5	3393967.4	4959.7

8-16 续 表 2

单位:万元

指标名称 Index name	法人企业数(个) Number of Enterprises(unit)	期末资产负债 Late Assets and Liabilities 流动资产合计 Total Liquid Assets
家用视听设备零售 Home Auto - visual and Electronic Products Equipment	13	15602.8
日用家电零售 Household Appliances	49	423354.8
计算机、软件及辅助设备零售 Computer, Software and Auxliary Equipment	45	143620.4
通信设备零售 Communication Equipment	21	456706.6
其他电子产品零售 Other Electronic Products	14	23798.6
五金、家具及室内装饰材料专门零售 Monopoly Retail of Hardware, Furnitures and Decorative Materials	95	127247.8
五金零售 Hardware	30	40666.3
灯具零售 Lamps and Lanterns	9	9082.7
家具零售 Furniture	25	46366.1
涂料零售 Coating	0	0.0
卫生洁具零售 Sanitary ware	2	3755.3
木质装饰材料零售 Wood Decoration	5	5309.4
陶瓷、石材装饰材料零售 Ceramic and Stone	4	3140.9
其他室内装饰材料零售 Other interior Decoration Materials	20	18927.1
货摊、无店铺及其他零售业 Retail Sales of Stalls、Storeless and Others	67	818167.7
流动货摊零售 Mobile Stalls	0	0.0
互联网零售 Internet	56	782119.0
邮购及电视、电话零售 Mail、TV and Telephone	0	0.0
自动售货机零售 Vending Machine	1	4092.4
旧货零售 Second - hand Goods	0	0.0
生活用燃料零售 Domestic Fuel	4	6564.1
宠物食品用品零售 Pet Food and Supplies	0	0.0
其他未列明零售业 Other not Listed	6	25392.2
二、按登记注册类型分 Grouped by Registration		
内资企业 Domestic - funded Enterprises	1017	8184921.0
国有企业 State - owned Units	19	177533.3

8－16 Continued 2

(10 000 yuan)

期末资产负债 Late Assets and Liabilities				损益及分配 Increase, Decrease and Assigning	
固定资产原价 Original Price of Fixed Assets	资产总计 Total Assets	负债合计 Total Liabilities	所有者权益合计 Total Interests of Own	营业收入 Sales Revenue	营业成本 Sales Cost
17777.3	6204.9	11572.4	62565.5	55451.3	130.9
547665.3	416813.0	130847.0	690812.5	613968.9	769.3
152641.0	83538.4	69102.6	288332.9	234294.6	604.2
541644.4	501376.2	40268.2	2665993.1	2465100.8	3342.3
25546.3	11224.5	14321.8	36751.5	25151.8	113.0
204962.1	163146.6	41815.5	280511.4	219462.1	1746.7
47992.0	33100.6	14891.4	61272.2	53096.7	236.8
9420.8	7211.9	2208.9	10884.0	9712.3	26.1
110467.4	89408.0	21059.4	114197.4	75952.8	1273.7
0.0	0.0	0.0	0.0	0.0	0.0
4235.3	1691.0	2544.3	20136.3	19631.0	9.6
5867.9	5123.5	744.4	29532.6	26374.6	47.7
3486.6	2615.1	871.5	7886.5	6835.1	16.4
23492.1	23996.5	-504.4	36602.4	27859.6	136.4
893596.6	860205.1	33391.5	7756582.5	7322422.9	11090.6
0.0	0.0	0.0	0.0	0.0	0.0
844104.8	828563.6	15541.2	7654402.0	7234557.5	10843.9
0.0	0.0	0.0	0.0	0.0	0.0
4154.6	3037.1	1117.5	5436.3	3731.0	20.1
0.0	0.0	0.0	0.0	0.0	0.0
14223.7	6317.5	7906.2	35672.4	31757.4	111.0
0.0	0.0	0.0	0.0	0.0	0.0
31113.5	22286.9	8826.6	61071.8	52377.0	115.6
13489680.0	9852511.6	3546873.4	23074068.5	20413124.2	75648.4
271667.6	217765.6	53901.9	312337.4	256228.6	784.4

8－16 续 表 3

单位:万元

指标名称 Index name	法人企业数(个) Number of Enterprises(unit)	期末资产负债 Late Assets and Liabilities 流动资产合计 Total Liquid Assets
集体企业 Collective－owned Units	1	569.5
股份合作企业 Cooperative Enterprises of Share Holding	1	716.5
联营企业 Joint Venture	0	0.0
国有联营企业 State－owned Joint Venture	0	0.0
集体联营企业 Collective Joint Ventures	0	0.0
国有与集体联营企业 Joint State－Collective Enterprises	0	0.0
其他联营企业 Other Enterprises	0	0.0
有限责任公司 Companies of Limited Liabilities	295	4720030.6
国有独资公司 Companies with State－owned Exclusive Investment	10	53643.7
其他有限责任公司 Other Compaines of Limited Liabilities	285	4666386.9
股份有限公司 Comparies of Share－holding with Limited Liabilities	19	748188.4
私营企业 Private－owned Units	682	2537882.7
私营独资企业 Private Exclusive Investment	20	19604.8
私营合伙企业 Private Partnership Enterprises	2	836.0
私营有限责任公司 Private Compaines of Limited Liabilities	646	2469020.9
私营股份有限公司 Private Companies of Limited Liabilities with Share Holding	14	48421.0
其他企业 Others	0	0.0
港、澳、台商投资企业 Enterprises funded by Entepreneurs from HongKong, Macao & Taiwan	13	346796.8
合资经营企业(港或澳、台资) Joint Ventures with HongKong, Macao and Taiwan	4	39377.5
合作经营企业(港或澳、台资) Cooperative(Hong Kong, Macao and Tainan)	0	0
港澳台商独资经营企业 HongKong and Marcro, Taiwan Owned	9	307419.3
港、澳、台商投资股份有限公司 Share Holding Corporations Funded From Hong Kong, Macao and Tainan	0	0
其他港澳台投资企业 Other Enterprises	0	0
外商投资企业 Foreign－funded Enterprises	32	1200374.8
中外合资经营企业 Sino－Foreign Cooperative Economic Units	2	96584.8
中外合作经营企业 Cooperatively－Owned	0	0
外资企业 Enterprises with Foreign Exclusive Investment	24	1054644.2
外商投资股份有限公司 Companies Limited Shares with Foreign Inevstment	5	39090.5
其他外商投资企业 Others	1	10055.3

8－16 Continued 3

(10 000 yuan)

期末资产负债 Late Assets and Liabilities				损益及分配 Increase, Decrease and Assigning	
固定资产原价 Original Price of Fixed Assets	资产总计 Total Assets	负债合计 Total Liabilities	所有者权益合计 Total Interests of Own	营业收入 Sales Revenue	营业成本 Sales Cost
569.5	506.4	63.1	2052.3	1589.0	20.1
2962.1	467.5	2494.6	4639.6	4131.2	57.1
0.0	0.0	0.0	0.0	0.0	0.0
0.0	0.0	0.0	0.0	0.0	0.0
0.0	0.0	0.0	0.0	0.0	0.0
0.0	0.0	0.0	0.0	0.0	0.0
0.0	0.0	0.0	0.0	0.0	0.0
6814641.1	5351334.6	1440802.1	12287830.7	10866974.6	34148.9
340111.1	164971.5	174739.3	1024403.6	964925.1	1441.5
6474530.0	5186363.1	1266062.8	11263427.1	9902049.5	32707.4
3186096.6	1892466.8	1293629.8	1301404.5	984841.3	19051.1
3213743.1	2389970.7	755981.9	9165804.0	8299359.5	21586.8
23715.0	17840.0	5875.0	34682.9	29958.3	55.2
1730.1	467.1	1263.0	4418.7	4022.2	13.1
3080451.8	2322271.3	690390.0	9014113.0	8172533.7	20964.5
107846.2	49392.3	58453.9	112589.4	92845.3	554.0
0.0	0.0	0.0	0.0	0.0	0.0
516871.7	359344.9	159132.1	2692061.5	2379667.0	5408.0
110425.9	85604.5	24821.4	131622.6	104143.5	786.3
0	0	0	0	0	0
406445.8	273740.4	134310.7	2560438.9	2275523.5	4621.7
0	0	0	0	0	0
0	0	0	0	0	0
2415489.1	1923649	491840.1	5908378.5	5305015.2	13888.5
374221.1	318704.4	55516.7	1357311.2	1200869.7	2032.6
0	0	0	0	0	0
1978030	1571086.2	406943.8	4383487.7	3959529.2	10940.6
47575.3	31097.1	16478.2	129537.4	111809.1	412.4
15662.7	2761.3	12901.4	38042.2	32807.2	502.9

8-16 续 表 4

单位:万元

指标名称 Index name	损益及分配 Increase, Decrease and Assigning	
	税金及附加 Taxes and Extras	其他业务利润 Profits of Other Business
总 计 Total	**428319.2**	**388875.6**
其中:国有控股 State - owned and State Holding	127666.4	190328.4
一、按零售行业小类分 According to the Classfication of Retail Industry		
综合零售 Comprehensire	353035.3	185209.2
百货零售 Department Store	239364.4	219301.0
超级市场零售 Super Market	95451.5	-33852.0
便利店零售 Convenience Store	17839.3	-431.5
其他综合零售 Other Comprehensive	380.1	191.7
食品、饮料及烟草制品专门零售 Monopoly Retail of Foods, Beverage and Tobacco	2330.5	64986.5
粮油零售 Grain and Oil	0.0	69.2
糕点、面包零售 Cake and Bread	2.3	8552.3
果品、蔬菜零售 Fruits and Vegetables	0.0	-17085.2
肉、禽、蛋、奶及水产品零售 Wholesale of Meat, Bird, Eggs, Milk and Aquatic products	1021.3	-455.0
营养和保健品零售 Wholesale of Health Care products	5.3	-286.9
酒、饮料及茶叶零售 Wholesale of Alcohol, Drinks and Tea	32.3	15651.2
烟草制品零售 Wholesale of Tobaccos	0.0	7054.5
其他食品零售 The Other foods Wholesale	1269.3	51486.4
纺织、服装及日用品专门零售 Monopoly Retail of Textile, Garments, and Daily Used Articles	5566.0	21392.2
纺织品及针织品零售 Textiles and Knitwear	136.7	-352.3
服装零售 Clothing	4041.5	16717.0
鞋帽零售 Shoes and Hats	2.9	9397.9
化妆品及卫生用品零售 Cosmetics and Hygiene	0.0	-8879.3
厨房用具及日用杂品零售 Kitchen Utensils and Daily Sundries	22.4	-730.9
钟表、眼镜零售 Clocks, Watch and Glasses	715.1	3692.5
箱包零售 Luggage and Bags	0.0	-268.2

8 - 16 Continued 4

(10 000 yuan)

损益及分配 Increase, Decrease and Assigning		人工成本及增值税 Labor Cost and Value Added Tax	
营业利润 Operating Profit	利润总额 Total Profits	应付职工薪酬 (本年贷方累计发生额) Employee Compensation	应交增值税 Value added Tax Payable
409236.5	**112419.2**	**1163249.6**	**417894.0**
189347.6	26024.2	364696.9	79670.5
185560.3	49469.4	379480.8	93665.2
221140.7	48109.8	145542.5	52721.8
-35395.7	988.6	224202.2	38519.3
-383.7	367.9	8426.1	2284.7
199.0	3.1	1310.0	139.4
64858.5	10226.5	83624.1	20427.7
59.2	3.4	83.5	8.1
8453.2	1069.6	19371.5	2399.1
-17235.3	47.8	7824.0	674.9
-412.4	26.4	7421.7	1068.7
-273.8	11.7	939.1	61.1
15804.5	3896.2	4061.7	3104.3
7263.6	2502.8	8693.4	2319.3
51239.5	2668.6	35229.2	10792.2
22604.2	7746.6	77338.9	20853.0
-352.9	-1.5	791.7	238.7
17235.5	5226.4	41603.3	11004.4
9476.6	917.7	19788.0	3227.3
-8367.4	485.1	6172.8	4399.8
-698.8	3.0	2463.8	397.0
3721.3	804.0	4355.1	1272.0
-245.2	1.2	950.2	73.0

8-16 续 表 5

单位:万元

指标名称 Index name	损益及分配 Increase, Decrease and Assigning	
	税金及附加 Taxes and Extras	其他业务利润 Profits of Other Business
自行车等代步设备零售 Bicycles and Other Scooters	0.0	0.0
其他日用品零售 Other Daily Necessities	647.4	1815.5
文化、体育用品及器材专门零售 Monopoly Retail of Cultural, Sports Products and Equipments	8701.3	53215.6
文具用品零售 Stationery	6.3	378.9
体育用品及器材零售 Sports Goods	0.0	-57.5
图书、报刊零售 Books and Newspapers	8540.8	49581.3
音像制品、电子和数字出版零售 Photographic Equipment	0.0	21.2
珠宝首饰零售 Bijouterie	154.2	687.7
工艺美术品及收藏品零售 Arts and rafts and Collections	0.0	2756.3
乐器零售 Musical Instruments	0.0	154.2
照相器材零售 Photographic Equipment	0.0	2.9
其他文化用品零售 Other Cultural Activities	0.0	-309.4
医药及医疗器材专门零售 Monopoly Retail of Medicine and Medical Appliances	8765.1	-13915.9
西药零售 Western Medicine	8686.2	-15315.7
中药零售 Traditional Chinese Medicine	74.9	69.7
动物用药品零售 Veterinary Medicine	0.0	289.9
医疗用品及器材零售 Medical Supplies and Equipment	4.0	1040.2
保健辅助治疗器材零售 Hleath Care and Auxiliary Therapeutic Equipment	0.0	0.0
汽车、摩托车、零配件和燃料及其他动力销售 Monopaly Retail of Cars, Motorcycle, Spare Parts, Fuel and Other Power	38148.9	99994.7
汽车新车零售 New Cars	33293.9	69600.4
汽车旧车零售 Used Cars	0.0	-479.9
汽车零配件零售 Auto Parts	0.0	596.8
摩托车及零配件零售 Motocycle and Spare Parts	0.0	839.9
机动车燃油零售 Motor Fuel	4186.9	25045.5
机动车燃气零售 Motor Vehicle Gas	668.1	4392.0
机动车充电销售 Motor Charging	0.0	0.0
家用电器及电子产品专门零售 Monopoly Retail of Home Appliances and Electronic Products	9047.6	24287.9

8－16 Continued 5

(10 000 yuan)

损益及分配 Increase, Decrease and Assigning		人工成本及增值税 Labor Cost and Value Added Tax	
营业利润 Operating Profit	利润总额 Total Profits	应付职工薪酬（本年贷方累计发生额） Employee Compensation	应交增值税 Value added Tax Payable
0.0	0.0	0.0	0.0
1835.1	310.7	1214.0	240.8
50803.3	834.9	80620.1	4932.5
404.8	22.9	1679.8	498.3
－51.5	6.2	256.1	218.0
47092.8	772.9	70881.9	2027.1
31.2	0.8	105.5	56.0
717.8	18.5	4820.1	640.1
2756.3	0.6	89.1	956.0
151.2	11.3	1299.0	417.7
2.9	0.2	34.3	9.8
－302.2	1.5	1454.3	109.5
－13123.8	1309.1	93225.5	16961.5
－14541.6	1117.8	88623.9	15712.8
63.4	10.9	2458.2	330.0
285.5	16.5	134.3	152.3
1063.9	163.9	2009.1	766.4
0.0	0.0	0.0	0.0
108510.5	27733.9	252183.7	107248.8
76178.2	22160.2	197048.2	87211.8
－469.8	0.4	165.1	62.3
597.1	139.4	2533.3	545.2
853.6	35.7	695.7	143.8
27393.6	4444.7	48385.0	18442.2
3957.8	953.5	3356.4	843.5
0.0	0.0	0.0	0.0
26225.7	9994.0	122625.1	26580.9

8-16 续 表 6

单位:万元

指标名称 Index name	损益及分配 Increase, Decrease and Assigning	
	税金及附加 Taxes and Extras	其他业务利润 Profits of Other Business
家用视听设备零售 Home Auto-visual and Electronic Products Equipment	26.5	599.4
日用家电零售 Household Appliances	3749.2	-18169.8
计算机、软件及辅助设备零售 Computer, Software and Auxliary Equipment	52.5	20058.7
通信设备零售 Communication Equipment	5219.4	16859.9
其他电子产品零售 Other Electronic Products	0.0	4939.7
五金、家具及室内装饰材料专门零售 Monopoly Retail of Hardware, Furnitures and Decorative Materials	271.5	-1125.5
五金零售 Hardware	225.1	2188.6
灯具零售 Lamps and Lanterns	0.0	205.2
家具零售 Furniture	46.3	-4414.5
涂料零售 Coating	0.0	0.0
卫生洁具零售 Sanitary ware	0.0	245.4
木质装饰材料零售 Wood Decoration	0.1	44.7
陶瓷、石材装饰材料零售 Ceramic and Stone	0.0	-75.7
其他室内装饰材料零售 Other interior Decoration Materials	0.0	680.8
货摊、无店铺及其他零售业 Retail Sales of Stalls、Storeless And Others	2453.0	-45169.1
流动货摊零售 Mobile Stalls	0.0	0.0
互联网零售 Internet	506.2	-50096.8
邮购及电视、电话零售 Mail、TV and Telephone	0.0	0.0
自动售货机零售 Vending Machine	0.2	868.1
旧货零售 Second-hand Goods	0.0	0.0
生活用燃料零售 Domestic Fuel	46.5	-714.7
宠物食品用品零售 Pet Food and Supplies	0.0	0.0
其他未列明零售业 Other not Listed	1900.1	4774.3
二、按登记注册类型分 Grouped by Registration		
内资企业 Domestic-funded Enterprises	197098.3	259023.9
国有企业 State-owned Units	2099.4	-54504.7

8 – 16 Continued 6

(10 000 yuan)

损益及分配 Increase、Decrease and Assigning		人工成本及增值税 Labor Cost and Value Added Tax	
营业利润 Operating Profit	利润总额 Total Profits	应付职工薪酬（本年贷方累计发生额）Employee Compensation	应交增值税 Value added Tax Payable
829.8	43.8	2727.6	605.5
-17840.1	2236.5	28829.8	6339.2
21272.6	2698.9	26928.1	4314.0
17080.7	4979.4	60478.9	14465.2
4382.7	35.4	3660.7	857.0
-1073.0	593.8	22462.2	9369.9
2226.8	454.6	2164.0	1237.5
232.5	5.2	410.3	170.7
-4301.7	-124.2	15742.2	3621.7
0.0	0.0	0.0	0.0
245.7	5.7	90.4	58.4
42.0	204.3	1540.0	3226.6
-75.7	2.1	426.4	113.6
557.4	46.1	2088.9	941.4
-35129.2	4511.0	51689.2	117854.5
0.0	0.0	0.0	0.0
-40217.8	3102.1	44164.9	112045.3
0.0	0.0	0.0	0.0
981.0	219.1	579.1	239.2
0.0	0.0	0.0	0.0
-713.9	12.5	5311.6	531.5
0.0	0.0	0.0	0.0
4821.5	1177.3	1633.6	5038.5
274582.2	71323.2	898379.8	283614.9
-54333.5	-13619.9	28442.7	860.9

8-16 续 表 7

单位:万元

指标名称 Index name	损益及分配 Increase, Decrease and Assigning 税金及附加 Taxes and Extras	其他业务利润 Profits of Other Business
集体企业 Collective - owned Units	0.0	0.4
股份合作企业 Cooperative Enterprises of Share Holding	0.0	356.7
联营企业 Joint Venture	0.0	0.0
国有联营企业 State - owned Joint Venture	0.0	0.0
集体联营企业 Collective Joint Ventures	0.0	0.0
国有与集体联营企业 Joint State - Collective Enterprises	0.0	0.0
其他联营企业 Other Enterprises	0.0	0.0
有限责任公司 Companies of Limited Liabilities	127753.7	170477.0
国有独资公司 Companies with State - owned Exclusive Investment	0.0	19598.3
其他有限责任公司 Other Compaines of Limited Liabilities	127753.7	150878.7
股份有限公司 Companies of Share - holding with Limited Liabilities	22998.6	106838.8
私营企业 Private - owned Units	44246.6	35855.7
私营独资企业 Private Exclusive Investment	46.5	64.1
私营合伙企业 Private Partnership Enterprises	0.0	152.4
私营有限责任公司 Private Compaines of Limited Liabilities	44199.9	36274.7
私营股份有限公司 Private Companies of Limited Liabilities with Share Holding	0.2	-635.5
其他企业 Others	0.0	0.0
港、澳、台商投资企业 Enterprises funded by Entepreneurs from HongKong, Macao & Taiwan	193271.2	90604.8
合资经营企业(港或澳、台资) Joint Ventures with HongKong, Macao and Taiwan	0	-10163.3
合作经营企业(港或澳、台资) Cooperative(Hong Kong, Macao and Tainan)	0	0
港澳台商独资经营企业 HongKong and Marcro, Taiwan Owned	193271.2	100768.1
港、澳、台商投资股份有限公司 Share Holding Corporations Funded From Hong Kong, Macao and Tainan	0	0
其他港澳台投资企业 Other Enterprises	0	0
外商投资企业 Foreign - funded Enterprises	37949.7	39246.9
中外合资经营企业 Sino - Foreign Cooperative Economic Units	4256.2	8356
中外合作经营企业 Cooperatively - Owned	0	0
外资企业 Enterprises with Foreign Exclusive Investment	26251.7	21099.5
外商投资股份有限公司 Companies Limited Shares with Foreign Inevstment	6788.9	7226.6
其他外商投资企业 Others	652.9	2564.8

8－16 Continued 7

(10 000 yuan)

损益及分配 Increase Decrease and Assigning		人工成本及增值税 Labor Cost and Value Added Tax	
营业利润 Operating Profit	利润总额 Total Profits	应付职工薪酬 （本年贷方累计发生额） Employee Compensation	应交增值税 Value added Tax Payable
0.4	0.1	176.3	123.4
356.7	0.7	338.5	149.2
0.0	0.0	0.0	0.0
0.0	0.0	0.0	0.0
0.0	0.0	0.0	0.0
0.0	0.0	0.0	0.0
0.0	0.0	0.0	0.0
178454.4	42496.2	512544.6	142026.8
20686.3	357.4	14942.7	6027.7
157768.1	42138.8	497601.9	135999.1
105272.3	22234.8	70218.3	31358.7
44831.9	20211.3	286659.4	109095.9
80.7	83.8	2410.5	661.1
152.4	4.7	220.7	68.0
45156.7	20032.0	276763.4	106861.8
-557.9	90.8	7264.8	1505.0
0.0	0.0	0.0	0.0
93065.3	21864.7	108097.2	40371.6
-9854.8	312.7	10750.2	5464.5
0	0	0	0
102920.1	21552	97347	34907.1
0	0	0	0
0	0	0	0
41589	19231.3	156772.6	93907.5
9077.7	1305.6	23264.9	56757.9
0	0	0	0
22484.5	15177.6	127513.5	34360
7333	1991.4	4903.2	1930.8
2693.8	756.7	1091	858.8

8－17 限额以上住宿业法人财务指标(2021 年)

单位:万元

指标名称 Index name	法人企业数(个) Number of Enterprises(unit)	期末资产负债 Late Assets and Liabilities 流动资产合计 Total Liquid Assets
总　计 **Total**	**305**	**470806.5**
其中:国有控股 State Holding	28	122853.6
一、按住宿业行业小类分 **Grouped by Small Class**		
旅游饭店 Traveling Hotel	126	322723.8
经济型连锁酒店 Budget Hotel Chain	65	43652.9
其他一般旅馆 Other Generel Hotel	104	56251.9
民宿服务 B & B Service	1	61.2
露营地服务 Camping Service	0	0.0
其他住宿业 Other Accomodation Service	9	48116.7
二、按登记注册类型分 **Grouped by Registration**		
内资企业 Domestic－funded Enterprises	293	432244.0
国有企业 State－Owned Units	8	22620.4
集体企业 Collective－Owned Units	3	20895.6
股份合作企业 Cooperative Enterprises of Share Holding	0	0.0
联营企业 Joint Venture	1	1087.6
国有联营企业 State－owned Joint Venture	1	1087.6
集体联营企业 Collective Joint Ventures	0	0.0
国有与集体联营企业 Joint State－Collective Enterprises	0	0.0
其他联营企业 Other Enterprises	0	0.0
有限责任公司 Companies of Limited Liabilities	79	154189.9
国有独资公司 Companies with State－owned Exclusive Investment	3	52254.6

FINANCIAL INDICATORS OF ENTERPRISES ABOVE DESIGNATED SIZE IN ACCOMMODATION (2021)

(10 000 yuan)

期末资产负债 Late Assets and Liabilities				损益及分配 Increase, Decrease and Assigning	
固定资产原价 Original Price of Fixed Assets	资产总计 Total Assets	负债合计 Total Liabilities	所有者权益合计 Total Interests of Own	营业收入 Sales Revenue	营业成本 Sales Cost
1046126.7	**1368959.6**	**1158783.2**	**211949.7**	**422641.0**	**157873.9**
278700.0	409428.0	196062.8	213626.1	67928.8	28425.3
899456.6	1040886.8	821772.3	220804.7	281157.0	103731.6
24356.3	79365.5	78256.3	257.5	52210.0	19643.5
110237.0	178565.0	197285.7	-17785.9	74672.4	28262.8
611.8	503.6	1658.8	-1155.2	541.6	26.8
0.0	0.0	0.0	0.0	0.0	0.0
11465.0	69638.7	59810.1	9828.6	14060.0	6209.2
765887.4	1156862.2	950224.3	208411.2	366537.5	142530.3
50610.8	47067.3	11849.2	33236.5	14456.6	6229.4
30415.7	26935.7	8152.1	18783.6	5844.0	1020.5
0.0	0.0	0.0	0.0	0.0	0.0
1025.4	5660.1	8730.4	-3070.3	1397.4	1219.8
1025.4	5660.1	8730.4	-3070.3	1397.4	1219.8
0.0	0.0	0.0	0.0	0.0	0.0
0.0	0.0	0.0	0.0	0.0	0.0
0.0	0.0	0.0	0.0	0.0	0.0
293808.6	466060.2	309902.3	160196.6	120911.6	42852.3
52405.6	181346.9	103791.3	77581.0	10650.8	4301.5

8-17 续 表 1

单位：万元

指标名称 Index name	法人企业数（个） Number of Enterprises(unit)	期末资产负债 Late Assets and Liabilities 流动资产合计 Total Liquid Assets
其他有限责任公司 Other Companies of Limited Liabilities	76	101935.3
股份有限公司 Companies of Share - holding with Limited Liabilities	3	1681.9
私营企业 Private - owned Units	199	231768.6
私营独资企业 Proprietorship	3	35.1
私营合伙企业 Private Partnership Enterprises	1	2440.4
私营有限责任公司 Private Companies of Limited Liabilities	193	228840.8
私营股份有限公司 Private Companies of Limited Liabilities with Share Holding	2	452.3
其他企业 Others	0	0.0
港、澳、台商投资企业 Enterprises funded by Entepreneurs from HongKong, Macao & Taiwan	8	25831.7
与港澳台商合资经营企业 Joint Ventures with HongKong, Macao and Taiwan	1	12518.5
与港澳台商合作经营企业 Cooperation Companies	0	0.0
港澳台商独资企业 Exclusive investment of HongKong, Macao, and Taiwan	5	6050.2
港澳台商投资股份有限公司 Share holding Corporations Funded from HongKong, Macao and Taiwan	2	7263.0
其他港澳台投资企业 Other Enterprises	0	0.0
外商投资企业 Foreign - funded Enterprises	4	12730.8
中外合资经营企业 sino - Foreign Cooperative Economic Units	1	7380.9
中外合作经营企业 Cooperatively - Owned	0	0.0
外资企业 Enterprises with Sole Foreign Investment	2	4210.3
外商投资股份有限公司 Companies Limited Shares with Foreign Inevstment	1	1139.6
其他外商投资企业 Others	0	0.0

8－17 Continued 1

(10 000 yuan)

期末资产负债 Late Assets and Liabilities				损益及分配 Increase, Decrease and Assigning	
固定资产原价 Original Price of Fixed Assets	资产总计 Total Assets	负债合计 Total Liabilities	所有者权益合计 Total Interests of Own	营业收入 Sales Revenue	营业成本 Sales Cost
241403.0	284713.3	206111.0	82615.6	110260.8	38550.8
25111.4	18254.4	7952.0	10302.4	3724.7	452.3
364915.5	592884.5	603638.3	－11037.6	220203.2	90756.0
29.3	349.9	173.1	176.8	831.7	736.9
176.3	2580.9	2592.8	－11.9	562.0	145.8
358359.3	581701.4	599888.4	－18470.8	215641.2	87061.0
6350.6	8252.3	984.0	7268.3	3168.3	2812.3
0.0	0.0	0.0	0.0	0.0	0.0
96997.6	91401.0	103880.6	－12479.6	32706.9	10834.6
4237.3	28630.9	25519.4	3111.5	5214.7	1273.5
0.0	0.0	0.0	0.0	0.0	0.0
63966.9	42205.3	53659.9	－11454.6	17207.4	4326.5
28793.4	20564.8	24701.3	－4136.5	10284.8	5234.6
0.0	0.0	0.0	0.0	0.0	0.0
183241.7	120696.4	104678.3	16018.1	23396.6	4509.0
109892.5	73973.9	44251.4	29722.5	10890.0	1347.7
0.0	0.0	0.0	0.0	0.0	0.0
25033.4	21648.6	22441.7	－793.1	8043.6	2688.0
48315.8	25073.9	37985.2	－12911.3	4463.0	473.3
0.0	0.0	0.0	0.0	0.0	0.0

8-17 续 表 2

单位:万元

指标名称 Index name	损益及分配 Increase, Decrease and Assigning	
	税金及附加 Taxes and Extras	其他业务利润 Profits of Other Business
总　计 Total	**5996.5**	**3804.1**
其中:国有控股 State Holding	1749.0	305.6
一、按住宿业行业小类分 Grouped by Small Class		
旅游饭店 Traveling Hotel	5447.2	1663.2
经济型连锁酒店 Budget Hotel Chain	188.2	946.8
其他一般旅馆 Other Generel Hotel	357.9	1194.1
民宿服务 B & B Service	0.5	0.0
露营地服务 Camping Service	0.0	0.0
其他住宿业 Other Accomodation Service	2.7	0.0
二、按登记注册类型分 Grouped by Registration		
内资企业 Domestic - funded Enterprises	3628.3	3684.6
国有企业 State - Owned Units	49.6	0.0
集体企业 Collective - Owned Units	268.5	0.0
股份合作企业 Cooperative Enterprises of Share Holding	0.0	0.0
联营企业 Joint Venture	11.3	0.0
国有联营企业 State - Owned Joint Venture	11.3	0.0
集体联营企业 Collective Joint Ventures	0.0	0.0
国有与集体联营企业 Joint State - Collective Enterprises	0.0	0.0
其他联营企业 Other Enterprises	0.0	0.0
有限责任公司 Companies of Limited Liabilities	1984.2	68.6
国有独资公司 Companies with State - Owned Exclusive Investment	494.6	0.0

8－17 Continued 2

(10 000 yuan)

损益及分配 Increase, Decrease and Assigning		人工成本及增值税 Labor Cost and Value Added Tax	
营业利润 Operating Profit	利润总额 Total Profits	应付职工薪酬 （本年贷方累计发生额） Employee Compensation	应交增值税 Value added Tax Payable
－45313.7	**－42155.3**	**117561.6**	**10291.9**
－3178.0	－2917.5	24497.3	2397.4
－29975.0	－28705.4	84768.2	6927.8
－4870.1	－4550.6	11741.4	1242.8
－10255.4	－8776.4	16020.8	1891.6
－229.9	－215.6	145.5	32.5
0.0	0.0	0.0	0.0
17.7	92.7	4885.7	197.2
－33077.8	－30302.4	99314.4	9173.9
685.1	847.1	5112.6	432.4
－368.5	－349.7	2250.7	124.3
0.0	0.0	0.0	0.0
－413.5	－407.5	334.7	172.0
－413.5	－407.5	334.7	172.0
0.0	0.0	0.0	0.0
0.0	0.0	0.0	0.0
0.0	0.0	0.0	0.0
－10127.8	－9796.5	35994.5	3721.7
－1107.9	－1113.6	4382.8	511.5

8-17 续 表 3

单位:万元

指标名称 Index name	损益及分配 Increase, Decrease and Assigning	
	税金及附加 Taxes and Extras	其他业务利润 Profits of Other Business
其他有限责任公司 Other Companies of Limited Liabilities	1489.6	68.6
股份有限公司 Companies of Share - holding with Limited Liabilities	110.1	1393.9
私营企业 Private - owned Units	1204.6	2222.1
私营独资企业 Proprietorship	1.7	0.0
私营合伙企业 Private Partnership Enterprises	0.0	0.0
私营有限责任公司 Private Companies of Limited Liabilities	1113.9	2222.1
私营股份有限公司 Private Companies of Limited Liabilities with Share Holding	89.0	0.0
其他企业 Others	0.0	0.0
港、澳、台商投资企业 Enterprises funded by Entepreneurs from HongKong, Macao & Taiwan	925.1	119.5
与港澳台商合资经营企业 Joint Ventures with HongKong, Macao and Taiwan	32.2	119.5
与港澳台商合作经营企业 Cooperation Companies	0.0	0.0
港澳台商独资企业 Exclusive investment of HongKong, Macao, and Taiwan	819.1	0.0
港澳台商投资股份有限公司 Share holding Corporations Funded from HongKong, Macao and Taiwan	73.8	0.0
其他港澳台投资企业 Other Enterprises	0.0	0.0
外商投资企业 Foreign - funded Enterprises	1443.1	0.0
中外合资经营企业 Sino - Foreign Cooperative Economic Units	920.4	0.0
中外合作经营企业 Cooperatively - Owned	0.0	0.0
外资企业 Enterprises with Sole Foreign Investment	196.6	0.0
外商投资股份有限公司 Companies Limited Shares with Foreign Inevstment	326.1	0.0
其他外商投资企业 Others	0.0	0.0

8－17 Continued 3

(10 000 yuan)

损益及分配 Increase, Decrease and Assigning		人工成本及增值税 Labor Cost and Value Added Tax	
营业利润 Operating Profit	利润总额 Total Profits	应付职工薪酬 （本年贷方累计发生额） Employee Compensation	应交增值税 Value added Tax Payable
－9019.9	－8682.9	31611.7	3210.2
－637.5	－627.0	1503.1	65.9
－22215.6	－19968.8	54118.8	4657.6
71.5	71.5	101.9	0.6
－13.1	－14.2	119.5	36.4
－22277.4	－20039.4	53391.0	4511.2
3.4	13.3	506.4	109.4
0.0	0.0	0.0	0.0
－4987.6	－4705.9	10324.4	552.4
－278.5	－204.1	1965.1	32.2
0.0	0.0	0.0	0.0
－3958.0	－3789.7	4756.8	426.8
－751.1	－712.1	3602.5	93.4
0.0	0.0	0.0	0.0
－7248.3	－7147.0	7922.8	565.6
－3575.9	－3556.1	3594.8	18.5
0.0	0.0	0.0	0.0
－1986.5	－1902.9	2608.1	130.0
－1685.9	－1688.0	1719.9	417.1
0.0	0.0	0.0	0.0

8－18　限额以上餐饮业法人财务指标(2021 年)

单位:万元

指标名称 Index name	法人企业数 (个) Number of Enterprises(unit)	期末资产负债 Late Assets and Liabilities 流动资产合计 Total Liquid Assets
总　计 Total	**438**	**628301.9**
其中:国有控股 State Holding	4	20745.9
一、按餐饮业行业小类分 Gropued by Small Class		
正餐服务 Dinner Service	389	356977.0
快餐服务 Fast Food Service	17	57463.5
茶馆服务 Teahouse Service	1	662.2
咖啡馆服务 Cafe Service	2	112978.8
酒吧服务 Pub Service	3	41437.9
其他饮料及冷饮服务 Other Beverage and Related Services	8	9505.4
餐饮配送服务 Food Distribution Service	15	46993.7
外卖送餐服务 Takeaway Service	0	0.0
小吃服务 Caff Service	2	1834.5
其他未列明餐饮业 Other	1	448.9
二、按登记注册类型分 Grouped by registration		
内资企业 Domestic－funded Enterprises	418	421613.8
国有企业 State－Owned Units	1	372.2
集体企业 Collective－Owned Units	2	15459.0
股份合作企业 Cooperative Enterprises of Share Holding	0	0.0
联营企业 Joint Venture	0	0.0
国有联营企业 State－owned Joint Venture	0	0.0
集体联营企业 Collective Joint Ventures	0	0.0
国有与集体联营企业 Joint State－Collective Enterprises	0	0.0
其他联营企业 Other Enterprises	0	0.0

FINANCIAL INDICATORS OF ENTERPRISES ABOVE DESIGNATED SIZE IN CATERING TRADE(2021)

(10 000 yuan)

期末资产负债 Late Assets and Liabilities				损益及分配 Increase, Decrease and Assigning	
固定资产原价 Original Price of Fixed Assets	资产总计 Total Assets	负债合计 Total Liabilities	所有者权益合计 Total Interests of Own	营业收入 Sales Revenue	营业成本 Sales Cost
453372.2	**1365759.3**	**1008492.8**	**358384.0**	**1899692.2**	**1014516.4**
14007.7	33130.6	18500.2	14630.4	30029.4	24994.6
286496.5	726219.2	628511.6	99168.5	936324.5	500698.2
127392.7	337857.6	283055.9	54801.7	585428.4	344166.2
129.2	855.8	568.9	286.9	591.7	218.4
26636.1	162186.8	41018.4	121168.4	190433.8	64452.0
2192.1	50434.1	2485.1	47949.0	30080.4	8442.5
5990.8	20048.5	16103.8	3944.7	56212.7	18861.4
3999.6	63178.2	32340.2	30494.6	93917.3	75211.1
0.0	0.0	0.0	0.0	0.0	0.0
223.8	4000.0	3159.0	841.0	3634.2	1132.2
311.4	979.1	1249.9	-270.8	3069.2	1334.4
275313.2	800477.3	659203.2	141205.2	1079057.2	659260.8
524.8	451.8	637.5	-185.7	481.9	111.9
15963.6	44612.6	12616.2	31996.4	5963.3	4994.2
0.0	0.0	0.0	0.0	0.0	0.0
0.0	0.0	0.0	0.0	0.0	0.0
0.0	0.0	0.0	0.0	0.0	0.0
0.0	0.0	0.0	0.0	0.0	0.0
0.0	0.0	0.0	0.0	0.0	0.0
0.0	0.0	0.0	0.0	0.0	0.0

8-18 续 表 1

单位:万元

指标名称 Index name	法人企业数(个) Number of Enterprises(unit)	期末资产负债 Late Assets and Liabilities 流动资产合计 Total Liquid Assets
有限责任公司 Companies of Limited Liabilities	89	74972.9
国有独资公司 Companies with State - owned Excluasive Investment	1	13092.6
其他有限责任公司 Other Companies of Limited Liabilities	88	61880.3
股份有限公司 Companies of Share - holding with Limited Liabilities	2	17925.3
私营企业 Private - owned Units	324	312884.4
私营独资企业 Privately Owned	13	2524.0
私营合伙企业 Private Partnership Enterprises	3	437.6
私营有限责任公司 Private Companies of Limited Liabilities	305	284167.5
私营股份有限公司 Private Companies of Limited Liabilities with Share Holding	3	25755.3
其他企业 Others	0	0.0
港、澳、台商投资企业 Enterprises funded by Entepreneurs from HongKong, Macao & Taiwan	11	186465.2
与港澳台商合资经营企业 Joint Ventures with HongKong, Macao and Taiwan	1	2280.8
与港澳台商合作经营企业 Cooperation Companies	0	0.0
港澳台商独资企业 Exclusive Investment of HongKong. Macao and Taiwan	9	183623.1
港澳台商投资股份有限公司 Share holding Corporations Funded from HongKong, Macao and Taiwan	0	0.0
其他港澳台投资企业 Other Enterprises	1	561.3
外商投资企业 Foreign - funded Enterprises	9	20222.9
中外合资经营企业 Sino - Foreign Cooperative Economic Units	2	3788.3
中外合作经营企业 Cooperatively - Owned	0	0.0
外资企业 Enterprises with Sole Foreign Investment	7	16434.6
外商投资股份有限公司 Companies Limited Shares with Foreign Inevstment	0	0.0
其他外商投资企业 Others	0	0.0

8 - 18 Continued 1

(10 000 yuan)

期末资产负债 Late Assets and Liabilities				损益及分配 Increase, Decrease and Assigning	
固定资产原价 Original Price of Fixed Assets	资产总计 Total Assets	负债合计 Total Liabilities	所有者权益合计 Total Interests of Own	营业收入 Sales Revenue	营业成本 Sales Cost
69827.1	135679.0	99551.0	35325.9	199605.5	121501.4
7709.6	21984.2	16512.9	5471.3	27012.0	23557.9
62117.5	113694.8	83038.1	29854.6	172593.5	97943.5
800.2	20221.9	11247.3	8974.6	15387.8	10783.6
188197.5	599512.0	535151.2	65094.0	857618.7	521869.7
1310.0	3663.7	1915.8	1970.1	10363.5	7025.7
57.7	575.9	501.2	74.7	1474.3	456.3
180720.9	542579.3	499179.4	43910.9	779588.7	459393.9
6108.9	52693.1	33554.8	19138.3	66192.2	54993.8
0.0	0.0	0.0	0.0	0.0	0.0
162388.4	503581.8	294105.1	209476.7	650636.1	285075.1
15003.7	11215.3	22336	-11121.0	1630.2	31.3
0.0	0.0	0	0.0	0.0	0.0
145886.7	491660.2	271619	220041.2	647671.5	284648.0
0.0	0.0	0	0.0	0.0	0.0
1498.0	706.3	150	556.5	1334.4	395.8
15670.6	61700.2	55185	7702.1	169998.9	70180.5
439.4	6475.7	3219	3256.6	3942.5	3128.8
0.0	0.0	0	0.0	0.0	0.0
15231.2	55224.5	51965	4445.5	166056.4	67051.7
0.0	0.0	0	0.0	0.0	0.0
0.0	0.0	0	0.0	0.0	0.0

8-18 续 表 2

单位:万元

指标名称 Index name	损益及分配 Increase, Decrease and Assigning	
	税金及附加 Taxes and Extras	其他业务利润 Profits of Other Business
总　计 **Total**	**3488.5**	**23736.7**
其中:国有控股 State Holding	216.9	0.0
一、按餐饮业行业小类分 **Gropued by Small Class**		
正餐服务 Dinner Service	2830.9	21797.8
快餐服务 Fast Food Service	282.0	28.7
茶馆服务 Teahouse Service	3.7	0.0
咖啡馆服务 Cafe Service	192.8	0.0
酒吧服务 Pub Service	48.5	0.0
其他饮料及冷饮服务 Other Beverage and Related Services	26.1	1488.6
餐饮配送服务 Food Distribution Service	93.8	421.6
外卖送餐服务 Takeaway Service	0.0	0.0
小吃服务 Caff Service	9.0	0.0
其他未列明餐饮业 Other	1.7	0.0
二、按登记注册类型分 **Grouped by registration**		
内资企业 Domestic - funded Enterprises	2781.7	23560.2
国有企业 State - owned Units	1.7	0.0
集体企业 Collective - owned Units	13.6	100.4
股份合作企业 Cooperative Enterprises of Share Holding	0.0	0.0
联营企业 Joint Venture	0.0	0.0
国有联营企业 State - owned Joint Venture	0.0	0.0
集体联营企业 Collective Joint Ventures	0.0	0.0
国有与集体联营企业 Joint State - Collective Enterprises	0.0	0.0
其他联营企业 Other Enterprises	0.0	0.0

8-18 Continued 2

(10 000 yuan)

损益及分配 Increase, Decrease and Assigning		人工成本及增值税 Labor Cost and Value Added Tax	
营业利润 Operating Profit	利润总额 Total Profits	应付职工薪酬（本年贷方累计发生额）Employee Compensation	应交增值税 Value added Tax Payable
78122.6	**82695.0**	**418199.4**	**14799**
1150.8	785.9	7952.6	434.9
4656.9	7973.2	225192.1	11279.7
25325.4	24519.7	128004.9	1012.0
83.2	83.2	142.0	26.1
39766.9	41510.1	31228.6	1475.0
1940.6	2086.4	6593.0	332.4
-7.1	-91.3	7324.8	91.1
6540.5	6570.3	18424.1	507.0
0.0	0.0	0.0	0.0
25.5	55.9	874.9	75.7
-209.3	-12.5	415.0	0.0
26993.2	29675.5	214469.5	12937.1
72.3	126.6	142.8	5.7
-803.9	-803.9	1365.8	70.8
0.0	0.0	0.0	0.0
0.0	0.0	0.0	0.0
0.0	0.0	0.0	0.0
0.0	0.0	0.0	0.0
0.0	0.0	0.0	0.0
0.0	0.0	0.0	0.0

8－18 续 表 3

单位:万元

指标名称 Index name	损益及分配 Increase, Decrease and Assigning 税金及附加 Taxes and Extras	其他业务利润 Profits of Other Business
有限责任公司 Companies of Limited Liabilities	701.8	1505.7
国有独资公司 Companies with State－owned Excluasive Investment	127.8	0.0
其他有限责任公司 Other Companies of Limited Liabilities	574.0	1505.7
股份有限公司 Companies of Share－holding with Limited Liabilities	20.0	1.6
私营企业 Private－owned Units	2044.6	21952.5
私营独资企业 Privately Owned	19.7	0.0
私营合伙企业 Private Partnership Enterprises	1.0	0.0
私营有限责任公司 Private Companies of Limited Liabilities	1939.9	21618.5
私营股份有限公司 Private Companies of Limited Liabilities with Share Holding	84.0	334.0
其他企业 Others	0.0	0.0
港、澳、台商投资企业 Enterprises funded by Entepreneurs from HongKong, Macao & Taiwan	601.0	66.3
与港澳台商合资经营企业 Joint Ventures with HongKong, Macao and Taiwan	108.5	0.0
与港澳台商合作经营企业 Cooperation Companies	0.0	0.0
港澳台商独资企业 Exclusive investment of HongKong. Macao and Taiwan	492.5	66.3
港澳台商投资股份有限公司 Share holding Corporations Funded from HongKong, Macao and Taiwan	0.0	0.0
其他港澳台投资企业 Other Enterprises	0.0	0.0
外商投资企业 Foreign－funded Enterprises	105.8	110.2
中外合资经营企业 Sino－Foreign Cooperative Economic Units	0.0	0.0
中外合作经营企业 Cooperatively－Owned	0.0	0.0
外资企业 Enterprises with Sole Foreign Investment	105.8	110.2
外商投资股份有限公司 Companies Limited Shares with Foreign Inevstment	0.0	0.0
其他外商投资企业 Others	0.0	0.0

8－18 Continued 3

(10 000 yuan)

损益及分配 Increase, Decrease and Assigning		人工成本及增值税 Labor Cost and Value Added Tax	
营业利润 Operating Profit	利润总额 Total Profits	应付职工薪酬 （本年贷方累计发生额） Employee Compensation	应交增值税 Value added Tax Payable
16122.3	16517.7	37025.5	3773.3
549.3	129.0	6796.0	296.7
15573.0	16388.7	30229.5	3476.6
-665.0	-722.5	4312.2	81.3
12267.5	14557.6	171623.2	9006.0
113.6	162.7	1751.0	73.2
150.2	172.6	238.5	15.3
3906.1	6143.4	156454.3	8554.8
8092.6	8078.9	13179.4	362.7
0.0	0.0	0.0	0.0
58141.4	59705.2	154580.1	1382.5
-94.2	-67.2	620.2	202.0
0.0	0.0	0.0	0.0
58105.7	59627.6	153620.5	1180.5
0.0	0.0	0.0	0.0
129.9	144.8	339.4	0.0
-7012.0	-6685.7	49149.8	479.4
-547.1	-513.0	1294.2	4.5
0.0	0.0	0.0	0.0
-6464.9	-6172.7	47855.6	474.9
0.0	0.0	0.0	0.0
0.0	0.0	0.0	0.0

8－19　亿元商品交易市场分类成交额(2021 年)

项　　目 Item	年末出租摊位数 (个) Number of Booth (unit)	成交额 (万元) Sales Revenue (10 000 yuan)
总　　计 Total	**22470**	**10785598**
1. 粮油、食品类 grain and oil, food	5106	4326205
其中:粮油类 Among them:grain and oil	939	507984
肉禽蛋类 Poultry and eggs	742	308726
水产品类 Aquatic product category	656	1962590
蔬菜类 Vegetables	1067	600940
干鲜果品类 Dry and fresh fruit	66	7175
2. 饮料类 drinks	342	68527
3. 烟酒类 tobacco and alcohol	67	15390
4. 服装、鞋帽、针纺织品类 clothing, footwear, textiles	9290	630985
(1)服装类 clothing	8110	524258
(2)鞋帽类 shoes and hats	826	67138
(3)针纺织品类 textiles	354	39589
5. 化妆品类 cosmetics category	0	0
6. 金银珠宝类 gold and silver jewelry	0	0
7. 日用品类 daily necessities	73	18995
其中:可穿戴智能设备 Among Them: Wearable Smart Devices	0	0
8. 五金、电料类 hardware, electrical materials	1176	217545
9. 体育、娱乐用品类 sports, entertainment products	0	0
其中:照相器材类 Among them:photographic equipment	0	0
10. 书报杂志类 books and magazies	0	0
11. 电子出版物及音像制品类 electronic publications and audio－visual products	0	0
12. 家用电器和音像器材类 Household Appliances and Audio－visual Equipment	555	139495
其中:能效等级为 1 和 2 级的商品 Among Them: Energy Efficiency Rating is a Class Ⅰ and Class Ⅱ Commodity	0	0
其中:智能家用电器和音像器材 Among Them: Smart Hone Appliances and Audio and Vedio Equipment	0	0

CLASSIFICATION TURNOVER ALL TRANSACTION OVER 100 MILLION YUAN（2021）

项　　目 Item	年末出租摊位数（个） Number of Booth（unit）	成交额（万元） Sales Revenue（10 000 yuan）
13. 中西药品类 Drugs	0	0
其中:西药类 Among them:Western Medicine	0	0
中草药及中成药类 Chinese Medicine	0	0
14. 文化办公用品类 Cultural office Supplies	630	160246
其中:计算机及其配套产品 Among them:Computer and its supporting products	0	0
15. 家具类 Furniture	381	312026
16. 通讯器材类 Communication Equipment	365	165595
其中:智能手机 Among Them: Smartphones	0	0
17. 煤炭及制品类 Coal and Products	9	2495
18. 木材及制品类 Wood and Products	405	510245
19. 石油及制品类 Petroleum and Products	48	12495
20. 化工材料及制品类 Chemical Materials and Products	195	49995
其中:化肥类 Among them:Chemical Fertillizer	100	25245
21. 金属材料类 Metallic Materical	1925	3153663
22. 建筑及装潢材料类 Consturction and Decoration Materials	948	61558
23. 机电产品及设备类 Mechanical and Electronic Products and Equipment	235	59995
其中:农机类 Among them:Agricultural Machinery	15	4995
24. 汽车类 The Car	160	546788
其中:新能源汽车 Among Them: New Energy Vehicle	45	6990
25. 种子饲料类 Seed and Feed	50	13245
26. 棉麻类 Cotton and Hemp	0	0
27. 其他类 Others	510	320110

8－20　亿元商品交易市场分类(2021 年)

项　　目 Item	市场数量(个) Number(unit)	总摊位数(个) All Booths(unit)	年末出租摊位数(个) Booths rental end of the year(unit)	营业面积(平方米) Sapce of Management(m^2)	成交额(万元) Sales Revenue(10 000 yuan)
总　计 Total	**31**	**26503**	**22470**	**2759325**	**10785598**
一、按市场类别分组 Group by Market					
1.综合市场 Integration Markets	7	7918	7649	1306253	3768099
综合贸易市场 Comprehensive trade Market	7	7918	7649	1306253	3768099
生产资料综合市场 Integration Markets of Capital Goods	1	4181	4101	840000	1961840
农产品综合市场 Integration Markets of Farming Products	5	3037	2998	266253	1254059
其他综合市场 Others	1	700	550	200000	552200
2.专业市场 Speciality Markets	24	18585	14821	1453072	7017499
生产资料市场 Capital Goods Markets	4	1995	1775	253400	3143836
金属材料市场 Metal Materials Market	4	1995	1775	253400	3143836
农产品市场 Farm Products Markets	1	1682	1382	138294	2840000
水产品市场 Aquatic Products Market	1	1682	1382	138294	2840000
食品、饮料及烟酒市场 Markets for Food, Berveage, Cigarette and Liquor	1	120	120	1144	12075
茶叶市场 Tea Markets	1	120	120	1144	12075
纺织、服装、鞋帽市场 Textile, Clothing, Shoe and Hat Markets	13	12224	9230	684133	630693
布料及纺织品市场 Fabric and Textile Markets	2	235	120	9700	15512
服装市场 Clothing Markets	9	11269	8584	624433	579681

THE CLASSIFICATION OF ALL TRANSACTION OVER 100 MILLION YUAN (2021)

项　目 Item	市场数量（个） Number (unit)	总摊位数（个） All Booths (unit)	年末出租摊位数（个） Booths rental end of the year (unit)	营业面积（平方米） Sapce of Management (m^2)	成交额（万元） Sales Revenue (10 000 yuan)
鞋帽市场 Shoes and Hats Markets	2	720	526	50000	35500
日用品及文化用品市场 Articles for Daily use and Cultural Products Markets	1	620	590	77676	150001
其他日用品及文化用品市场 Others	1	620	590	77676	150001
电器、通讯器材、电子设备市场 Electrical Appliance, Communication Equipment and Electronic and Markets	1	435	352	25000	162100
通讯器材市场 Communication Equipment Markets	1	435	352	25000	162100
家具、五金及装饰材料市场 Furniture, Hardware and Decoration Makets	3	1509	1372	273425	78794
家具市场 Funiture Makets	1	266	266	51581	44094
装饰材料市场 Decoration Materials Markets	1	700	700	190000	9500
五金材料市场 Hardware Markets	1	543	406	31844	25200
二、按经营方式分组 Group by way of Operation					
1. 以批发为主 Wholesale Based	25	23874	20167	2267995	10099080
2. 以零售为主 Retail Oriented	6	2629	2303	491330	686518
三、按经营环境分组 Group by Business Environment					
1. 露天式 Open air	4	2905	2346	195094	3384000
2. 封闭式 Closed	26	23055	19718	2532387	7376398
3. 其　他 Other	1	543	406	31844	25200

8－21 商业综合体总体情况(2021 年)

一、基本情况

商业综合体调查个数:28 个

全部可出租(使用)面积:206.24 万平方米

车位数:4.05 万个

全年总客流量:30924 万人次

二、自营、联营部分的经营情况

项目	Item	商户数(个) Number of Merchants (unit)	法人 Corporation	分支机构 Branches	个体户 Individual Merchants
合计	Total	150	143	6	1
一、零售业	Retail	140	134	5	1
1. 百货零售	Department Stores	1	1	0	0
2. 超级市场零售	Supermarkets	1	1	0	0
3. 食品、饮料及烟草制品零售	Food, Beverage, and Tobacco Products Retail	3	3	0	0
4. 服装鞋帽针纺织品零售	Clothing Shoes, Hats and Needle Textiles Retail	102	99	2	1
5. 化妆品零售	Cosmetics Retail	20	17	3	0
6. 日用品零售	Daily Necessities Retail	2	2	0	0
7. 家用电器及电子产品零售	Household Appliances and Electronic Products Retail	3	3	0	0
8. 珠宝首饰零售	Jewelry Retail	6	6	0	0
9. 其他	Others	2	2	0	0
二、餐饮业	Catering	9	8	1	0
三、服务业	Serive	1	1	0	0
1. 电影放映	Film Screening	1	1	0	0
2. 教育培训	Education Training	0	0	0	0
3. 娱乐活动	Indor Entertainment	0	0	0	0
4. 理发及美容服务	Hairdressina and Beauty Services	0	0	0	0
5. 健身休闲活动	Body Building and Healthcare	0	0	0	0
6. 摄影服务	Photography	0	0	0	0
7. 其他	Others	0	0	0	0

三、租赁部分的经营情况

项目	Item	商户数(个) Number of Merchants (unit)	法人 Corporation	分支机构 Branches	个体户 Individual Merchants
合计	Total	5867	2501	810	2556
一、零售业	Retail	3202	1390	451	1361
1. 百货零售	Department Stores	131	62	11	58
2. 超级市场零售	Supermarkets	28	18	9	1
3. 食品、饮料及烟草制品零售	Food, Beverage, and Tobacco Products Retail	236	76	29	131
4. 服装鞋帽针纺织品零售	Clothing Shoes, Hats and Needle Textiles Retail	1825	784	248	793
5. 化妆品零售	Cosmetics Retail	108	53	19	36
6. 日用品零售	Daily Necessities Retail	226	104	40	82
7. 家用电器及电子产品零售	Household Appliances and Electronic Products Retail	174	111	27	36
8. 珠宝首饰零售	Jewelry Retail	155	65	29	61
9. 其他	Others	319	117	39	163
二、餐饮业	Catering	1659	654	218	787
三、服务业	Serive	1006	457	141	408
1. 电影放映	Film Screening	30	20	10	0
2. 教育培训	Education Training	340	168	56	116
3. 娱乐活动	Indor Entertainment	162	63	21	78
4. 理发及美容服务	Hairdressina and Beauty Services	245	89	21	135
5. 健身休闲活动	Body Building and Healthcare	49	26	7	16
6. 摄影服务	Photography	15	7	3	5
7. 其他	Others	165	84	23	58

TOTAL CONDITIONS OF COMMERCIAL SYNTHESES (2021)

Basic Conditions

Number of Commercial Syntheses Surveyed: 28 (unit)
Total Leasable Space: 206.24 (10 000 m^2)
Number of Poking Places: 4.05 (10 000 unit)
Total Passenger Flow of The Year: 30924 (10 000 persons)

Operating Conditions of Self Owned and Affilliated Merchants

商户从业人员期末人数(人) Number of Late Employees of merchants(person)	商户销售额(营业额) Operating Revenue of Merchants (万元) (10 000 yuan)		营业面积(平方米) Operating Spate(m^2)
	本年 This Year	上年 Last Year	
801	78677	92968	107359
641	71998	86063	87648
8	1894	30594	34657
35	8200	8426	15728
21	422	309	552
420	40779	36343	32122
81	5079	1394	1895
13	569	538	210
12	8004	5297	706
40	6811	2953	546
11	240	209	1232
150	6199	6405	14711
10	480	500	5000
10	480	500	5000
0	0	0	0
0	0	0	0
0	0	0	0
0	0	0	0
0	0	0	0
0	0	0	0

Operating Conditions of Rental Merchants

商户从业人员期末人数(人) Number of Late Employees of Merchants(person)	租金总额(万元) Rental Income (10 000 yuan)		商户销售额(营业额) Operating Revenue of Merchants (万元) (10 000 yuan)		营业面积(平方米) Operating Space(m^2)
	本年 This Year	上年 Last Year	本年 This Year	上年 Last Year	
40029	235230	155800	1996421	1248632	1677459
16799	129038	87650	1302425	868930	808913
1283	4256	4917	48534	43565	43460
2833	25035	15806	322710	297237	252745
1142	4501	3638	36163	30123	17176
6547	55708	40699	373319	222186	321319
656	5454	4346	42609	24362	14577
1020	9405	5120	56251	46369	51121
1089	3187	6207	170003	119770	44106
722	5089	1800	75159	24076	13285
1507	10403	5117	177677	61242	51124
15317	62882	41307	501769	277527	324227
7913	43310	26843	192227	102175	544319
626	7161	4706	26267	12932	135476
2797	12077	6813	51373	24856	131302
1668	7437	4762	33465	17787	145104
1246	7559	4608	32159	19787	34665
508	3262	2058	12015	6673	51305
173	529	201	6238	2861	4271
895	5285	3695	30710	17279	42196

8－22 历年进出口人民币总值
IMPORT AND EXPORT RMB CALIBER DATA OVER THE YEARS

单位：亿元 (100 million yuan)

年份 Year	进出口总额 Total Imports and Exports	进口 Imports	出口 Exports
2000	168.9	71.5	97.4
2001	178.7	100.3	78.4
2002	182.3	92.1	90.2
2003	259.8	137.2	122.6
2004	355.0	195.2	159.8
2005	506.7	298.9	207.8
2006	641.2	338.8	302.4
2007	761.8	397.5	364.3
2008	984.3	497.7	486.6
2009	780.5	383.0	397.5
2010	1227.3	633.0	594.3
2011	1485.1	723.1	762.0
2012	1285.1	606.5	678.6
2013	1349.6	608.7	740.9
2014	1624.2	777.0	847.2
2015	1749.3	804.9	944.4
2016	1570.1	664.3	905.8
2017	1935.7	778.2	1157.5
2018	2146.0	873.3	1272.7
2019	2441.4	1077.9	1363.5
2020	2704.3	1282.6	1421.7
2021	3359.4	1430.4	1929.0

8-23 历年进出口美元总值
IMPORT AND EXPORT DOLLAR CALIBER DATA OVER THE YEARS

单位:亿美元　　(100 million USD)

年份 Year	进出口总额 Total Imports and Exports	进口 Imports	出口 Exports
2000	20.25	8.52	11.73
2001	21.56	12.10	9.46
2002	22.03	11.13	10.90
2003	31.35	16.54	14.81
2004	42.93	23.61	19.32
2005	61.56	36.32	25.24
2006	80.13	42.34	37.79
2007	99.60	52.03	47.57
2008	140.33	70.95	69.38
2009	114.59	56.33	58.26
2010	180.79	93.25	87.54
2011	228.68	111.35	117.33
2012	203.52	96.06	107.46
2013	217.52	98.09	119.43
2014	264.29	126.38	137.91
2015	280.50	128.98	151.52
2016	237.81	100.58	137.23
2017	285.91	114.90	171.01
2018	325.19	132.47	192.72
2019	353.15	156.09	197.06
2020	391.51	185.52	205.99
2021	519.59	221.04	298.55

8-24 历年实际利用外资
AMOUNT OF FOREIGN CAPITAL ACTUALLY UTILIZED

单位:万美元 (10 000 USD)

年份 Year	合计 Total	境外客商直接投资 Foreign Direct Investments	实际利用外资比上年增长±% Increase Rate of Foreign Capital Actually Utilized Over Last Year (%)
1990	8044	1135	2.7
1991	10187	1507	26.6
1992	21261	7138	108.7
1993	46427	29485	118.4
1994	91343	44961	96.7
1995	111514	59150	22.1
1996	92024	46730	-17.5
1997	93083	45333	1.2
1998	105618	45397	13.5
1999	116585	47550	10.4
2000	130279	75415	11.7
2001	143201	72223	10.0
2002	157602	86300	10.1
2003	176155	111147	11.8
2004	152003	116063	20.6
2005	174001	133998	14.5
2006	200143	151091	15.0
2007	225005	169763	12.4
2008	257338	193841	14.4
2009	293501	217331	14.1
2010	329265	245031	12.2
2011	376015	275400	14.2
2012	444424	342174	18.2
2013	525011	410081	18.1
2014	619858	524208	18.1
2015	734303	647553	18.5
2016	852255	755655	16.1
2017	964690	964690	13.2
2018	1092684	1092684	13.3
2019	1230896	1230896	12.6
2020	1116486	1116486	-9.3
2021	1257000	1257000	12.6

8－25 旅 游 基 本 情 况(2020－2021 年)
STATISTICS ON TOURISM(2020－2021)

指标名称 Index Name	计量单位 unit	2020	2021
接待游客总人数 Number of Tourists Received	万人次 (10 000 persons)	25911.90	27150.83
旅游总收入 Total Tourism Earnings	亿元 100 million yuan	2906.29	2920.84
年末星级以上宾馆数 Number of Star－ranking and above Hotels	个 unit	57	56
其中:五星级 Five－Star	个 unit	15	15
四星级 Four－Star	个 unit	26	25
三星级 Three－Star	个 unit	15	15
旅游星级饭店客房合计 Number of Guest Rooms	间 unit	12011	12364
旅游星级饭店床位合计 Number of Beds	张 unit	21391	19572
旅游星级饭店客房实际出租间天数 Actual Number of Days Hired for Guest Rooms	间/天 unit per day	1750029	2198331
旅游星级饭店客房核定出租间天数 Checking Number of Days Hired for Guest Rooms	间/天 unit per day	4267261	4058956
旅行社个数 Number of Travel Agencies	个 unit	426	466
年末 A 级旅游景区数 Number of Grade A Tourist Attractions	个 unit	47	51
其中:4 级及以上 Four A Class and Above	个 unit	24	24

主要统计指标解释

社会消费品零售总额　指企业(单位、个体户)通过交易直接售给个人、社会集团非生产、非经营用的实物商品金额,以及提供餐饮服务所取得的收入金额。个人包括城乡居民和入境人员,社会集团包括机关、社会团体、部队、学校、企事业单位、居委会或村委会等。

商品购进额　指从本企业以外的单位和个人购进(包括从国外直接进口)作为转卖或加工后转卖的商品金额(含增值税)。本指标反映批发和零售业从国内外市场上购进商品的总价。

商品购进包括:(1)从工农业生产者、批发和零售业企业、住宿和餐饮业企业、出版社或报社的出版发行部门和其他服务业企业购进的商品;(2)从机关团体、事业单位购进的商品;(3)从海关、市场管理部门购进的缉私和没收的商品;(4)从居民收购的废旧商品等。

不包括:(1)企业为本单位自身经营用,不是作为转卖而购进的商品,如材料物资、包装物、低值易耗品、办公用品等;(2)未通过买卖行为而收入的商品,如接受其他部门移交的商品、借入的商品、收入代其他单位保管的商品、其他单位赠送的样品、加工回收的成品等;(3)经本单位介绍,由买卖双方直接结算,本单位只收取手续费的业务;(4)销售退回和买方拒付货款的商品;(5)商品溢余。

商品销售额　指对本单位以外的单位和个人出售的商品金额(包括售给本单位消费用的商品,含增值税),本指标反映批发和零售业在国内市场上销售商品以及出口商品的总量。

商品销售包括:(1)售给城乡居民和社会集团消费用的商品;(2)售给农业、工业、建筑业、服务业等国民经济各行业用于生产、经营用的商品,包括售予批发和零售业作为转卖或加工后转卖的商品;(3)对国(境)外直接出口的商品。

商品销售不包括:(1)未通过买卖行为付出的商品,如随机构变动移交给其他企业单位的商品、借出的商品、归还受其他单位委托代保管的商品、付出的加工原料和赠送给其他单位的样品等;(2)经本单位介绍,由买卖双方直接结算,本单位只收取手续费的业务;(3)购货退回的商品;(4)商品损耗和损失;(5)出售本单位自用的废旧物资。

营业额　指住宿和餐饮业单位在经营活动中因提供服务或销售商品等取得的全部收入(含增值税)。收入主要来源于提供客房、餐费服务、商品销售和其他服务,如商务服务。不包括多产业法人企业附营的其他产业活动单位的餐费收入,商品销售收入等各项收入。

连锁总店(总部)　负责连锁企业资源(商号、商誉、经营模式、服务标准、管理模式等等)的开发、配置、控制或使用等功能的企业核心管理机构。连锁经营是指经营同类商品或服务,使用统一商号的若干店铺,在同一总店(总部)的管理下,采取统一采购或特许经营等方式,实现规模效益的组织形式,包括直营连锁、特许连锁和自愿连锁三种形式。

商品交易市场　是指经有关部门和组织批准设立,有固定场所、设施,有经营管理部门和监管人员,若干市场经营者入内,常年或实际开业三个月以上,集中、公开、独立地进行生活消费品、生产资料等现货商品交易以及提供相关服务的交易场所,包括各类消费品市场、生产资料市场等。

城市商业综合体　是指以区域为中心、以购物中心为主导,融合了商业零售、餐饮、休闲养生、娱乐、文化、教育等多项城市主要功能活动,面向各类生活消费人群、提供综合性服务的大型建筑综合体。

货物进出口总额　指实际进出我国关境的货物总金额。包括对外贸易实际进出口货物,来料加工装配进出口货物,国家间、联合国及国际组织无偿援助物资和赠送品,华侨、港澳台同胞和外籍华人捐赠品,租赁期满归承租人所有的租赁货物,进料加工进出口货物,边境地方贸易及边境地区小额贸易进出口货物(边民互市贸易除外),中外合资企业、中外合作经营企业、外商独资经营企业进出口货物和公用物品,到、离岸价格在规定限额以上的进出口货样和广告品(无商业价值、无使用价值和免费提供出口的除外),以及其他进出口货物。该指标用以观察一个国家在对外贸易方面的总规模。我国规定出口货物按离岸价格统计,进口货物按到岸价格统计。

利用外资　指我国各级政府、部门、企业和其他经济组织通过吸收外商直接投资以及用其他方式筹措的境外现汇、设备、技术等。

外商直接投资　指外方投资者在我国境内通过设立外商投资企业、合伙企业、与中方投资者共同进行石油、天然气和煤层气等资源的合作勘探开发以及设立外国公司分支机构等方式进行投资。外方投资者可以用现金、实物、无形资产、股权等投资。

旅游者人数　包括入境国际旅游者人数、出境居民人数和国内旅游者人数。

(1)入境国际旅游者人数:指来中国参观、访问、旅行、探亲、访友、休养、考察、参加会议和从事经济、科技、文化、教育、宗教等活动的外国人、华侨、港澳同胞和台湾同胞的人数。不包括外国在我国的常驻机构,如使领馆、通讯社、企业办事处的工作人员;来我国常住的外国专家、留学生以及在岸逗留不过夜人员。

(2)出境居民人数:指大陆居民因公务活动或私人事务短期出境的人数。公务活动出境居民人数包括在国际交通工具上的中国服务员工,因私出境居民人数不包括在国际交通工具上的中国服务员工。

(3)国内旅游者人数:指我国大陆居民和在我国常住1年以上的外国人、华侨、港澳台同胞离开常住地在境内其他地方的旅游设施内至少停留一夜,最长不超过6个月的人数。国际旅游(外汇)收入指入境旅游的外国人、华侨、港澳同胞和台湾同胞在中国大陆旅游过程中发生的一切旅游支出,对于国家来说就是国际旅游(外汇)收入。

Explanatory Notes on Main Statistical Indicators

Total Retail Sales of Consumer Goods refer to the amount obtained by enterprises (units, self – employed individuals) through direct sales of non – production and non – business physical commodity to individuals, social institutions, and revenue from providing catering services. Individuals include rural and urban households, population from abroad, social institutions include government agencies, social organizations, military units, schools, institutions, neighbourhood (village) committees.

Total Purchases of Commodities refer to the value of commodities (including VAT) purchased by the enterpises from other units or individuals (including dirct import from abroad) for the purpose of reselling, either with or without further processing of commodities purchased. This indicator is used to show the total value of purchases of commodities by wholesale and retail establishments from domestic and overseas market.

The total purchases include: (1) Commodities purchased from agricultural and industrial producers, wholesle and retail establishments, accommodation and catering establishments, publishers or distribution dapartment of newspaper offices, and other service establishments; (2) Commodities purchased from government agencies and public institutions; (3) Confiscated goods purchased from customs authories or market management agencies; (4) Second – hand goods and wastes purchased from residents.

Excluded are: (1) Commodities purchased by enterprises for use in their own business operation without buying or selling procedures, including material assets, packing, low – value consumables and office supplies, etc; (2) Commodities obtained without buying or selling procedures, such as goods handed over from other enterprises and institutions, borrowed goods, goods preserved for other units, samples donated by others, finished products recycled after processing, etc; (3) Commission income from brokerage in transactions whose settlement is directly handled by buyers and sellers; (4) Rejected commodities in purchase and goods which buyers refuse to pay the price; (5) Commodities overage.

Total Sales of Commodities refer to value of commodities sold by the establishments to other establishments and individuals (involving commodities sold for self consumption, including VAT). This indicator is used to show the total value of sales of commodities at domestic markets and exports.

The total sales include: (1) commodities sold to urban and rural residents and social groups for their consumption; (2) commodities sold to establishments in agriculture, industry, construction service and other professions for their production and operation, including wholessle and retail establishments for re – selling, with or without further processing; (3) commdities for direct export to other countries.

Excluded are: (1) commodities transferred without buying or selling procedures, such an goods handed over to other enterprises and institutions because of the change of the organizations, lent goods, returned good preserved for others, extended processing materials and samples donated to others, etc; (2) commission income from brokerage in transactions whose settlement is directly handled by buyers and sellers; (3) rejected commodities in the purchase; (4) loss in commodities; (5) waste and used materials used by the establishments themselves.

Business Revenue refer to revenue received from providing services or selling commodities by establishments in hotel and catering services, including income from hotel rooms, from catering services, from selling of commodities and from other services. Income from catering, selling commodities and other sources by units attached to the corporated enterprises but in other professions are excluded.

Chain Head Store (headquarter) refer to the core leading stores responsible for development, allocation, administration and utilization of resources (name of stores, brand of stores, operation model, service standard, management way, etc.) of chain stores. Chain store operation refers to the organization of stores which engaged in providing homogeneous commodities or services, using unique name of stores, under the central leadership of head store, adopting centralized purchasing or franchising or other ways in order to gain scale benefits. There are three organizations to achieve scale benefits in chain stores, including direct management, special permit, voluntary arrangement.

Commodity Trading Markets Refers to the trading places established with the approval of relevant departments and organizations, with a fixed place, facilities, management department and supervisors, in which the number of market operators trading consumer goods, means of production and other spot commodities, and providing related services independently openly with concentration for more than three months or all the year round, including all kinds of consumer goods market, production market, etc.

Urban Commercial Complex refers to a large – scale building complex with a regional center and a shopping center as the leading factor, which integrates many major urban functions such as commercial retailing, catering, leisure and health preservation, entertainment, culture and education, and provides comprehensive services to all kinds of consumer groups.

Total Import and Export of Goods refer to the real value of commodities imported and exported across the border of China. They include the actual imports and exports through foreign trade, imported and exported goods under the processing and assembling trades and materials, supplies and gifts as aid given gratis between governments and by the United Nations and other international organizations, and contributions donated by overseas Chinese, compatriots in Hong Kong and Macao and Chinese with foreign citizenship, leasing commodities owned by tenant at the expiration of leasing period, the imported and exported commodities processed with imported materials, commodities trading in border areas (excluding mutual exchange goods), the imported and exported commodities and articles for public use of the Sino—foreign joint ventures, cooperative enterprises and ventures with sole foreign investment. Also included is import or export of samples and advertising goods for which CIF or FOB value are beyond the permitted ceiling (excluding goods of no trading or use value and free commodities for export), imported goods sold in China from bonded warehouses and other imported or exported goods. The indicator of the total imports and exports at customs can be used to observe the total size of external trade in a country. In accordance with the stipulation of the Chinese government, imports are calculated at CIF, while exports are calculated at FOB.

Utilization of Foreign Capital refers to remittance, equipment and technology financed from abroad, by loans, foreign direct investment and other forms undertaken by the Chinese governments at all levels, by various departments, enterprises and other economic units.

Foreign Direct Investment refer to the investments inside China by foreign enterprises and economic organizations or individuals (including overseas Chinese, compatriots from Hong Kong, Macao and Taiwan, and Chinese enterprises registered abroad), following the relevant policies and laws of China, for the establishment of ventures exclusively with foreign own investment, Sino – foreign joint ventures and cooperative enterprises or for co – operative exploration of resources with enterprises or economic organizations in China. It includes the re – investment of the foreign entrepreneurs with the profits gained from the investment and the funds that enterprises borrow from abroad in the total investment of projects which are approved by the relevant depantment of the government.

Number of Tourists (1) International tourists refer to foreigners, overseas Chinese, Chinese compatriots from Hong Kong, Macao and Taiwan coming to China for sight – seeing, visits, tours, family reunions, vacations, study tours, conferences and other activities of a business, scientifc and technolongical, cultural, educational and religious nature. It does not include representatives and employees of resident instiututions of foreign countries in China such as embassies, consulates, news agencies and offices of foreign companies and organizations, nor does it include long – term foreign experts or studentss residing in China, or persons in transition without spending a night in China.

(2) Chinese residents goning abroad refer to Chinese residents going abroad for short terms for either public business or private purposes. Chinese employees working on international transport carriers are included in those going abroad for public business purpose, not in those for private purpose.

(3) Domestic tourists refer to residents of the mainland of China who stay for one night at least but no more than 6 months at tourist facilities in other places than their permanent residece within the territory of the mainland China, including foreigners, overseas Chinese and Chinese compatriots from Hong Kong, Macao and Taiwan who have resided in China for over one year.

九、财政、金融和保险

FINANCE, BANKING AND INSURANCE

资料整理人员：张晓勇　刘　洁　肖从新　杨　敏　郭子仪

STAFF FOR DATA PROCESSING:

Zhang Xiaoyong　Liu Jie　Xiao Congxin　Yang Min　Guo Ziyi

简要说明

本篇反映我市财政收支、金融、证券和保险业发展情况。财政收支资料来源于市财政局；反映金融经营情况的"金融机构资金来源与运用""银行资金来源与运用""金融机构年末储蓄存款余额"等资料，为中国人民银行武汉分行营业管理部整理提供；反映证券经营情况的"证券市场交易情况"，由中国证券监督管理委员会湖北监管局提供；反映保险经营情况的"历年保险业务经营情况""保险业务经营情况"，由中国银行保险监督管理委员会湖北监管局提供。

Brief Description

This chapter shows the government revenue and expenditure, banking, security and insurance in Wuhan. The data on government revenue and expenditure come from Wuhan Finance Bureau. Data on banks source and banks uses、cash income and expenditures of financial institutions reflecting financial business are collected and prepared on the basis of information from the Wuhan branch of People's Bank of China. Data on transactions of securities reflecting security business are provided by Hubei Regulatory Bureau of China Securities Regulatory Commission. Data on economic indicators of insurances business in various years reflecting insurance business are provided by Hubei Office of China Banking and Insurance Regulatory commission.

9-1 财政收入与支出(2020-2021年)
GOVERNMENT REVENUES AND EXPENDITURES(2020-2021)

单位:万元 (10 000 yuan)

指标名称 Index Name	2020	2021
一般公共预算总收入 General Public Budget Revenue	23927696	29142375
其中:地方一般公共预算收入 Local General Public Budget Revenue	12302897	15786488
#税收收入 Tax Revenue	10410561	13505757
#增值税 Value Added Tax	3788183	4385855
企业所得税 Corporate Income Tax	2126319	2587647
个人所得税 Individual Income Tax	567668	718945
城建税 Tax on City Maintenance and Construction	778783	984253
一般公共预算支出 General Public Budget Expenditure	24078114	22159673
#一般公共服务 General public services	1900388	1948231
国防和公共安全 National Defence and Public Security	1168546	1353525
教　育 Education	2929129	3080660
科学技术 Science and Technology	1526677	1902166
文化旅游体育与传媒 Culture, tourism, Sports and Media	299045	264563
社会保障和就业 Social Security and Employment	3846419	2637883
卫生健康 Medical Health	3810470	1979309
节能环保 Energy Conservation and Environmental Protection	342741	236369
城乡社区 Affairs of Urban and Rural Community	4090058	4349437
农林水 Affairs of Agriculture, Forestry and Water	924128	1110449
交通运输 Traffic and Transport	866751	848513
商业服务业等 Affairs of Commerce and Sevice Business	181987	162959
金融 Banking Expenditure	102233	111203

9-2 税 收 完 成 情 况(2020-2021 年)
GOVERNMENT TAXES REVENUES(2020-2021)

单位:万元 (10 000 yuan)

指标名称	Index Name	2020	2021
国内税收收入合计	Total of Internal Revenue	10410561	13505757
1. 国内增值税	Value Added Tax	3788183	4385855
2. 企业所得税	Corporate Income Tax	2126319	2587647
3. 个人所得税	Individual Income Tax	567668	718945
4. 资源税	Resource Tax	1467	1061
5. 城建税	Tax on City Maintenance and Construction	778783	984253
6. 房产税	Tax on Real Estates	404848	569869
7. 印花税	Stamp Tax	210177	260662
8. 土地使用税	Tax on Use of Land	110348	146005
9. 土地增值税	Land Value - Added tax	1155867	2143679
10. 车船税	Tax on Use of Vehicles and Ships	111589	147195
11. 耕地占用税	Tax on Occupation of Farmland	44077	77924
12. 契税	Contract Tax	1103112	1476241
13. 环保税	Environmental Tax	8123	6420

9-3 金融机构资金来源与运用(2021年)
CREDIT FUNDS BALANCE SHEET OF BANKS - SOURCES AND BANKS - USES OF FINANCIAL INSTITUTIONS(2021)

单位:亿元 (100 million yuan)

指标名称 Index Name	2021
资金来源本外币 Sources from Local and Foreign Currency	
金融机构本外币存款 Local and Foreign Currency Deposits of Financial Institutions	33775.87
#本　币 Local Currency	33073.81
#住户存款 Households Deposits	11631.53
非金融企业存款 Non - Financial Enterprises Deposits	13513.02
机关团体存款 Deposits of government organs and organization	5353.15
财政性存款 Fiscal Deposit	809.29
非银行业金额机构存款 Non - Bank Financial Institutions Deposits	2229.77
资金运用本外币 Uses for Local and Foreign Currency	
金融机构本外币贷款 Local and Foreign Currency Loans of Financial Institutions	40825.42
#本　币 Local Currency	39371.09
#住户贷款 Households Loans	11704.02
短期贷款 Short - term Loans	1082.83
中长期贷款 Medium & Long - term Loans	10621.19
非金融企业及机关团体贷款 Non - Financial Enterprises, Agencies and Groups Loans	28168.25
短期贷款 Short - term Loans	4702.33
中长期贷款 Medium & Loug - term Loans	19415.98
票据融资 Bill Financing	1974.64
融资租赁 Finance Lease	2067.57

9-4 证券市场交易情况(2017-2021年)
STATISTICS ON TRANSACTIONS OF SECURITIES(2017-2021)

单位:万元 (10 000 yuan)

指标名称 Index Name	2017	2018	2019	2020	2021
一、交易量合计 Total Transaction of Securities	598874990	464969604	639890789.28	889221099.99	1061877127.58
(一)股票交易量 Stock Transaction	307282874	230033654	376082442.32	565177158.16	637092271.76
(二)基金 Funds	18553181	15913116	16874135.38	23148433.72	28694686.26
(三)债券 Government Bonds	5492407	4837788	4086665.33	23409147.24	33062907.93
(四)债券融资回购交易 Bond Repurchase Trading	10127533	7358568	4546747.30	2455399.60	1536464.10
(五)债券融券回购交易 Bond Securities Repurchase Trading	254046195	203890710	238260040	274221101	357116359.14
(六)其他证券 Others	3372803	2935769	1050433.05	2785679.72	4374438.39
二、网点数(个) Number of Network(unit)	227	236	253	256	253

9-5 历年保险业务经营情况
ECONOMIC INDICATORS OF INSURANCE BUSINESS OVER THE YEARS

单位:万元 (10 000 yuan)

年份 Year	保费收入 Premium	赔款和给付 Claim and Indemnity
1993	63081	26240
1994	67398	45657
1995	86419	53277
1996	119571	36245
1997	161036	36314
1998	187055	65972
1999	228178	48509
2000	224530	43602
2001	264023	67625
2002	398889	98151
2003	438849	107588
2004	456315	130028
2005	542889	142602
2006	554398	162084
2007	660387	254532
2008	1020521	331739
2009	1229012	277528
2010	1662284	303019
2011	1872413	407510
2012	1752754	461543
2013	2022253	604818
2014	2657141	753343
2015	3245705	995023
2016	4257617	1228951
2017	5540265	1290417
2018	6210229	1596984
2019	7672574	2069263
2020	8356614	2218581
2021	8391813	2492673

9－6 保险业务经营情况(2021 年)
ECONOMIC INDICATORS OF INSURANCE BUSINESS(2021)

单位:万元 (10 000 yuan)

项　　目 Item	保费收入 Premium	赔款、给付金额 Claim and Indemnity
全市总计	**8391813.47**	**2492673.67**
一、财产保险 Property Insurance	**1655015.03**	**1083307.36**
企业财产保险 Enterprises Property Insurance	96669.15	52533.70
家庭财产保险 Family Property Insurance	14445.17	1922.27
机动车辆保险 Insurance Motor Vehicles	1063359.75	745987.49
工程保险 Construction Insurance	46162.86	25314.67
责任保险 Responsibility Insurance	125031.73	69408.89
信用保险 Credit Insurance	18705.25	7172.75
保证保险 Guarantee Insurance	185467.39	115948.04
船舶保险 Shipping Insurance	4772.12	4368.14
货运险 Cargo Insurance	19187.35	9753.11
特殊风险保险 Special Risk Insurance	2345.67	2278.99
农业保险 Agriculture Insurance	53623.53	31226.43
其他险 Other Insurance	25245.06	17392.86
二、人身保险 Life Insurance	**6736798.44**	**1409366.31**
寿　险 Common Life Insurance	5133577.68	625895.57
意外伤害险 Accident Insurance	189662.31	54107.40
健康保险 Health Insurance	1413558.44	729363.34

注:本表数据为“企业会计准则 2 号解释”下新口径数据。新口径数据具体是指保险业保费收入核算采用新计量方法,投连和万能险等险种与保险风险相关的业务收入将计为保费收入,其余不相关部分将不计为保费收入。

Note: Data from this table are new statistic scrope data under No. 2 Explanation of Accounting Standards. New statistic scrope refers to new calculating method of insurance premium accounting. Income from investment linked and universal life and other insurance related to insurance risk are included in insurance premium and uncorrelated parts are excluded.

主要统计指标解释

财政收入 国家财政参与社会产品分配所取得的收入，是实现国家职能的财力保证。财政收入所包括的内容几经变化，目前主要包括:(1)各项税收;(2)专项收入;(3)其他收入等。

财政支出 国家财政将筹集起来的资金进行分配使用，以满足经济建设和各项事业的需要，主要包括:(1)一般公共服务支出;(2)国防支出;(3)公共安全支出;(4)教育支出;(5)科学技术支出;(6)文化体育与传媒支出;(7)社会保障和就业支出;(8)医疗卫生支出;(9)环境保护支出;(10)城乡社区事务支出;(11)农村水事务支出;(12)交通运输支出等。

信贷资金 国家银行用于发放贷款的资金叫信贷资金。中国人民银行信贷资金的来源有各项存款、对国际金融机构负债、流通中货币、银行自有资金及当年结益等。信贷资金的运用有各项贷款、黄金占款、外汇占款、财政借款及在国际金融机构中的资产等。

存款 企业、机关、团体或居民根据资金必须收回的原则，把货币资金存入银行或其他信用机构保管并取得一定利息的一种信用活动形式。根据存款对象的不同可划分为单位存款、代理财政性存款、个人存款等科目。它是银行信贷资金的主要来源。

贷款 银行或其他信用机构根据资金必须归还的原则，按一定利率，为企业、个人等提供资金的一种信用活动形式。我国银行贷款分为个人消费贷款、经营贷款、固定资产贷款等科目。

保费 又叫保险费。是保险人根据保险合同的有关规定，为被保险人取得因约定危险事故发生所造成的经济损失补偿(或给付)权利，付给保险人的代价。包括财产险和人身险储金收入。

赔款 保险事故发生后，经查证确属保险责任范围以内的保险标的损失，保险人根据保险合同的规定履行赔偿义务，给予被保险人的款项叫做赔款。赔款可分为已决赔款和未决赔款两种。

Explanatory Notes on Main Statistical Indicators

Government Revenue refers to the revenue of the government finance by means of participating in the distribution of the social products, which is the financial resources for ensuring the government to function。The contents of government revenue have been changed several times. Now it includes the following main items: (1) Various tax revenues, (2) Special revenues, (3) Other revenues.

Government Expenditure refers to the distribution and use of the funds the government finance has raised, so as to meet the needs of economic construction and various causes. It includes the following main items: (1) expenditure for general public services; (2) expenditure for national defence; (3) expenditure for public security; (4) expenditure for education; (5) expenditure for science and technology; (6) expenditure for culture, sport and media; (7) expenditure for social safety net and employment effort; (8) expenditure for medical and health care; (9) expenditure for environment protection; (10) expenditure for urban and rural community affairs; (11) expenditure for agriculture, forestry and water conservancy; (12) expenditure for transportation.

Credit Funds refer to the funds issued as loans by state banks. The sources of credit funds of the People's Bank of China included deposits, liabilities to international financial institutions, currency in circulation, self – owned fund and current retained profits, etc. The credit funds can be used in forms of loans, gold, foreign exchange, government debt and assets in the international financial institulions

Deposits is a form of credit by which enterprises, institutions, organizations or households can put money into banks and other credit institutions for safekeeping and interest earning under the principle of free withdrawal. According to different depositors, deposits are divided into enterprise deposits, treasury deposits, deposits of government agencies and organizations, capital construction deposits, urban savings deposits, rural deposits and other deposits. Deposits are major sources of the credit funds of banks.

Loan is a form of credit by which banks and other credit institutions provide funds at certain interest rate to enterprises and individuals in the light of the principle of unconditional repayment. Loans from Chinese banks include circulating capital loans, fixed assets-loans, loans to urban and rural individuals engaged in industrial and commercial business and agricultural loans.

Premium refers to the fee paid by the insurant to the insurer for the rights to gain compensation of economic loss from the insurer after accidents in the range have happened, according to the relevant items on insurance contract. It includes the income from the deposit of property insurance and personal insurance.

Claim is the compensation paid by the insurant to the insurance in accordance with the insurance contract for the loss which has been checked and found to be in the range of liability of the insurance after all accident has happened to the insured property or to a person who has insured his life. It iS further divided into settled and unsettled claim.

十、物价指数和人民生活

PRICE INDICES AND PEOPLE'S LIVELIHOOD

资料整理人员：赵国雄　方　芳　黎　朗　胡红九　杨晓东　李玉兰

STAFF FOR DATA PROCESSING:

Zhao Guoxiong　Fang Fang　Li Lang　Hu Hongjiu　Yang Xiaodong　Li Yulan

简要说明

本篇资料反映我市生产、流通与消费等环节的价格变动趋势和幅度以及我市城乡居民收入、消费及其他生活状况。价格变动趋势和幅度的数据主要包括居民消费价格指数、商品零售价格指数、工业生产者出厂价格指数和工业生产者购进价格指数;城乡居民生活状况主要内容包括居民现金和实物收支情况、住户成员及劳动力从业情况、住房和耐用消费品拥有情况等。

居民消费、商品零售价格指数根据国家统计局统一组织的分层抽样调查方法,经过对调查点的选定、代表规格品的选择,采用"三定一直"原则,即定点、定时、定人用 PDA 直接采集价格,取得资料后,按住户调查的居民家庭消费支出构成和社会消费品零售额统计确定的权数分别进行计算得到。工业生产者价格包括工业企业产品第一次出售时的出厂价格和企业作为中间投入的原材料、燃料、动力购进价格(简称工业生产者购进价格)。该项调查按照国家统计局工业生产者价格统计调查制度规定,采用重点调查和典型调查相结合的调查方法,其价格指数由选定的企业按确定的代表产品采用联网直报的形式上报资料,按工业销售产值、投入产出数据及工业企业产品权数调查数据确定的权数计算。重点调查对象为年主营业务收入 2000 万元以上的工业企业,采用主观选样的方法选择调查企业;典型调查对象为年主营业务收入 2000 万元以下的工业企业作为抽样,采用随机抽样的调查方法选择企业。

城乡居民生活状况数据来源于国家统计局武汉调查队住户收支与生活状况调查,是对城乡居民家庭抽样调查汇总评估的结果。住户收支与生活状况调查由国家统计局武汉调查队组织实施,调查小区、调查住宅均由国家统计局按《住户收支与生活状况调查方案》统一抽选。抽样以省为总体,在对市县级调查网点代表性进行评估的基础上,采用分层、多阶段随机抽样方法抽选调查住宅,确定调查户;抽中调查小区五年内保持不变,抽中住宅每年轮换一半。调查对象为中华人民共和国境内的所有住户,无论是本地户籍还是外地户籍,无论是农业户籍还是非农业户籍,也无论是家庭形式居住还是以集体形式居住。基础数据的采集方式采用日记账和问卷调查相结合的方式。调查员采用入户访问形式调查搜集城乡居民家庭收入、消费及其他生活状况等资料。调查资料经审核汇总后上报国家统计局湖北调查总队,由湖北调查总队评估核定反馈数据,根据湖北总队反馈数据形成我市城镇常住居民可支配收入、支出和农村常住居民可支配收入、支出等指标。

Brief Description

This information is reflected in the price fluctuation trend and range of production, circulation and consumption, and the income, consumption and other living conditions of urban and rural residents in Wuhan. The price fluctuation trend and amplitude data mainly include consumer price index. commodity retail price index, industrial producer price index and producer price index. The main contents of urban and rural residents living conditions include the residents' cash and real income, housing and labor employment, housing and consumer durable goods.

Consumer price index and commodity retail price index: According to the stratified sampling method that the State Statistical Bureau unified organized, after the choice of the survey point and representative specification, designated person use a PDA direct acquisition price at appointed time in designated place. Then, according the weight calculated through Household consumption expenditure composition and retail sales of social consumer goods, the consumer price index and the commodity retail price index could be calculated. Industrial producer prices: Industrial producer prices include the first factory price of enterprise products and purchase price of raw materials. ruel and power as the middle input. (Abbreviation is Industrial producer purchased price). Provisions on State Statistical Bureau ' s system of investigation about Industrial producer price statistics, using the survey method based on key investigation and typical investigation, through the Representative products ' s data submitted by designated enterprise, according Industrial sales value, input – output data, and the weight of industrial products, we calculated Industrial producer prices. Key research object are the industrial enterprises selected by subj ective sample method in which annual main business income is more than 20000000 yuan. Typical survey object are the industrial enterprises selected by random sampling method in which annual main business income is less than 20000000 yuan.

Living condition data of urban and rural residents inspired from Household income and living conditions survey data by Wuhan investigation team of State Statistical Bureau collected. this is a result through carrying out sampling investigation to urban and rural residents. Household income and living conditions survey is arranged by Wuhan investigation team of State Statistical Bureau. investigated district and investigated residential were United selected according the "Plan of household income and living condi. tions survey" formulated by State Statistical Bureau. Investigation housing were selected by the method of random sampling of different levels and stages, based on the assessment of the representative of the county survey network, taking the province as the main body. Selected cells will be kept on 5 years. selected residents will be changed a half yearly. Investigation object are all residents in the territory of the people, s Republic of China. Whether they are local household or field. Whether they are agricultural household or non Agricultural household. whether their residential style are families or groups. The Basic Data is selected by means of the combination of journalizing and questionnaires. The investigators collected information about household income and consumption and other living conditions through a home visit. Feedback is responsed from Hubei Investigation Corps of State Statistical Bureau. after the survey data is sent to them and assessed by them. Then we get the data of resident disposable income and expenditure according the feedback.

10－1 历年居民消费价格指数
CONSUMER PRICE INDEX OVER THE YEARS

年份 Year	上年＝100 preceding year＝100		1952 年＝100 Year 1952＝100		1978 年＝100 Year 1978＝100	
	居民消费价格指数 General Consumer Price Index	商品零售价格指数 General Retail Price Index	居民消费价格指数 General Consumer Price Index	商品零售价格指数 General Retail Price Index	居民消费价格指数 General Consumer Price Index	商品零售价格指数 General Retail Price Index
1950	198.3	198.3				
1951	112.6	116.0				
1952	105.7	106.7	100.0	100.0		
1953	101.9	101.6	101.9	101.6		
1954	100.7	100.9	102.6	102.5		
1955	100.2	100.4	102.8	102.9		
1956	100.2	100.2	103.0	103.1		
1957	104.1	103.9	107.2	107.1		
1958	99.2	99.1	106.3	106.1		
1959	101.2	101.4	107.6	107.6		
1960	103.1	103.0	110.9	110.8		
1961	123.5	126.0	137.0	139.6		
1962	99.0	98.8	135.6	137.9		
1963	98.7	98.6	133.8	136.0		
1964	97.3	97.2	130.2	132.2		
1965	94.3	93.9	122.8	124.1		
1966	98.9	99.8	121.4	123.9		
1967	100.2	100.6	121.6	124.6		
1968	100.2	100.3	121.8	125.0		
1969	100.6	100.0	122.5	125.0		
1970	99.6	99.5	122.0	124.4		
1971	99.7	99.6	121.6	123.9		
1972	100.1	100.1	121.7	124.0		
1973	100.3	100.3	122.1	124.4		
1974	99.9	100.3	122.0	124.8		
1975	99.9	99.9	121.9	124.7		
1976	100.1	100.1	122.0	124.8		
1977	100.1	100.1	122.1	124.9		
1978	100.8	100.7	123.1	125.8	100.0	100.0
1979	102.5	102.8	126.2	129.3	102.5	102.8
1980	106.6	107.2	134.5	138.6	109.3	110.2
1981	101.2	101.3	136.1	140.4	110.6	111.6
1982	101.2	101.1	137.7	141.9	111.9	112.8
1983	101.1	101.1	139.2	143.5	113.1	114.0
1984	104.1	104.0	144.9	149.2	117.7	118.6
1985	111.1	111.6	161.0	166.5	130.8	132.4
1986	106.2	105.8	171.0	176.2	138.9	140.1

10-1 续表 Continued

年 份 Year	上年=100 preceding year=100		1952年=100 Year 1952=100		1978年=100 Year 1978=100	
	居民消费价格指数 General Consumer Price Index	商品零售价格指数 General Retail Price Index	居民消费价格指数 General Consumer Price Index	商品零售价格指数 General Retail Price Index	居民消费价格指数 General Consumer Price Index	商品零售价格指数 General Retail Price Index
1987	108.2	108.2	185.0	190.6	150.3	151.6
1988	120.5	121.8	222.9	232.2	181.1	184.6
1989	113.4	113.9	252.8	264.5	205.4	210.3
1990	103.0	102.5	260.4	271.1	211.6	215.6
1991	107.3	106.7	279.4	289.3	227.0	230.0
1992	111.4	110.0	311.3	318.2	252.9	253.0
1993	119.8	118.8	372.9	378.0	303.0	300.6
1994	126.3	124.1	471.0	469.1	382.7	373.0
1995	118.4	114.0	557.7	534.8	453.1	425.2
1996	112.2	106.0	625.7	566.9	508.4	450.7
1997	103.1	100.7	645.1	570.9	524.2	453.9
1998	97.4	96.2	628.3	549.2	510.6	436.7
1999	96.1	93.7	603.8	514.6	490.7	409.2
2000	100.6	97.4	607.4	501.2	493.6	398.6
2001	99.5	96.0	604.4	481.2	491.1	382.7
2002	98.6	97.7	595.9	470.1	484.2	373.9
2003	102.3	100.4	609.4	472.0	495.3	375.4
2004	103.3	101.0	629.5	476.7	511.6	379.2
2005	102.7	100.9	646.5	481.0	525.4	382.6
2006	101.4	100.7	655.6	484.4	532.8	385.3
2007	104.1	103.0	682.5	498.9	554.6	396.9
2008	105.7	105.1	721.4	524.3	586.2	417.1
2009	99.4	98.4	717.1	515.9	582.7	410.4
2010	103.0	103.1	738.6	531.9	600.2	423.1
2011	105.2	104.7	777.0	556.9	631.4	443.0
2012	102.8	102.3	798.8	569.7	649.1	453.2
2013	102.4	100.9	818.0	574.8	664.7	457.3
2014	101.9	100.5	833.5	577.7	677.3	459.6
2015	101.4	100.0	845.2	577.7	686.8	459.6
2016	102.4	101.3	865.5	585.2	703.3	465.6
2017	101.9	100.1	881.9	585.8	716.7	466.1
2018	101.9	101.4	898.7	594.0	730.3	472.6
2019	103.2	102.5	927.5	608.9	753.7	484.4
2020	102.4	102.2	949.7	622.2	771.8	495.1
2021	100.6	101.3	955.4	630.3	776.4	501.5

10－2 居民消费价格分类指数(2021年)
CONSUMER PRICE INDEX BY CATEGORY(2021)

上年＝100 (Preceding year＝100)

项目	Item	2021
居民消费价格总指数	**General Consumer Price Index**	**100.6**
非食品价格指数	Non－Food Consumer Price Index	101.3
服务价格指数	Serving Price Index	100.9
扣除鲜菜鲜果价格指数	Price Index Excluding Fresh Vegetables and Fruits	100.5
消费品价格指数	**Consumer Price Index**	**100.3**
一、食品烟酒	**Food**	**99.1**
1.食　　品	Grain	97.3
2.茶及饮料	Tee and Beverage	102.9
3.烟酒	Tobacco and Liquor	100.8
4.在外餐饮	Outside Catering	102.5
二、衣　　着	**Clothing**	**99.7**
1.服装	Garments	99.5
2.鞋类	Shoes	100.7
三、居住	**Housing Condition**	**100.3**
1.租赁房房租	Rent	99.7
2.住房保养维修及管理	House maintenance and management	101.3
3.水电燃料	Water, electricity and fuel	100.4
4.自有住房	Self－owned house	100.2
四、生活用品及服务	**Daily necessities and Services**	**100.1**
1.家具及室内装饰品	Furnitures and interior decorations	100.8
2.家用器具	Home appliance	99.1
3.家用纺织品	Home Textile	101.4
4.家庭日用杂品	Daily groceries	100.1
5.个人护理用品	Personal care supplies	99.7
6.家庭服务	Household services	102.7
五、交通和通信	**Means of Transport and Communication**	**104.5**
1.交　通	Means of Transportation	105.3
2.通　信	Means of Communication	101.9
六、教育文化和娱乐	**Recreation, Education, Culture Articles**	**102.9**
1.教　育	Education	101.6
2.文化娱乐	Articles for Cultural, Recreational Use	105.4
七、医疗保健	**Health Care**	**99.6**
1.药品及医疗器具	Medicine and Medical appliances	98.3
2.医疗服务	Medical Service	100.0
八、其他用品和服务	**Other Supplies and services**	**97.3**
1.其他用品类	Other Supplies	97.3
2.其他服务类	Other Services	97.3

10－3 商品零售价格分类指数(2020－2021 年)
RETAIL PRICE INDICES BY CATEGORY OF COMMODITIES(2020－2021)

上年＝100　　　　(preceding year＝100)

项目	Item	2020	2021
商品零售价格总指数	**General Retail Price Index**	**102.2**	**101.3**
一、食　　品	**Food**	**110.9**	**98.8**
1. 粮　　食	Grain	100.4	101.4
2. 薯　　类	Potato	100.6	95.4
3. 豆　　类	Bean	103.7	106.8
4. 食用油	Edible oil	109.0	111.1
5. 菜	Vegetables	107.8	100.2
6. 畜肉类	Meat	146.5	81.4
7. 禽肉类	Poultry	102.4	92.4
8. 水产品	Aquatic Products	106.9	111.4
9. 蛋　　类	Eggs	95.2	104.5
10. 奶　　类	Milk	100.5	102.4
11. 干鲜瓜果类	Dried and Fresh Melons and Fruits	89.2	101.6
12. 糖果糕点类	Cake, Biscuit and Bread	101.6	100.9
13. 调味品	Flavoring	102.0	103.1
14. 其他食品类	Other Foods	100.7	102.5
15. 在外餐饮	Outside Catering	103.5	102.5
二、饮料、烟酒	**Beverage, Tobacco & Liquor**	**100.5**	**101.2**
1. 茶及饮料	Tea and Beverage	100.9	102.9
2. 烟　　草	Tabacco	100.0	100.0
3. 酒　　类	Liquor	100.6	103.0
三、服装、鞋帽	**Garments, Shoes and Hats**	**101.5**	**99.7**
1. 服　装	Garments	102.0	99.4
2. 鞋帽袜	Shoes and Hats	100.5	100.7
3. 其他衣着配件	Other Accessories	99.0	99.8
四、纺织品	**Textiles**	**101.4**	**102.4**
1. 服装材料	Clothing Material	103.9	104.0
2. 床上用品	Bedding	100.0	101.9
五、家用电器及音像器材	**Household Appliances and Audio Equipment**	**95.2**	**101.4**
1. 家庭设备	Household Facilities	94.2	99.1
2. 文娱用耐用消费品	Durable Consumer goods for Cultural Entertainment	97.7	104.9
3. 专业用音像器材	Audio－Visual Appliances	91.8	98.6

10－3 续 表 Continued

上年＝100 (preceding year＝100)

项 目	Item	2020	2021
六、文化办公用品	**Culture Articles**	**99.8**	**100.5**
七、日用品	**Articles for Daily Use**	**101.0**	**99.7**
1. 日用百货	Daily Use Articles	100.8	99.8
2. 厨具餐具茶具	Kitchenware, Dishware and Tea Utensils	98.7	99.6
3. 清洗用品	Washing Articles	101.9	101.6
4. 其他日用品	Other Daily Use Articles	101.4	99.1
八、体育娱乐用品	**Sports and Recreational Articles**	**100.8**	**102.2**
1. 体育户外用品	Sports Goods	101.0	100.5
2. 娱乐用品	Recreational Articles	100.6	102.4
九、交通、通信用品	**Articles of Transportation and Telecommunication**	**98.3**	**101.2**
1. 交通运输机械	Traffic Transportation Machinery	97.0	99.7
2. 通信器材	Telecommunication Appliances	99.9	105.8
十、家　　具	**Furniture**	**99.8**	**100.7**
十一、化妆品	**Cosmetic**	**103.9**	**99.6**
十二、金银饰品	**Jewelry**	**115.0**	**96.3**
十三、中西药品及医疗保健用品	**Chinese and Medicine and Health Care**	**101.2**	**98.3**
1. 医疗卫生器具	Medical Instrument and Articales	100.0	97.9
2. 中　　药	Traditional Chinese Medicine	100.8	100.8
3. 西　　药	Western Medicine	101.9	97.4
4. 保健器具及用品	Health Care Machinery and Aricles	99.8	98.9
十四、书报杂志及电子出版物	**Newpapers and Magazine**	**100.0**	**100.9**
1. 教材及参考书	Teaching Materials and Reference Books	99.5	100.0
2. 书报杂志	Newpapers and Magazine	100.0	100.0
3. 计算机办公软件	Computer office software	101.3	103.2
十五、燃　　料	**Fuel**	**92.4**	**113.5**
1. 煤炭及制品	Coal and Its Products	99.6	100.0
2. 石油及制品	Petroleum and its Products	91.5	114.2
十六、建筑材料及五金电料	**Building Materials and Hardware**	**99.8**	**100.4**
1. 建筑装潢材料	Building Decoration Materials	99.5	100.7
2. 五金水暖	Hardware and Electrical Applicaces	100.5	99.2

10－4　历年工业生产者出厂、购进价格指数
PRODUCER PRICE AND PURCHASING PRICE INDICES FOR INDUSTRIAL PRODUCTS

上年＝100　　(preceding year＝100)

年　份 Year	工业生产者 出厂价格指数 Producer Price Index for Industrial Products	工业生产者 购进价格指数 Producer Purchasing Price Index for Industrial products
1994	119.6	122.3
1995	107.9	118.6
1996	104.6	109.2
1997	98.6	101.8
1998	93.5	97.3
1999	96.1	95.3
2000	103.9	103.6
2001	98.4	100.8
2002	96.3	98.4
2003	105.5	106.5
2004	104.6	114.5
2005	102.7	110.6
2006	100.3	105.2
2007	102.5	104.2
2008	105.1	111.9
2009	94.0	92.2
2010	104.8	107.8
2011	106.0	109.2
2012	101.1	100.0
2013	102.4	98.4
2014	98.0	98.4
2015	95.2	94.4
2016	98.96	97.6
2017	104.7	107.8
2018	103.8	105.4
2019		
2020		
2021		

10-5 城镇居民家庭基本情况(2017-2021年)
BASIC CONDITIONS OF URBAN RESIDENT HOUSEHOLDS(2017-2021)

项目 Item	2017	2018	2019	2020	2021
调查户数(户) Number of Households Surveyed(household)	816	1399	1400	1400	1400
家庭常住人口(人) Permanent Resident(person)	2171	4081	4129	4134	4101
平均每户(人) Average Number per Household(person)	2.66	2.92	2.95	2.95	2.93
人均可支配收入(元) Per Capita Disposable Income(yuan)	43404.96	47358.96	51705.96	50362	55297
人均消费支出(元) Per Capita Consumption Expenditures(yuan)	28546.00	31201.00	34005.00	31115.00	36684.00

注:2012年起国家进行了住户收支调查城乡一体化改革,2014年开始公布新口径数据,所有收支调查指标名称前均冠以城镇(农村)常住居民。

Note: In 2012, the state has carried out reform about Household income and expenditure survey of urban and rural integration, began to publish new caliber data since 2014. All income and expenditure survey indicators are preceded by the name of the town (rural) resident.

10－6　城镇常住居民家庭平均每人每年收支情况(2017－2021 年)
PER CAPITA CASH INCOME AND EXPENDITURES IN URBAN RESIDENT HOUSEHOLDS(2017－2021)

单位:元　　　　　　　　　　　　　　　　　　　　(yuan)

项　　目 Item	2017	2018	2019	2020	2021
人均可支配收入 Disposable income	43405	47359	51706	50362	55297
工资性收入 Wage income	25570	27677	30258	28881	32379
经营净收入 Operating income	4270	4716	5215	4749	5535
财产净收入 Property income	4912	5411	6044	6105	6295
转移净收入 Transfer income	8653	9555	10189	10627	11088
人均消费支出 Consumption Expenditure	28546	31201	34005	31115	36684

注:自 2017 年起,发布“经营净收入”“财产净收入”及“转移净收入”等相关数据。
Note:Relevant data such as "operating income"、"property income" and "transfer income" have been released since 2017.

10－7 城镇常住居民家庭平均每人每年消费支出(2017－2021年)

PER CAPITA EXPENDITURES FOR CONSUMPTION BY CATEGORY IN URBAN RESIDENT HOUSEHOLDS(2017－2021)

单位:元 (yuan)

项　目 Item	2017	2018	2019	2020	2021
消费支出 Consumption Eexpenditure	28546	31201	34005	31115	36684
一、食品烟酒 Food, Alcohol and Tobacco	8450	8642	9352	9084	10245
二、衣着 Clothing	2145	2339	2563	2155	2574
三、居住 Living	7978	8576	9187	8591	9298
四、生活用品及服务 Daily Necessities and Services	1621	1817	1919	1752	2093
五、交通通信 Transportation & Communication	2998	3624	3820	3614	4382
六、教育文化娱乐 Education, Cultural & Entertainment	2969	3336	3827	3053	4402
七、医疗保健 Health care	1818	2189	2532	2314	2863
八、其他用品和服务 Other Supplies and Services	567	678	806	552	827

注:2012年起国家进行了住户收支调查城乡一体化改革,2014年开始公布新口径数据,所有收支调查指标名称前均冠以城镇(农村)常住居民;2014年以前的所有数据均为老口径。

Note: In 2012, the state has carried out reform about Household income and expenditure survey of urban and rural integration, began to publish new caliber data since 2014. All income and expenditure survey indicators are preceded by the name of the town (rural) resident. All data in this table are old caliber data before 2014.

10－8 城镇常住居民家庭每百户耐用消费品拥有量(2020－2021 年)

NUMBER OF DURABLE CONSUMER GOODS OWNED PER 100 URBAN RESIDENT HOUSEHOLDS(2020－2021)

项目	Item	2020	2021
1. 助力车(辆)	Helping Hand Car	48	51
2. 家用汽车(辆)	Automobile	55	58
3. 洗衣机(台)	Washing Machine(unit)	101	102
4. 电冰箱(台)	Refrigerator(unit)	104	106
5. 彩色电视机(台)	Color Television Set(unit)	120	119
6. 计算机(台)	Computer(unit)	84	85
7. 其他中高档乐器(含钢琴)(架)	Other Musical Instruments of Medium and High Grade Including Piano(set)	10	11
8. 微波炉(台)	Microwave Oven	60	60
9. 空调器(台)	Air Conditioner(unit)	220	222
10. 淋浴热水器(台)	Shower(unit)	104	104
11. 洗碗机(台)	Dishwasher	3	3
12. 健身器材(台)	Healthy Equipment	9	9
13. 移动电话(部)	Mobile Telephone(unit)	252	257

10－9　历年城镇常住居民年人均可支配收入与消费支出

ANNUAL PER CAPITA DISPOSABLE INCOME OF CONSUMPTION EXPENDITURE OF URBAN RESIDENT HOUSEHOLDS OVER THE YEARS

单位:元　　　　(yuan)

年份 Year	可支配收入 Disoasable Income	消费支出 Comsumption Expenditure	年份 Year	可支配收入 Dispasable Income	消费支出 Comsumption Expenditure
1951			1987	1071.96	955.44
1952			1988	1261.08	1220.04
1953			1989	1407.12	1285.08
1954			1990	1555.80	1406.16
1955			1991	1771.68	1652.04
1956	195.60	174.36	1992	2116.73	1844.28
1957	210.12	189.00	1993	2872.90	2551.08
1958	201.60	184.68	1994	3769.80	3318.24
1959	230.64	201.00	1995	4453.90	4058.76
1960			1996	4915.86	4455.84
1961			1997	5573.04	4719.12
1962	300.48	228.12	1998	5912.52	5264.40
1963	297.12	223.56	1999	6262.08	5452.80
1964	248.40	222.36	2000	6760.68	6074.76
1965	240.12	212.76	2001	7305.00	6342.24
1966			2002	7820.28	6833.40
1967			2003	8524.56	7251.36
1968			2004	9564.05	7792.63
1969			2005	10849.72	8234.48
1970			2006	12359.98	9182.04
1971			2007	14357.64	10600.00
1972			2008	16712.44	11432.97
1973			2009	18385.02	12710.29
1974			2010	20806.32	14490.07
1975			2011	23738.09	17140.96
1976			2012	27061.00	18813.14
1977	293.28		2013	29821.22	20157.32
1978	359.04	320.64	2014	33270.39	22002.22
1979	401.64		2015	36436.00	23943.05
1980	537.84	467.04	2016	39737.00	26535.00
1981	508.68	458.28	2017	43405.00	28546.00
1982	540.12	475.56	2018	47359.00	31201.00
1983	554.28	498.84	2019	51706.00	34005.00
1984	636.00	546.72	2020	50362.00	31115.00
1985	778.44	713.76	2021	55297.00	36684.00
1986	964.80	881.76			

注:2012年起国家进行了住户收支调查城乡一体化改革,2014年开始公布新口径数据,所有收支调查指标名称前均冠以城镇(农村)常住居民;2014年以前的所有数据均为老口径。

Note: In 2012, the state has carried out reform about Household income and expenditure survey of urban and rural integration, began to publish new caliber data since 2014. All income and expenditure survey indicators are preceded by the name of the town (rural) resident. All data in this table are old caliber data before 2014.

10－10 农村常住居民家庭基本情况(2017－2021 年)

BASIC CONDITIONS OF RURAL RESIDENT HOUSEHOLDS FOR SAMPLING SURVEY(2017－2021)

项　　目 Item	2017	2018	2019	2020	2021
调查户数(户) Number of Households Surveyed(unit)	261	370	370	370	370
家庭常住人口(人) Permanent Residents(person)	733	1046	1067	1067	1071
平均每户(人) The Average(person)	2.81	2.83	2.88	2.88	2.89
常住人口中劳动力(人) Full－time & Part－time Laborers(person)	546	766	808	800	794
农业劳动力(人) Agriculture Laborers(person)	456	689	721	712	724
非农业劳动力(人) Non－agriculture Laborers(person)	90	77	87	88	70

注:2012 年起国家进行了住户收支调查城乡一体化改革,2014 年开始公布新口径数据,所有收支调查指标名称前均冠以城镇(农村)常住居民。

Note:In 2012, the state has carried out reform about Household income and expenditure survey of urban and rural integration, began to publish new caliber data since 2014. All income and expenditure survey indicators are preceded by the name of the town (rural) resident.

10－11　农村常住居民人均可支配收入构成情况(2020－2021年)
THE DISPOSABLE INCOME OF RURAL RESIDENT(2020－2021)

单位:元　　　　(yuan)

项　　目 Item	2020	2021
人均可支配收入 Disposable Income	24057	27209
工资性收入 Wage Income	11875	13441
经营净收入 Net Operating Income	5223	6176
财产净收入 Net Property Income	1174	1224
转移净收入 Net Transfer Income	5785	6367

10－12 农村常住居民人均支出情况(2017－2021 年)
COMPOSITION OF PER CAPITA EXPENDITURE OF RURAL RESIDENTS(2017－2021)

单位:元 (yuan)

项目 Item	2017	2018	2019	2020	2021
消费支出 Consumption Expenditure	15812	17520	19150	18254	21558
1. 食品烟酒 Food Alcohol and Tobacco	4833	5043	5199	5367	6335
2. 衣　着 Clothing	782	908	958	902	1108
3. 居　住 Housing	4421	4632	4952	4804	5327
4. 生活用品及服务 Daily Necessities and Services	853	916	976	918	1113
5. 交通通信 Communication	1560	1974	2275	2225	2671
6. 教育文化娱乐 Educational and Cultural Entertainment	1354	1620	1895	1696	2134
7. 医疗保健 Health care	1704	2055	2511	1964	2446
8. 其他用品和服务 Other Supplies and Services	305	372	384	378	424

注:2012 年起国家进行了住户收支调查城乡一体化改革,2014 年开始公布新口径数据,所有收支调查指标名称前均冠以城镇(农村)常住居民。

Note:In 2012, the state has carried out reform about Household income and expenditure survey of urban and rural integration, began to publish new caliber data since 2014. All income and expenditure survey indicators are preceded by the name of the town (rural) resident.

10 - 13 农村常住居民家庭每百户耐用消费品拥有量(2017 - 2021 年)
NUMBER OF DURABLE CONSUMBER GOODS OWNED PER 100 RURAL RESIDENT HOUSEHOLDS(2017 - 2021)

项目	Item	2017	2018	2019	2020	2021
洗衣机(台)	Washing Machine(unit)	88.3	90.4	90.30	91.8	95.1
电冰箱(台)	Refrigerator(unit)	97.2	98.7	101.30	102.7	106.4
空调机(台)	Air - Conditioner(unit)	109.5	115.1	125.40	133.8	149.4
抽油烟机(台)	Smoke Absorber(unit)	45.0	54.3	59.10	63.0	63.4
微波炉(台)	Micro - Wave Over(unit)	25.0	25.1	26.80	30.8	31.1
热水器(台)	Water Heater(unit)	89.5	92.5	95.40	93.5	94.6
摩托车(辆)	Motocycle(unit)	51.3	52.5	47.60	38.9	36.1
固定电话(部)	Telephone(set)	26.6	20.5	10.80	7.0	6.8
移动电话(部)	Mobile Telephone(set)	244.1	243.4	249.70	251.4	255.1
彩色电视机(台)	Color TV Set (unit)	121.1	118.3	120.20	122.2	122.4
家用计算机(台)	Computer(unit)	33.4	38.6	40.00	40.5	43.0
中高档乐器(架)	Medium and High Grade Musical Instruments(unit)	1.9	3.2	2.2	2.2	2.4

注:2012 年起国家进行了住户收支调查城乡一体化改革,2014 年开始公布新口径数据,所有收支调查指标名称前均冠以城镇(农村)常住居民

Note: In 2012, the state has carried out reform about Household income and expenditure survey of urban and rural integration, began to publish new caliber data since 2014. All income and expenditure survey indicators are preceded by the name of the town (rural) resident.

主 要 统 计 指 标 解 释

总收入 指调查户在调查期内获得的工资性收入、经营性收入、财产性收入、转移性收入的总和,不包括非收入所得和借贷性所得。

可支配收入 指调查户在调查期内获得的、可用于最终消费支出和储蓄的总和,即调查户可以用来自由支配的收入。可支配收入既包括现金,也包括实物收入。按照收入的来源,可支配收入包含四项,分别为:工资性收入、经营净收入、财产净收入和转移净收入。计算公式为:

可支配收入=工资性收入+经营净收入十财产净收入+转移净收入

其中:经营净收入=经营收入—经营费用—生产性固定资产折旧—生产税

财产净收入=财产性收入—财产性支出

转移净收入=转移性收入—转移性支出

总支出 指调查户在调查期内全部实际支出,包括消费支出、生产经营费用支出、财产性支出、转移性支出、部分商业保险支出、购置资产及非经常性转移支出、借贷性支出。

消费支出 指住户用于满足家庭日常生活消费需要的全部支出,包括用于消费品的支出和用于服务性消费的支出。根据用途不同,消费支出可划分为食品烟酒、衣着、居住、生活用品及服务、交通通信、教育文化娱乐、医疗保健、其他用品及服务八大类。根据来源不同,消费支出可划分为现金消费支出、实物消费支出(含自产自用、来自单位、来自政府和其他社会组织)。

Explanatory Notes on Main Statistical Indicators

Total revenue: The summation of Wage income, Operating income, Property income, Transfer income that Survey households got in Investigation period, not include loan income.

Disposable income: The income could be used for Final expenditure and consumption that Survey households got in Investigation period. That iS the income Survey households can Free control. Disposable income could be cash or Material object. According to the source of income, disposable income include 4 items: Wage income, Operating income, Property income, Transfer income. Calculation formula is:

Disposable income = Wage income + Operating net income + Property net income + Transfer net income

Among them: Operating net income = Operating income − Operating expenses − Deperciation of productive fixed assets − Production tax

Property net vncome = Property income − Property expenses

Transfer net income = Transfer income − Transfer expenditure

Total expenditure: The summation of all expenditure that Survey households expended in Investigation period, include Consumption, Production and operating expenses, Property expenses, Transfer expenses, Part of commercial insurance expenses, Asset purchase expenditure, Non recurrent transfer expenses, Bloan expenses.

Consumption expenditure: The all expenditure that households must pay for the needs of family daily life. including expenses for consumption goods and services. According to different uses, consumption expenditure Is divided into Food alcohol and tobacco, Clothing, Living category, Daily necessities and services, Communications and transportation, Education and culture and entertainment, Medical and health care, Other supplies and services. According to the source of expenditure, consumption expenditure is divided into cash expenses and material object expenses(include Self occupied, from company, from govern ment, from the other organization).

十一、科技、教育、文化、卫生及其他

SCIENCE, TECHNOLOGY, EDUCATION, CULTURE, HEALTH AND OTHERS

资料整理人员：陈　巍　刘　江　李　晖　张　瑾　汪　冲　郑岳楠　李　军

STAFF FOR DATA PROCESSING:

Chen Wei　Liu Jiang　Li Hui　Zhang Jin　Wang Chong　Zheng Yuenan　Li Jun

简要说明

本篇资料反映科技、教育、文化、卫生、体育、民政、公检法、环境保护各项社会事业发展情况。

科技统计资料包括高新技术产业发展情况和规模以上工业企业科技活动情况，资料提供单位为武汉市科技局；教育统计资料内容包括高等教育、普通中等教育、初等教育、幼儿教育、特殊教育、职工教育，资料提供单位为武汉市教育局；社会保障资料包括各种社会保险参保人数、医疗保险参保人数，提供单位为武汉市人力资源和社会保障局和湖北省人力资源和社会保障厅；文化统计资料内容包括各类文化事业机构、人员、经费和主要业务活动情况，资料提供单位为武汉市文化和旅游局、湖北省文化和旅游厅、湖北广播电视局；体育统计资料内容包括体委系统职工情况、运动员教练员情况、运动会举办情况等，资料提供单位为武汉市体育局；民政统计资料内容包括优抚和救济情况、福利企事业机构、床位、业务情况、婚姻登记情况，资料提供单位为武汉市民政局；公检法统计资料内容包括刑事案件情况、交通和火灾事故情况、检察机关办案情况以及律师、公证、调解情况，资料提供单位为武汉市公安局、武汉市检察院、武汉市司法局；卫生统计资料包括医疗机构人员、疾病、对居民保证程度等情况，由武汉市卫生健康委员会提供；环境保护资料由武汉市生态环境局提供。

Brief Description

Data in this chapter mainly show the development of Science and technology、education culture public health sports、Civil administration、Public security organs、Environmental protectionetc.

The content of Science includes development of high technology industry and science – technology conditions in above designated size inclustrical enterprises. These data are provided by Wuhan city bureau of science and technology. The content of education statistics includes advanced education、regular secondary education、elementary education、kindergarten education、special education、education for staff and workers. These data are provided by Wuhan city bureau of education. The content of social security includes participants of social insurance、medicial care insurance. These data are provided by Wuhan city bureau of works and social security、Hubei province bureau of works and social security. The content of culture statistics includes number of institutions、personnel and cost and other main activity. These data are provided by Wuhan Cultural and Tourism Bureau, Hubei Provincial Department of Culture and Tourism, Hubei Provincial radio and television Bureau. The content of sports statistics includes staff and worker of Sports Commissions、Sportsman and coach and run of sports meeting. These data are provided by wuhan city bureau of sport. Data of Civil administration statistics include persons enjoying favoured treatment and receiving special pensions、number of social welfare enterprises、number of beds、statistics on marriages. These data are provided by wuhan city bureau of Civil administration. Data of public security statistics include criminal and offense cases、traffic accidents and fire cases handled、procuratorial organ inuestigcotiens lawyer、Notarial documents and Civil disputes mediated. These data are provided wuhan city bureau of public security administration、Wuhan city office of procuratorate、wuhan city bureau of justice. Health statistics include medical institutions, personnel, disease, security degree to the resiclerts. Provided by Wuhan Municipal Health Commission. The data of environmental protection are provided by Wuhan Ecology and Environment Burean.

11－1 高新技术产业发展情况(2010－2021年)
STATISTICS ON NEW AND HIGH TECHNIC INDUSTRY DEVELOPMENT IN WUHAN(2010－2021)

单位:万元 (10 000 yuan)

指标名称 Index Name	2010	2011	2012	2013	2014	2015
总产值 Total Output Value	26380353	34489139	45560041	56044728	65996966	74992058
增加值 Value Added	8830955	10741142	13534010	17001874	19949152	21851004
#电子信息 Electronic Information	2177709	3462841	3742258	4464821	4885293	4621875
先进制造 Advanced Manufacturing	2849183	3891344	5013158	6113839	7546989	8358013
新材料 New Materials	1551093	1602444	1430334	1662238	1715856	1672223
生物医药和医疗器械 Bio－technology and medical Appliance	319263	344720	496650	613295	679403	677498
产品出口交货值 Value of Delivery for Export	1947344	3767699	5546199	4529562	5264094	5921431
产品销售收入 Sales Revenue of Products	25753287	38172227	45103564	49589496	50668563	56913967
利税总额 Total Value of Profits and Taxes	2944291	3297328	3516910	3949666	4065001	5571862

指标名称 Index Name	2016	2017	2018	2019	2020	2021
总产值 Total Output Value	84461112	94796394	101733074	171695116	174446945	211628986
增加值 Value Added	23436104	26705729	29837381	41672694	40321235	47861073
#电子信息 Electronic Information	4566055	4257601	3548971	4165306	3713771	5138338
先进制造 Advanced Manufacturing	8548626	9495793	7493310	11069062	9571569	10413900
新材料 New Materials	2040290	2568573	4195248	4350377	3477823	4930658
生物医药和医疗器械 Bio－technology and medical Appliance	803062	970240	1332202	1835630	1396017	1731701
产品出口交货值 Value of Delivery for Export	8513473	7557726	6234172	5966790	7294552	10796496
产品销售收入 Sales Revenue of Products	65336889	75512654	77587122	88534103	84286967	103823559
利税总额 Total Value of Profits and Taxes	6725150	6653245	7382760	9095457	7977077	11124166

11－2 规模以上高新技术产业工业各技术领域主要经济指标(2021 年)

MAJOR ECONOMIC INDICATORS ON TECHNIC FIELDS OF HIGH NEW AND TECHNIC INDUSTRY ABOVE DESIGNATED SIZE(2021)

项目 Item	企业数(户) Number of Entepries (unit)	从业人员(人) Employees (person)	总产值(千元) Total Output Value(1 000 yuan)	增加值(千元) Volue Added (1 000 yuan)
总计 Total	1859	478075	1084240718	225862532
集成电路及电子器件、设备制造 Integrated Circuit and Electronic Devices and Equipment Manufacturing	229	129260	254465408	51383378
先进装备制造 Advanced Manufacturing	1046	233775	516750872	104139003
新材料制造 New Materials	302	64582	237962937	49306575
新能源与资源循环利用 New Energy and Resource Recycling	33	5347	6360854	2039200
生物医药、生物制品及医疗器械制造 Bio－technology and New Medicine and Medical Applicnce	217	40921	58905319	17317010
其他 Other	32	4190	9795328	1677365

项目 Item	产品销售收入(千元) Sales Revenue of Products (1 000 yuan)	利税总额(千元) Total Value of Profits and Taxes (1 000 yuan)	应交增值税(千元) Value Added Tax Payable (1 000 yuan)	出口交货值(千元) Delivery Value of Export (1 000 yuan)
总计 Total	1038235594	111241656	16185440	107964956
集成电路及电子器件、设备制造 Integrated Circuit and Electronic Devices and Equipment Manufacturing	253485769	5563591	184402	86298765
先进装备制造 Advanced Manufacturing	479475828	63461752	9532125	9635150
新材料制造 New Materials	238190090	27010410	4744995	7585849
新能源与资源循环利用 New Energy and Resource Recycling	7399718	486485	116700	601692
生物医药、生物制品及医疗器械制造 Bio－technology and New Medicine and Medical Applicnce	51739852	14244356	1507390	3843500
其他 Other	7944337	475062	99828	0

11－3 规模以上高新技术产业工业主要指标及构成情况(表一)(2021 年)
MAJOR INDICATORS AND COMPOSITION ON NEW AND HIGH TECHNIC INDUSTRY ABOVE DESIGNATED SIZE(TABLE 1)(2021)

项目 Item	企业数(户) Number of Enterprises(unit)	从业人数(人) Employees(person)	总产值(千元) Total Output Value(1 000 yuan)	增加值(千元) Value Added(1 000 yuan)
总计 Total	**1859**	**478075**	**1084240718**	**225862532**
一、按企业规模分组 Grouped by Enterprise Scale				
大型 Large	55	204949	637750184	125347884
中型 Medium－Sized	229	117769	223688103	51905484
小型 Small－Sized	1455	150553	218686417	47787195
微型 Micro－Sized	120	4804	4116014	821969
二、按登记注册类型分组 Grouped by Type of Registration				
内资企业 Domestic Funded Enterprises	8	1633	3983535	783466
国有企业 State－Owned	6	1631	3983535	783466
集体企业 Collective－Owned	2	2	0	0
股份合作企业 Cooperative Enterprises of Share Holding				
联营企业 Joint－Owned				
国有联营企业 State－Owned Joint Venture				
集体联营企业 Collective State－Owned				
国有与集体联营企业 Joint State and Colleaive－Owned				
其他联营企业 Other Joint－Owned				
有限责任公司 Companies of Limited Liabilities	491	171938	349087777	72095131
国有独资公司 Companies State－Owned Excluasive Investment	37	32750	132705669	22447682
其他有限责任公司 Other Companies of Limited Liabilities	454	139188	216382108	49647448
股份有限公司 Share Holding Co,Ltd	115	59030	95416441	21179505

11－3 续 表 一 Continued 1

项　　目 Item	企业数 （户） Number of Enterprises （unit）	从业人数 （人） Employees （person）	总产值 （千元） Total Output Value(1 000 yuan)	增加值 （千元） Value Added (1 000 yuan)
私营企业 Private－owned	994	126770	166907347	36464319
私营独资企业 Private Exclusive Investment	4	379	103652	26872
私营合伙企业 Private Partnership	2	43	44591	9872
私营有限责任公司 Private Companies of Limited Liabilities	915	115699	156594322	34236651
私营股份有限公司 Private Companies of Limited Liabilities with Share Holding	73	10649	10164782	2190924
其他企业 Others	1	45	69872	6568
港、澳、台商投资企业 Enterprises funded by Entepreneurs from HongKong, Macao and Taiwan	46	24188	50501864	7179180
合资经营企业(港或澳、台资) Joint Ventures with HongKong, Macao and Taiwan	16	17134	30813211	4424131
合作经营企业(港或澳、台资) Cooperative Enterprises with HongKong, Macao and Taiwan				
港、澳、台商独资经营企业 HongKong, Macao and Taiwan owned Enterprises	26	6035	18801829	2557254
港、澳、台商投资股份有限公司 Companies of Share HongKong funded by Entrepreneurs from HongKong Macao and Taiwan	2	473	437443	90258
其他港澳台投资企业 Others	2	546	449381	107537
外商投资企业 Foreign Invested Enterprises	204	94471	418273882	88154362
中外合资经营企业 Chinese Foreign Equity Joint Ventures	85	50320	304187519	61225342
中外合作经营企业 Chinese Foreign Equity Cooperative Enterprises				
外资企业 Foreign Enterprise	109	42690	111641248	26259847
外商投资股份有限公司 Companies of Share Holding funded by foveign entreprenrurs	9	1461	2445115	669173
其他外商投资企业 Other Foreign－Invested Enterprises	1	0	0	0

11－4 规模以上高新技术产业工业主要指标及构成情况(表二)(2021 年)
MAJOR INDICATORS AND COMPOSITION ON NEW AND HIGH TECHNIC INDUSTRY ABOVE DESIGNATED SIZE (TABLE 2)(2021)

项目 Item	企业数(户) Number of Enterprises (unit)	从业人数(人) Employees (person)	总产值(千元) Total Output Value(1 000 yuan)	增加值(千元) Value Added (1 000 yuan)
总计 Total	**1859**	**478075**	**1084240718**	**225862532**
按国民经济行业大类分组 Grouped by Sector				
非金属矿采选业 Non－metallic Mining				
其他采矿业 Mining of Others Ores	1	572	994298	361924
农副食品加工业 Farm and Sideline Food Processing	34	3948	9412220	1590683
食品制造业 Food Production	25	4405	3480554	790817
酒、饮料和精制茶制造业 Liquor, Beverage and Refined Tea Production	5	421	953713	263391
烟草制品业 Tobacco Processing	1	271	408530	170316
纺织业 Textile Industry	12	3211	5572473	1465732
纺织服装、服饰业 Carments, Shoes and Hats Products	9	5921	3220697	758118
木材加工和木、竹、藤、棕、草制品业 Timber Processing, Bamboo, Cane, Palm Fiber and Straw Products	4	409	993254	218480
家具制造业 Furniture Manufacturing	7	663	644554	161336

11－4 续 表 一 Continued 1

项 目 Item	企业数 (户) Number of Enterprises (unit)	从业人数 (人) Employees (person)	总产值 (千元) Total Output Value(1 000 yuan)	增加值 (千元) Value Added (1 000 yuan)
造纸和纸制品业 Papermaking and Paper Products	16	2451	6642429	1180155
印刷和记录媒介复制业 Printing and Record Processing	40	7041	7647809	2096470
文教、工美、体育和娱乐用品制造业 Cultural, Educational and Sports Goods	13	1217	1754764	453429
石油加工、炼焦和核燃料加工业 Petroleum Processing, Coking and Nucless Fuel Processing	8	210	266026	74740
化学原料和化学制品制造业 Raw Chemical Material and Chemical Products	72	13289	66121214	17307401
医药制造业 Medical and Pharmaceutical Products	93	23598	34641662	11855858
化学纤维制造业 Chemical Fiber Manufacturing	59	8211	19822870	3816544
橡胶和塑料制品业 Rubber and Plastic Products	93	15046	30409353	7596940
非金属矿物制品业 Non－metal Material Products	8	13447	94837126	14813559
黑色金属冶炼和压延加工业 Smelting and Pressing of Ferrous Metals	6	353	1781608	406840
有色金属冶炼和压延加工业 Smelting and Pressing of Ferrous Metals	94	20280	35776847	6676788
金属制品业 Metal Products	119	15115	22052381	4551377

11-4 续 表 二 Continued 2

项 目 Item	企业数（户） Number of Enterprises (unit)	从业人数（人） Employees (person)	总产值（千元） Total Output Value(1 000 yuan)	增加值（千元） Value Added (1 000 yuan)
通用设备制造业 General Purpose Machinery Manufacturing	171	25648	35711659	8356396
专用设备制造业 Special Purpose equipment Manufacturing	407	110092	329605451	67576778
汽车制造业 Automobile Industry	26	5624	8171222	987157
铁路、船舶、航空航天和其他运输设备制造业 Railway, Ship, Aerospace and Other transportation Equipment	202	39874	96082372	16397579
电气机械和器材制造业 Eletric Machinery and Equipment	195	124617	239006996	48335886
计算机、通信和其他电子设备制造业 Computer, Telecommunication and Other Electronic Devices	94	14353	12255113	3641723
仪器仪表制造业 Instruments and Meters Machinery	5	743	614930	113404
其他制造业 Other Industry	19	1333	7234395	930365
废弃资源综合利用业 Utilization of Discard Resource and Material	6	14004	5509849	1591709
金属制品、机械和设备修理业 Mineral Products, Machinery and Repair of Equipment	7	1255	1957855	1171794
电力、热力生产和供应业 Electric, Heat Pouer Procuction and Supply	2	172	287337	51347
水的生产和供应业 Tap Water Production and Supply	6	281	369156	97494

11－5 规模以上工业企业科技活动情况(2020－2021年)

项目 Item	R&D活动企业(个) Number of Enterprises with R&D Activities (unit)			R&D人员合计(人) R&D Personels (person)		
	2021	2020	增幅(%)	2021	2020	增幅(%)
总计 Total	**997**	**919**	**8.5**	**54974**	**47023**	**16.9**
一、按企业规模分组 Grouped by Enterprise Scale						
大型 Large	58	57	1.8	27970	21686	29.0
中型 Medium	153	156	－1.9	11417	10712	6.6
小型 Small	756	676	11.8	14975	14233	5.2
微型 Micro	30	30	0	612	392	56.1
二、按登记注册类型分组 Grouped by Type of Registration						
内资企业 Domestic Enterprises	909	826	10.0	47938	40794	17.5
国有企业 State－owned Enterprises	17	16	6.3	3454	2408	43.4
集体企业 Collective－owned Enterprises	0	0		0	0	
股份合作企业 Cooperative Enterprises	0	0		0	0	
联营企业 Joint－owned Enterprises	0	0		0	0	
有限责任公司 Companies of Limited Liabilities	322	304	5.9	20056	18557	8.1
股份有限公司 Share Holding Co., Ltd	83	83	0	14318	10961	30.6
私营企业 Private－owned Enterprises	487	423	15.1	10110	8868	14.0
港、澳、台商投资企业 Hongkong, Macao and Taiwan－invested Enterprises	26	24	8.3	3845	2020	90.3
外商投资企业 Foreign－invested Enterprises	62	69	－10.1	3191	4209	－24.2
三、按国民经济行业分组 Grouped by Sector						
其他采矿业 Other Minerals Mining and Processing	1	1	0	94	23	308.7
农副食品加工业 Food and Sideline Food Processing	18	15	20.0	351	189	85.7
食品制造业 Food Production	20	15	33.3	513	393	30.5
酒、饮料和精制茶制造业 Wine, Drinks and Refined Tea Processing	5	5	0	127	180	－29.4
烟草制品业 Tobacco Processing	4	3	33.3	352	310	13.5
纺织业 Textile Industry	6	8	－25.0	193	392	－50.8
纺织服装、服饰业 Textile, Garments, Shoes and Hats Products	6	3	100.0	213	154	38.3
皮革、毛皮、羽毛及其制品和制鞋业 Leather, Furs, Down and Related Products	0	0		0	0	

SCIENCE AND TECHNONOGY ACTIVITIES OF INDUSTRIAL ENTERPRIESE ABOVE DISIGNATED SIZE(2020 -2021)

R&D 经费内部支出 (万元) Funding for R&D Expenditure (10 000 yuan)			新产品开发经费支出 (万元) Funding for New Product Development Expenditures (10 000 yuan)			新产品销售收入 (万元) Revenue of New Product Sales (10 000 yuan)			专利申请数 (件) Amount of Applications Examined (unit)		
2021	2020	增幅(%)	2021	2020	增幅(%)	2021	2020	增幅(%)	2021	2020	增幅(%)
2491335	**1986283**	**25.4**	**3587686**	**2769103**	**29.6**	**26273983**	**21004311**	**25.1**	**24630**	**20283**	**21.4**
1685400	1387360	21.5	2223445	1837906	21.0	14219118	13881761	2.4	13278	11285	17.7
364201	286710	27.0	565919	376533	50.3	5353709	3965041	35.0	3180	2653	19.9
420146	305570	37.5	771290	510981	50.9	6521589	2951883	120.9	7913	6147	28.7
21588	6642	225.0	27031	43684	-38.1	179568	205627	-12.7	259	198	30.8
2264582	1788632	26.6	3119372	2438507	27.9	18001166	13542969	32.9	23337	19058	22.5
141738	135440	4.7	94338	113240	-16.7	1010831	489858	106.4	1660	1350	23.0
0	0		987	0		20147	0		1	0	
0	0		442	0		0	0		0	0	
0	0		352	81	335.6	0	0		5	0	
1360987	1050546	29.6	1886227	1408405	33.9	8331938	8593961	-3.0	12762	10936	16.7
510696	437316	16.8	656361	616316	6.5	4109405	3053714	34.6	4184	3388	23.5
251161	165330	51.9	480666	300466	60.0	4528844	1405437	222.2	4725	3384	39.6
83201	45908	81.2	132439	62617	111.5	399314	494929	-19.3	267	379	-29.6
143552	151743	-5.4	335875	267979	25.3	7873504	6966413	13.0	1026	846	21.3
1548	774	100.1	0	0		0	0		8	8	0
9016	1441	525.6	17807	10360	71.9	307732	106157	189.9	150	85	76.5
5032	3090	62.9	16426	8105	102.7	207497	55304	275.2	182	137	32.8
1215	2842	-57.3	3922	3301	18.8	96425	2147	4391.4	43	51	-15.7
11814	15118	-21.9	12560	14061	-10.7	422349	1134965	-62.8	829	701	18.3
1400	3033	-53.9	8310	17903	-53.6	285763	41440	589.6	79	72	9.7
4490	2601	72.6	18291	4537	303.2	243133	41979	479.2	69	68	1.5
0	0		9602	0		166150	0		10	0	

11－5 续 表

项 目 Item	R&D 活动企业（个） Number of Enterprises with R&D Activities（unit）			R&D 人员合计（人） R&D Personels（person）		
	2021	2020	增幅（%）	2021	2020	增幅（%）
木材加工和木、竹、藤、棕、草制品业 Timber Processing, Wood, Bamboo, Cane, Palm and Straw Products	1	4	－75.0	16	70	－77.1
家具制造业 Furniture Manufacturing	6	4	50.0	63	15	320.0
造纸和纸制品业 Papermaking and Paper Products	4	5	－20.0	106	72	47.2
印刷和记录媒介复制业 Printing and Record Processing	21	19	10.5	503	378	33.1
文教、工美、体育和娱乐用品制造业 Culture, Education, Art, Sports and Recreation Products	4	5	－20.0	57	68	－16.2
石油加工、炼焦和核燃料加工业 Petroleum Processing, Coking Products and Nuclear Fuel Processing	5	4	25.0	34	24	41.7
化学原料和化学制品制造业 Raw Chemical Material and Chemical Products	41	42	－2.4	1292	1165	10.9
医药制造业 Medical and Pharmaceutical Products	62	60	3.3	2151	2218	－3.0
化学纤维制造业 Chemical Fiber Manufacturing	0	0		0	0	
橡胶和塑料制品业 Rubber and Plastic Products	29	32	－9.4	631	585	7.9
非金属矿物制品业 Nonmetal Material Products	58	50	16.0	1597	1394	14.6
黑色金属冶炼和压延加工业 Smelting and Pressing of Ferrous Metals	4	5	－20.0	1417	881	60.8
有色金属冶炼和压延加工业 Smelting and Pressing of Non－ferrous Metals	4	2	100.0	56	48	16.7
金属制品业 Metal Products	80	64	25.0	2741	2182	25.6
通用设备制造业 General Piopose Machinery Manufacturing	70	48	45.8	1973	1869	5.6
专用设备制造业 Special Purpose equipment Manufacturing	113	102	10.8	3853	3005	28.2
汽车制造业 Automobile Industry	126	123	2.4	5674	6020	－5.7
铁路、船舶、航空航天和其他运输设备制造业 Railway, Ship, Aerospace and Other transportation Equipment	18	18	0	3393	2736	24.0
电气机械和器材制造业 Eletric Machinery and Equipment	105	97	8.2	3863	4557	－15.2
计算机、通信和其他电子设备制造业 Telecommunication Equipment, Computer and Other Electronic Equipment Manufacturing	108	115	－6.1	20684	15569	32.9
仪器仪表制造业 Instruments, Meters, Machinery	59	53	11.3	1873	1589	17.9
其他制造业 Other Manufacturing	6	3	100.0	154	80	92.5
废弃资源综合利用业 Vtilization of Discard Resource and Material	3	4	－25.0	55	63	－12.7
金属制品、机械和设备修理业 Mineral Products, Machinery and Repair of Equipment	4	3	33.3	317	236	34.3
电力、热力生产和供应业 Electric, Steam and Hot Water Production and Supply	5	5	0	607	500	21.4
燃气生产和供应业 Gas Production and Supply1	0	1	－100.0	0	34	－100.0
水的生产和供应业 Water Production and Supply	1	1	0	21	24	－12.5

11－5 Continued

R&D 经费内部支出（万元）Funding for R&D Expenditure (10 000 yuan)			新产品开发经费支出（万元）Funding for New Product Development Expenditures (10 000 yuan)			新产品销售收入（万元）Revenue of New Product Sales (10 000 yuan)			专利申请数（件）Amount of Applications Examined (unit)		
2021	2020	增幅(%)	2021	2020	增幅(%)	2021	2020	增幅(%)	2021	2020	增幅(%)
215	675	-68.2	1020	138	641.0	999	785	27.1	0	1	-100.0
1188	465	155.8	2881	398	623.8	49176	0		224	104	115.4
1322	3053	-56.7	7622	8851	-13.9	24406	7759	214.6	116	84	38.1
8416	6465	30.2	14745	11694	26.1	113438	72699	56.0	205	156	31.4
563	889	-36.6	4641	3290	41.1	21028	13373	57.2	23	15	53.3
493	302	63.0	2233	1231	81.3	12577	2830	344.4	31	24	29.2
25932	19143	35.5	57992	37842	53.2	454186	206915	119.5	366	309	18.4
90933	64066	41.9	126778	143667	-11.8	801484	811125	-1.2	448	517	-13.3
0	0		0	0		0	0		7	0	
26433	23595	12.0	42760	34306	24.6	712664	244502	191.5	279	173	61.3
32224	26597	21.2	83253	43878	89.7	1074783	544399	97.4	492	304	61.8
84655	69010	22.7	282883	185016	52.9	1003463	725850	38.2	424	371	14.3
1466	217	576.2	991	1237	-19.9	55281	9943	456.0	22	11	100.0
108526	64010	69.5	113936	86274	32.1	1555488	1110138	40.1	1160	1025	13.2
55219	44632	23.7	78526	61211	28.3	915397	345067	165.3	727	639	13.8
100258	69250	44.8	156541	131902	18.7	1098815	795749	38.1	1666	1112	49.8
187206	176513	6.1	445116	362806	22.7	3655883	2596324	40.8	3874	2828	37.0
90384	71757	26.0	105884	124027	-14.6	690921	378419	82.6	697	738	-5.6
166276	149666	11.1	248282	181853	36.5	4004061	2842887	40.8	1743	1353	28.8
1319774	1043678	26.5	1588958	1218753	30.4	7822625	8594354	-9.0	8809	7923	11.2
43908	34202	28.4	78981	52380	50.8	344367	248987	38.3	873	554	57.6
2309	1306	76.8	2924	1813	61.3	32149	21865	47.0	30	14	114.3
8451	1222	591.8	15176	1031	1371.6	11494	3184	261.0	64	14	357.1
14645	6277	133.3	15144	6407	136.4	74495	45166	64.9	38	52	-26.9
85781	79871	7.4	21952	9354	134.7	15756	0		931	828	12.4
0	76	-100.0	0	0		0	0		0	0	
246	448	-45.1	1551	1477	5.0	0	0		11	12	-8.3

11－6 武汉市专利授权情况(2020－2021 年)
NUMBER OF PATENT APPLICATIONS GRANTED(2020－2021)

单位:件 (uint)

指标名称 Index Name	2020	2021
专利授权量总计 Amount of Applications Granted	58923	86379
1. 按种类分 Grouped by Type		
发　明 Creations and Inventions	14667	18553
实用新型 Utility Models	39377	61547
外观设计 Appearance Design	4879	6279
2. 按对象分 Grouped by Object		
非职务发明创造 Non－Service Invention	4391	5428
职务发明创造 Service Invention	54532	80951
高　　校 Universities	12273	15119
科研院所 Insitutions of Scientific Research	1345	1739
企　　业 Enterprises	39533	62271
机关团体 Government Agencies and Organization	1381	1822
每万人口发明专利拥有量 Number of Invention Patents Per 10,000 Population	51.87	60.2
每万人口高价值发明专利拥有量 Number of High－Value Invention Patents Per 10,000 Population	21.45	24.46

11－7 各级各类教育分年度基本情况(2017－2021 年)
BASIC STATISTICS ON INSTITUTIONS OF EDUCATION(2017－2021)

单位:人 (person)

指标名称 Index Name	2017	2018	2019	2020	2021
学校数(所) Number of Innstitutions(unit)					
普通高等院校 Institutions of Higher Eucation	84	84	83	83	83
普通中学 Regular Secondary Schools	367	374	378	384	399
技工学校 Technical Schools	28	23	25	26	35
中等职业学校 Vocationcl Secondary Schools	105	101	100	99	99
小　学 Primary Schools	601	621	623	611	610
盲、聋、哑学校 Schools for the Blind and the Deaf and the Dumb	9	9	9	9	9
毕业生数 Number of Graduates					
普通高等院校 Institutions of Higher Eucation	266299	251781	252703	269088	274532
普通中学 Regular Secondary Schools	99138	98951	104543	108145	111192
技工学校 Technical Schools	8973	5262	5722	5856	5302
中等职业学校 Vocational Secondary Schools	26155	27855	25710	25274	25686
小　学 Primary Schools	72933	75759	80290	87222	93897
盲、聋、哑学校 Schools for the Blind and the Deaf and the Dumb	239	344	338	365	535
招生数 New Student Enrollment					
普通高等院校 Institutions of Higher Eucation	274404	283732	299976	329418	322411
普通中学 Regular Secondary Schools	109507	113290	121608	129004	138652
技工学校 Technical Schools	11594	8156	5634	7552	13179
中等职业学校 Vocational Secondary Schools	27225	26844	26965	26766	26242
小　学 Primary Schools	102001	116139	121723	121519	132675
盲、聋、哑学校 Schools for the Blind and the Deaf and the Dumb	293	400	528	396	467

11－7 续 表 Continued

单位:人 (person)

指标名称 Index Name	2017	2018	2019	2020	2021
在校学生数 Students Enrollment					
普通高等院校 Institutions of Higher Eucation	947651	969323	1006894	1067206	1105576
普通中学 Regular Secondary Schools	315723	328361	343980	363416	388476
技工学校 Technical Schools	29361	19604	17074	18584	25603
中等职业学校 Vocational Secondary Schools	83861	80551	79739	80438	80123
小　学 Primary Schools	534646	578681	623111	654455	697384
盲、聋、哑学校 Schools for the Blind and the Deaf and the Dumb	1970	2082	3088	2817	2890
教职员工数 Number of Teachers and Staff					
普通高等院校 Institutions of Higher Eucation	93286	91853	93409	95375	98321
普通中学 Regular Secondary Schools	39431	40398	41287	42666	40312
技工学校 Technical Schools	3032	2175	2134	2585	2600
中等职业学校 Vocational Secondary Schools	6279	6048	6105	5746	5820
小　学 Primary Schools	29698	30833	33031	34203	43271
盲、聋、哑学校 Schools for the Blind and the Deaf and the Dumb	294	315	334	343	357
专任教师数 Full－time Teachers					
普通高等院校 Institutions of Higher Eucation	58285	59008	59613	61599	62733
普通中学 Regular Secondary Schools	31286	31711	32347	33290	34947
技工学校 Technical Schools	2232	1662	1662	1941	2019
中等职业学校 Vocational Secondary Schools	4723	4607	4645	4450	4476
小　学 Primary Schools	29063	30576	33353	35105	38664
盲、聋、哑学校 Schools for the Blind and the Deaf and the Dumb	226	238	255	266	270

注:不包含研究生教育机构、成人教育高校及民办教育机构等。

Note: Postgraduate Education Institutions, Adult Education Colleges and Non－governmental Education Organizations are not inducled.

11－8 普通中学、小学专任教师学历情况(2021 年)

BASIC STATISTICS ON ACADEMIC CREDENCIALS OF FULL－TIME TEACHERS IN REGULAR SECONDARY SCHOOLS AND PRIMARY SCHOOLS(2021)

单位:人 (person)

项目	Item	普通中学 Regular Secondary Schools 合计 Subtotal	高中 Senior	初中 Junior	小学 Primary Schools
专任教师总计	**Total Number of Full－time Teachers**	**34947**	**12604**	**22343**	**38664**
高等学校本科毕业及以上	Graduated from Regular College Course and above	33721	12570	21151	30762
高等学校专科毕业	Graduated from Specialized Subject(three Years)	1216	34	1182	7480
高中毕业及以下	Graduated from Senior Secondary Schools and below	10	0	10	422
比　重(%)	**Proportion of Full－time Teachers(%)**				
高等学校本科毕业及以上	Graduated from Regular College Course and above	96.49	99.73	94.66	79.56
高等学校专科毕业	Graduated from Specialized Subject(three Years)	3.48	0.27	5.29	19.35
高中毕业及以下	Graduated from Senior Secondary Schools and below	0.03	0.00	0.04	1.09

11－9 平均每一专任教师负担的学生数情况(2017－2021 年)

THE RATIO OF STUDENTS AND FULL－TIME TEACHERS(2017－2021)

单位:人 (person)

项目	Item	2017	2018	2019	2020	2021
普通高等学校	Institutions of Higher Education	16.26	16.55	16.89	17.33	17.62
中等专业学校	Specialized Secondary Schools	16.28	15.91	15.35	15.49	17.90
技工学校	Technical Schools	13.15	12.63	11.92	15.07	12.68
普通中学	Regular Secondary Schools	10.09	10.35	10.63	10.92	11.12
#高　中	Senior	9.16	9.35	9.71	9.99	10.12
初　中	Junior	10.64	10.94	11.16	11.44	11.68
小　学	Primary Schools	18.4	18.93	18.68	18.64	18.04

11－10　平均每万人口在校学生数情况(2020－2021 年)
STUDENT ENROLLMENT PER 10 000 POPULATION(2020－2021)

单位:人　　　　(person)

项　目	Item	2020	2021
高等教育	Higher Education	1002	942
中等职业教育	Secondary Vocational Education	80	77
普通高中	Regular High School	97	93
义务教育	Compulsory Education	729	702
学前教育	Pre－primary Education	290	279

11－11　幼 儿 园 基 本 情 况(2017－2021 年)
BASIC STATISTICS ON KINDERGARTENS(2017－2021)

单位:人　　　　(person)

项　目	Item	2017	2018	2019	2020	2021
幼儿园数(所)	Number of Kindergartens(unit)	1391	1511	1794	1850	1929
在园幼儿数	Student Enrollment	302075	318026	357311	357320	380975
教职员工数	Number of Staff and Teachers	41073	46181	54343	56223	61274
#园　长	Chiefs of Kindergartens	2353	2514	3023	3091	3278
教　师	Teachers	19903	22021	25778	26341	28785
保健员	Health Workers	9406	10571	12134	12618	13725
平均每一专任教师负担幼儿	Ratio of Students and Kinder－garten Teachers	15.18	14.44	13.86	13.56	13.64

11-12 普通中小学和职业中学校舍情况(2017-2021年)
BASIC STATISTICS ON SCHOOLHOUSE OF REGULAR SECONDARY SCHOOLS, PRIMARY SCHOOLS AND VOCATIONAL SCHOOLS(2017-2021)

单位:万平方米 (10 000sq. m)

项目	Item	2017	2018	2019	2020	2021
学校数(所)	**Number of Schools(unit)**					
普通中学(所)	Regular Secondary Schools(unit)	367	374	378	384	399
小 学(所)	Primary Schools(unit)	601	621	623	611	610
学校占地面积	**Area of Schools**					
普通中学	Regular Secondary Schools	1317.26	1374.66	1404.45	1421.82	1494.76
职业中学	Vocational Secondary Schools	257.27	249.17	255.37	227.74	241.07
小 学	Primary Schools	919.24	970.58	1001.47	1000.07	1027.27
校舍建筑面积	**Floor Space of School Building**					
普通中学	Regular Secondary Schools(unit)	600.31	642.85	661.88	683.66	762.57
职业中学	Vocational Secondary Schools	176.91	171.76	175.19	168.74	160.16
小 学	Primary Schools	380.98	407.33	423.88	440.52	497.00
本年新增面积	**Newly Increased Floor Space of Building**					
普通中学	Regular Secondary Schools(unit)	16.11	56.39	28.00	35.29	107.50
小 学	Primary Schools	29.92	38.02	30.66	28.15	81.70
危险房屋面积	**Floor Space of Buildings with Danger of Collapse**					
普通中学	Regular Secondary Schools(unit)	0.24	0	0	0	0
小 学	Primary Schools	0	0	0	0	0

11-13 文化产业机构和人员情况(2020-2021年)

NUMBER OF INSTTUTIONS AND PERSONNEL IN CULTURAL INSTITUTIONS(2020-2021)

项目	Item	机构数(个) Number of Institutions(unit)		从业人员数(人) Number of Persons Engaged(person)	
		2021	2020	2021	2020
总计	**Total**	**3277**	**2142**	**24567**	**24004**
艺术业	Art Institutions	30	31	2750	2553
其中:艺术表演团体	Art Performance Troupes	17	18	2095	2066
艺术表演场馆	Art Performance Places	13	13	655	452
图书馆业	Libraries	22	16	922	821
群众文化业	Public Culture	188	184	1147	779
其中:群众艺术馆(文化馆)	Public Art Centers and Cultural Centers	15	15	574	343
文化站	Cultural Centers	173	170	604	436
艺术教育业	Art Education	2	2	228	524
文化市场经营机构	Cultural Operation Organization	2887	1757	14338	14056
文艺科研	Art Research	1	2	25	67
文物业	Cultural Relics	99	102	1901	1999
其他文化	Other Cultural Units	48	64	3256	3674

11 - 14　文化部门艺术表演场所演出情况(2020 - 2021 年)
BASIC STATISTICS ON PERFORMANCE OF CULTURAL DEPARTMENT(2020 - 2021)

指标名称	Index Name	2020	2021
剧　场(个)	Theaters(unit)	13	12
剧场座席(万个)	Seating - room of Theaters(10 000 seats)	1.13	1.27
演出场次(万场)	Number of Performances(10 000 shows)	0.07	0.27
#艺术场次(万场)	Number of Art Performances(10 000 shows)	0.07	0.09
观众人次(万人次)	Number of Spectators(10 000 person - times)	30.32	89.67
#艺术观众(万人次)	Number of Spectators for Art	22.96	56.31
总收入(万元)	Total Income(10 000 yuan)	4140.9	11266.1
#艺术演出收入(万元)	Income From Art Performances	2358.3	6101.7
总支出(万元)	Total Expenditures(10 000 yuan)	7906.8	16341.4

11 - 15　群众艺术馆、文化馆(2017 - 2021 年)
STATISTICS ON MASS ART CENTERS AND CULTURAL CENTERS(2017 - 2021)

指标名称 Index Name	2017	2018	2019	2020	2021
机构数(个) Number of Institutions(unit)	15	15	15	15	15
举办展览个数(个) Number of Exhibitions(unit)	167	167	201	140	212
组织文艺活动次数(次) Art Performances and Culture Sessions(times)	1353	1503	1211	887	1255
举办培训班(班次) Training Courses(times)	707	1274	1554	634	2712
培训人次数(千人次) Number of Persons Completing Courses(1000 person - times)	15.4	9.56	18.00	7.80	18.61
组织品牌节庆活动(个) Number of Brand Festival Activities(unit)	62	63	63	52	110

11－16 公共图书馆基本情况(2017－2021 年)
BASIC STATISTICS ON PUBLIC LIBRARIES(2017－2021)

指标名称 Index Name	2017	2018	2019	2020	2021
机构数(个) Number of Institutions(unit)	17	16	17	16	16
藏　书(万册) Collections(10 000 volumes)	1627.44	1676.24	1776.04	1836.13	1916.08
实际持证读者数(万个) Number of Certified Readers(10 000 unit)	88.07	105.63	105.11	131.63	141.41
图书流通人次(万人次) Total Number of Circulation(10 000 person－times)	778.15	800.68	825.71	329.59	597.53
为读者举办各种活动(次) Service Activities Provided for Readers(times)	1970	1662	1996	843	1699
参加人次(万人次) Number of Readers Involved(10 000 person－times)	96.39	90.12	106.87	27.19	80.71
本年新购图书(万册) Number of Books Purchased During the Year(10 000 Volumes)	93.28	89.31	100.47	61.18	471.06
公用房屋建筑面积(万平方米) Floor Space of Public Building(10 000sq. m)	18.68	18.96	18.96	19.13	19.21
阅览室座席数(万个) Seats of Reading Rooms(10 000 seats)	1.22	1.22	1.27	1.20	1.26

11－17 广播电视基本情况(2017－2021 年)
BASIC STATISTICS ON BROADCASTING AND TELEVISION(2017－2021)

指标名称 Index Name	2017	2018	2019	2020	2021
广播电台(座) Broadcasting Stations(seat)	1	1	0	0	0
电视台(座) Television Stations(seat)	1	1	0	0	0
广播电视台(座) Radio Television Stations(seat)	6	6	7	7	7
调频、电视转播发射台(座) FM and Television Transmitting Stations(seat)	8	7	7	7	7
电视发射机(部) Television Transmitting Stations(unit)	5	5	20	18	18
广播节目套数(套) Number of Broadcasting Programs(seat)	9	9	9	8	8
公共广播节目每日播出时间(时、分) Average Public Broadcasting Hours per Day(hour、minute)	137:51:00	152:12:23	151:01:11	155:43:00	149:00:00
电视节目套数(套) Number of Television Programs(seat)	11	11	11	11	11
公共电视节目每日播出时间(时、分) Average Public Television Hours per Day(hour、minute)	144:36:15	210:42:52	208:06:07	210:23:00	225:10:00

11-18 博物馆基本情况(2017-2021 年)
STATISTICS ON MUSEUMS(2017-2021)

指标名称	Index Name	2017	2018	2019	2020	2021
机构数(个)	Number of Centers(unit)	74	74	87	90	93
全部职工人数(人)	Total Number of Staffs(person)	1527	1586	1706	1780	1832
藏　　品(件)	Cultural Relics of Collection(case)	606995	633040	968138	973727	986966
参观人次(万人次)	Vistors(10 000 person-times)	1325.41	1677.64	1747.16	486.30	1221.07
总收入(万元)	Total Income(10 000 yuan)	45860.90	71645.10	56755.00	51253.80	62776.40
总支出(万元)	Total Expenditures(10 000 yuan)	55384.30	63401.50	57522.20	53035.90	65634.30

11－19 医疗卫生机构情况(2021 年)

指标名称	Index Name	机构数(个) Institions (unit)	床位数(张) Beds (bed)	在岗职工数(人) Staffs (person)
总计	**Total**	6585	97682	155249
医院	**Hospitals**	364	84948	108364
综合医院	General Hospitals	164	56359	72414
中医医院	Hospitals of Chinese Medicine	45	6867	7930
中西医结合医院	Hospitals of Chinese and Westen Medicine	17	4883	6517
专科医院	Specialized Hospitals	132	16359	21260
护理院	Nursing Hospitals	6	480	243
基层医疗卫生机构	**Basic Medical Institutions**	6089	10238	38166
社区卫生服务中心(站)	Community Health Service Centers	336	5893	11382
卫生院	Health Centers	73	4009	5429
乡镇卫生院	Rural Township Hospitals	59	3487	4724
街道卫生院	Urban Township Hospitals	14	522	705
村卫生室	Village Clinic	1741	0	2705
门诊部	Out－pactient Department	1515	336	13714
诊所、卫生所、医务室	Clinic and Clinic Infirmary	2424	0	4936
专业公共卫生机构	**Professional Medical Public Institutions**	70	2396	7772
疾病预防控制机构	Disease Prevention and Treatment Centers	19	0	1632
专科疾病防治院(所、站)	Specialized Hospitals for Disease Control and Prevention	14	590	739
健康教育所(站、中心)	Institute for Health Education	1	0	19
妇幼保健院(所、站)	Maternity and Child Health Care	15	1806	4403
急救中心(站)	First Aid Center	4	0	205
采供血机构	Blood Services	1	0	366
卫生监督所(中心)	Health Supervision Institution	16	0	408
计划生育技术服务机构	Family Planning Technical Service Institutions	0	0	0
其他卫生机构	**Others**	62	100	947

STATISTICS ON MEDICAL INSTITUTIONS(2021)

卫生技术人员(人) Health Technicians (Person)	执业(助理)医师(人) Certified Assistant Doctors (Person)	执业医师(人) Certified Doctors(Person)	药师(士)(人) Pharmacists(Person)	注册护士(人) Enrolling Nurses(Person)
127455	47041	44087	4982	62735
89233	30319	29520	3529	46830
60986	20567	20278	2252	32395
6742	2519	2406	534	3091
5468	2038	2005	226	2690
15876	5152	4799	509	8558
161	43	32	8	96
31103	14320	12268	1285	13142
9755	3658	3360	578	4538
4540	1878	1248	252	1665
3963	1634	1075	215	1478
577	244	173	37	187
521	437	174	0	84
11519	5793	5118	295	4875
4768	2554	2368	160	1980
6655	2293	2208	164	2675
1311	609	582	11	106
585	241	212	49	208
10	2	2	0	7
3973	1348	1329	98	2131
103	60	57	1	37
288	33	26	5	186
385	0	0	0	0
0	0	0	0	0
464	109	91	4	88

11－20　医院业务工作开展情况(2020－2021年)
BASIC STATISTICS ON HOSPITAL BUSINESS(2020－2021)

指标名称	Index Name	2020	2021
机构数(个)	Number of Institutions(unit)	6446	6585
诊疗总人次数(万人次)	Number of Clients(10 000 person－times)	5450.26	8933.71
#门、急诊人次数(万人次)	Number of Outpacients and Emergency (10 000 person－times)	6165.37	8185.15
出院人数(万人)	Number of Discharged Patients(10 000 persons)	195.76	283.3
病床平均周转次数(次)	Average times of Beds Usage(time)	23.3	31.0
病床平均工作日(日)	Average Day of Beds Usage(day)	240.3	277.9
病床使用率(%)	Utilization Rate of Beds(%)	65.65	76.14
出院者平均住院日(日)	Average Days for Hospitalization Discharged(day)	10.1	8.8

11－21　卫生机构等级情况(2021年)
HEALTH INSTITUTIONS BY LEVEL(2021)

指标名称 Index Name	合计	三级	二级	一级	其他
医院 Hospitals	364	67	73	101	123
综合医院 General Hospitals	164	33	23	56	52
中医医院 Hospitals of Chinese Medicine	45	4	10	18	13
中西医结合医院 Hospitals of Chinese and Westen Medicine	17	4	3	7	3
民族医院 Minortiy Hospitals	0	0	0	0	0
专科医院 Specialized Hospitals	132	26	37	20	49
护理院 Nursing Hospital	6	0	0	0	6
妇幼保健院(所、站) Maternity and Child Health Care	15	1	13	0	1
专科疾病防治院(所、站) Specialized Hospitals for Disease Control and Prevention	14	0	0	0	14

11－22 居民十种主要疾病死亡构成及顺位(2021年)
DEATH RATE AND COMPOSITION OF 10 MATOR DISEASES(2021)

死因排序 RATE	死亡病因 Cause of Death	死亡率(1/10万) Death Rate (per 100000 Persons)	构成比(%) Constitution
第一位 First	恶性肿瘤 Malignant Tumour	172.52	27.42
第二位 Second	脑血管病 Cerebrovascular Disease	134.40	21.37
第三位 Third	心脏病 Heart Trouble	122.69	19.50
第四位 Fourth	损伤中毒 Trauma and Toxicosis	48.92	7.78
第五位 Fifth	呼吸系统疾病 Respiratory Disease	45.62	7.25
第六位 Sixth	内分泌营养代谢疾病 Disease about endocrine, nutritionl and metabolic	29.97	4.76
第七位 Seventh	消化系统疾病 Digestive Disease	14.06	2.23
第八位 Eighth	神经系统疾病 Nervous System Disease	9.38	1.49
第九位 Ninth	传染病和寄生虫病 Infectious and Parasitic Diseases	6.90	1.10
第十位 Tenth	泌尿生殖系统疾病 Urinary Disease	6.53	1.04

11－23 医疗卫生事业对居民的保证程度(2017－2021年)
NUMBER OF BEDS AND PERSONS ENGAGED IN MEDICAL AND HEALTH INSTITUTIONS PER 1000 POPULATION(2017－2021)

单位:张、人 (unit, person)

项目 Item	2017	2018	2019	2020	2021
每千人口卫生床位数 Number of Beds per 1000 Population	8.41	8.60	8.59	7.54	7.16
#每千人口医院床位数 Number of Hospital beds per 1000 Population	7.20	7.38	7.39	6.53	6.22
每千人口卫生工作人员数 Number of Medical Personnel per 100 Population	11.70	12.30	12.64	11.45	11.37
#每千人口卫生技术人员数 Number of Medical Technical Personnel per 1000 Population	9.41	9.89	10.19	9.26	9.34
每千人口医生数 Number of Doctors per 1000 Population	3.33	3.57	3.69	3.37	3.45
每千人口护师、护士数 Number of Senior and Junior Nurses per 1000 Population	4.71	4.91	5.07	4.60	4.60

11－24　社会保障基本情况(2020－2021 年)
BASIC STATISTICS ON SOCIAL SECURITY(2020－2021)

单位:万人　　(10 000 persons)

指标名称 Index Name	2020	2021
城镇职工基本养老保险参保人数 Participants of Basic Endowment Insurance for Urban Employees	531.03	571.19
城乡居民基本养老保险参保人数 Participants of Basic Endowment Insurance for Urban and Rural Residents	137.62	140.00
失业保险参保人数 Participants of Unemployment Insurance	277.06	301.34
工伤保险参保人数 Participants of Work－related Injury Insurance	333.24	398.91
生育保险参保人数 Number of People Participanting in Maternity Insurance	283.16	333.69
职工基本医疗保险参保人数 Number of People Participanting in Basic Medicial Care Insurance for Employees	504.97	548.45
城乡居民基本医疗保险参保人数 Number of People Participanting in Basic Medicial Care Insurance for Urban and Rural Residents	477.78	488.64

11－25　体育事业基本情况(2020－2021 年)
BASIC STATISTICS ON SPORTS AFFAIRS(2020－2021)

指标名称 Index Name	2020	2021
体育局系统职工人数(人) Number of staff and Workers in Sports Bureau(person)	675	677
#市　属(人) Municipal Units(person)	286	297
优秀运动队人数(人) Number of Personnel of Excellent Sports Teams(person)	30	30
等级裁判员人数(人) Number of Referees in Grades(person)	91	105
等级运动员发展人数(人) Number of Newly Increased Athletes in Grades(person)	345	85
少年儿童业余体校(所) Sparetime Sports Schools for Children(unit)	13	13
在校学生人数(人) Students Enrollment(person)	3820	4064
全市举办运动会次数(次) Number of Games Held in the City(time)	6	1
参加运动会运动员人数(人) Number of Atheltes Involved in the Games(person)	58561	38000

注:体育局系统职工人数中,不含省直在汉部分数据。

Note:Number of staff and workers in Sports Bureau doesn´t include provincial government employees who work in Wuhan.

11 - 26 残疾人事业基本情况(2020 - 2021 年)
BASIC STATISTICS ON DISABLED PERSONS(2020 - 2021)

指标名称 Index Name	计量单位 Unit	2020	2021
康复 **Rehabilitation**			
精准康复服务覆盖率 Coverage of Accurate Renabilitation Serrices	%	>90%	>90%
残疾儿童康复救助人次 Rehabilitation of Persons With Disabled Childred	人次 person	3591	3027
残疾儿童康复训练定点机构 Designated Agency of Rehabilitation for Disabled Children	个 unit	49	43
辅助器具服务机构 Service Agency for Assistive Devices	个 unit	14	14
教育 **Education**			
特殊教育普通高中在校生 Students at Special Education Senior High Schools	人 person	200	209
普通高等院校录取人数 Disabled Students Admitted to Higher Education Instiutions	人 person	61	63
就业 **Employment**			
当年新增残疾人就业人数 Number of New Invalids Employed In The Year	人 person	1002	837
社会保障 **Social Security**			
残疾居民参加城乡社会养老保险人数 Disabled residents in Urban and Rural Social endowment Insurance	人 person	73583	128078
扶贫 **Poverty Alleviation**			
培训残疾人 Trained Persons with Disabilities	人次 person	1939	1807
维权 **Bights Protection**			
残疾人法律援助工作站 Legal aid Workstation for Persons with Disabilities	个 unit	13	13
为残疾人提供法律咨询服务 Legal Consultancy Service for Disabled Persons	次 time	344	339
残疾人机动轮椅车燃油补贴 Fuel Subsidy for Motor Wheelchairs of PWDs	人 person	2604	2667
组织建设 **Organization Development**			
残疾人专职委员 Full - time Commissioner for Persons with Disabilities	人 person	3127	3219
残疾人人口库持证残疾人 PWDswith Disability Certificate in the PWD Database	万人 10 000 persons	17.87	17.86

11－27 优抚和社会福利事业情况(2021 年)
STATISTICS ON SOCIAL WELFARE HOMES(2021)

指标名称	Index Name	2021
优抚事业	**Preferential Treatment Policy**	
单位数(个)	Number of Homes(unit)	5
床位数(张)	Number of Beds(unit)	700
年末收养人员(人)	Number of Persons Housed(person)	729
享受伤残抚恤金人数(人)	Number of Persons Enjoying Disability Benfit(person)	6334
定期抚恤金人数(人)	Number of Persons Who Have Regular Pension(person)	700
定期补助人数(人)	Number of Persons Who Have Regular Subsides(person)	22676
社会福利	**Social Welfare**	
社会福利院单位数(个)	Number of Social Welfare Home(unit)	14
床位数(张)	Number of Beds(unit)	9348
在院总人数、天数(人、天)	Number of Hospitalizations(person,day)	1071765
市儿童福利院(个)	Number of Children's Welfare Institution(unit)	1
年末集中供养孤儿数(人)	Support the Orphan(person)	446

11－28 婚姻登记情况(2021 年)
STATISTICS ON MARRIAGES(2021)

地区	District	准予登记结婚数（对） Registered Marriages (couples)	准予离婚（对） Ratifications for Divorces (couples)
全　市	**Whole City**	**75699**	**31051**
江岸区	Jiang'an	6450	3242
江汉区	Jianghan	5035	2155
硚口区	Qiaokou	3755	1811
汉阳区	Hanyang	5968	2387
武昌区	Wuchang	8287	3892
青山区（武汉化工区）	Qingshan (Wuhan Chemical Indurstry Park)	5473	1645
洪山区	Hongshan	8194	2948
东西湖区	Dongxihu	3757	1579
蔡甸区	Caidian	2789	1068
江夏区	Jianxia	4755	1930
黄陂区	Huangpi	6530	2489
新洲区	Xinzhou	5214	1877
武汉经济技术开发区（汉南区）	Wuhan Economic Technological Development Zone (Hannan)	2634	1220
东湖新技术开发区	East Lake High－Tech Development Zone	6528	2686
东湖生态旅游风景区	East Lake Ecotoutism Scenic Zone	330	122

11－29 市属公证、律师机构及人员(2017－2021 年)
NUMBER OF NOTARIAL INSTITUTIONS AND PERSONNEL ENGAGED AT MUNICIPALITY LEVEL AND BELOW(2017－2021)

指标名称	Index Name	2017	2018	2019	2020	2021
公证机构	**Notarial Institutions**					
公证机构数(个)	Number of Notarial Institutions(unit)	13	13	14	14	14
市　级(个)	Municipality Level(unit)	7	7	8	8	8
区　级(个)	District Level(unit)	6	6	6	6	6
公证人员数(人)	Number of Notarial Personnel(person)	282	296	210	324	127
办理各类公证(件)	Number of Notarial Documnets Issued(piecces)	274861	187003	186993	123048	177588
律师事务所	**Law Offices**					
律师事务所(个)	Number of Law Offices(unit)	331	373	410	447	493
市　级(个)	Municipality Level(unit)	88	87	88	88	86
区　级(个)	District Level(unit)	243	286	322	359	407
律师事务所实有人数(人)	Number of Staff and Workers in Law Offices(person)	6387	7742	8741	9087	9823
#专业律师(人)	Full－time Lawyers(person)	5531	6832	7126	7682	8383
兼职律师(人)	Part－time Lawyers(person)	206	215	302	292	303

11－30　市属民事纠纷调解情况(2021 年)
STATISTICS ON CIVIL DISPUTES MEDIATED AT MUNICIPALITY LEVEL AND BELOW(2021)

单位:件　　　　(case)

指标名称	Index Name	2021
一、调解纠纷合计	Number of Civil Disputes Mediated	81831
二、调解成功纠纷	Number of Cases Successfully Mediated	81803
三、本年突出纠纷	Highlight Disputes in the Year	
#婚姻家庭纠纷	Family Disputes	6637
邻里纠纷	Neighborhood Disputes	39731
房屋纠纷	Housing Disputes	265
四、防止民间纠纷转化为刑事案件	Preventing the Conversion of Civil Disputes into Criminal cases	70

注:从 2021 年起婚姻家庭纠纷数不包含邻里纠纷。

Note:Since from 2021, the date of family disputes doesn´t contain neighborhood disputes.

11－31　社会治安及安全情况(2021 年)
BASIC STATISTICS ON CRIMINAL AND OFFENSE CASE(2021)

指标名称	Index Name	2021
刑事治安案件	**Criminal Cases Registered**	
刑事发案总数(起)	Number of Criminal Cases Registered(case)	72325
刑事破案总数(起)	Number of Criminal Cases Cracked(case)	17718
治安案件受理(起)	Number of Offense Cases Registered(case)	87351
治安案件查处(起)	Number of Offense Cases Disposed(case)	84194
交通事故	**Traffic Accidents**	
次　数(次)	Number of Traffic Accidents(case)	2961
死　亡(人)	Deaths(person)	393
伤　人(人)	Injuries(person)	2984
损失折款(万元)	Losses Converted into Cash(10 000 yuan)	689.4
火灾情况	**Fires**	
次　数(次)	Number of Fires(case)	1942
死　亡(人)	Deaths(person)	14
伤　人(人)	Injuries(person)	9
损失折款(万元)	Losses Converted into Cash(10 000 yuan)	2074.6

11-32 检察机关办理各类案件情况(2021年)
STATISTICS ON VARIONS CASES PROCESSED BY PROCURATORATE(2021)

指标名称 Index Name	2021
刑事执行监督工作 **Supervision of Criminal Execution**	
羁押必要性审查(人) Number of Persons Examined for Necessity of detention(person)	1688
对刑罚执行和监管活动违法提出书面纠正(件) Written Rectification of Illegal Punishment Execution and Supervision(case)	543
其中:已纠正(件) Total of Rectified(case)	542
民事、行政检察工作 **Civil and Administrative Prosecution**	
民事、行政生效裁判调解书监督(件) Supervision of Mediation Letter on Civil and Administrative Effective Judgment(case)	927
对民事、行政审判活动监督(件) Supervision on Civil and Administrative Trial(case)	123
其中:提出检察建议(件) Giving procuratorate suggestion(case)	76
对民事、行政执行活动监督(件) Supervision on Civil and Administrative Execution(case)	252
其中:提出检察建议(件) Giving procuratorate suggestion(case)	164
公益诉讼检察工作 **Prosecution in Public Interest Litigation**	
受理公益诉讼线索(件) Clues of Public Interest Litigation Received(case)	963
其中:立案(件) Cases Registered(case)	959
提起公益诉讼(件) Cases Prosecuted(case)	34
控告申诉检察工作 **Prosecution in Accusation and Petition**	
办理各类举报、控告、申诉事项(件) Cases of Reporting, Accusation and Petition(case)	1252
办理刑事赔偿申请(件) Application for Criminal Compensation(case)	11
办理司法救助案件(件) Cases of Judicial Relief(case)	239
未成年人检察工作 **Prosecution in Juvenile criminal cases**	
受理审查逮捕未成年人案件(人) Reviews Concerning the Arrest of Minors(person)	261
其中:批准逮捕(人) Authorizing Arrests(person)	95
不批捕(人) Non-arrest(person)	165
受理审查起诉未成年人案件(人) Reviews Concerning the Prosecution of Minors(person)	259
其中:提起公诉(人) Prosecuted(person)	97
不起诉(人) Non-Prosecution(person)	72
附条件不起诉(人) Conditional Non-Prosecution(person)	102

11－33 审查逮捕与审查起诉工作(2021 年)
ARRESTS AND LAWSUITS IN CRIMINAL CASES(2021)

指标名称 Index Name	2021
受理审查逮捕案件总数(件) **Number of Arrests Appealed in Criminal Cases(case)**	9992
其中:逮捕数(件) Authorizing Arrests(case)	7475
不捕数(件) Non－arrest(case)	2383
受理审查逮捕案件总数(人) **Number of Persons Appealed Arresting in Criminal Cases(person)**	14006
其中:逮捕数(人) Authorizing Arrests(person)	9868
不捕数(人) Non－arrest(person)	3904
受理审查起诉案件总数(件) **Number of Cases Appealed Prosecutions and Exempting from Prosecutions(case)**	15484
其中:起诉(件) Prosecutions(case)	11920
不起诉(件) Non－Prosecution(case)	2051
受理审查起诉案件总数(人) **Number of Persons Appealed Prosecutions and Exempting from Prosecutions(person)**	19892
其中:起诉(人) Prosecuted(person)	15477
不起诉(人) Non－Prosecution(person)	2448

11－34 环境保护基本情况(2017－2021 年)
BASIC STATISTICS ON ENVIRONMENTAL PROTECTION(2017－2021)

项目 Item	2017	2018	2019	2020	2021
一、废水排放情况 Discharge of Waste Water					
废水排放量(万吨) Total Volume of Waste Water Discharged(10 000 tons)	93849.33	102803.07	104334.09	94415.81	104881.03
其中:工业废水排放量(万吨) Volume of Industrial Waste Water Discharged(10 000 tons)	13519.83	16632.44	15437.1	11898.75	13478.9
工业化学需氧量排放量(万吨) Emission of CoD in Industrial Waster Water(10 000 tons)	0.35	0.24	0.26	0.33	0.3
工业氨氮排放量(万吨) Ammonia Nitrogen Discharge in Industrial Waster Water(10 000 tons)	0.02	0.01	0.01	0.013	0.015
二、废气排放情况 Total Volume of Waste Gas Emission					
二氧化硫排放量(万吨) Volume of Sulphur Dioxide Emission(10 000 tons)	1.84	1.58	1.57	1.96	1.84
其中:工业二氧化硫排放量(万吨) Volume of Industrial Sulphur Dioxide Emission(10 000 tons)	1.4	1.39	1.55	0.96	0.87
氮氧化物排放量(万吨) Volume of Nitrongen Oxides(10 000 tons)	4.41	3.55	3.07	2.64	2.57
其中:工业氮氧化物排放量(万吨) Emission of Industrial Nitrogen Oxides(10 000 tons)	3.75	3.18	2.96	2.25	2.15
烟粉尘排放量(万吨) Volume of Soot Emission(10 000 tons)	3.89	5.88	4.62	2.98	2.57
其中:工业烟粉尘排放量(万吨) Volume of Industrial Scot Emission(10 000 tons)	3.01	5.47	4.49	0.64	0.61
三、一般工业固体废弃物处理情况 Volume of Industrial Solid Wastes Produced					
一般工业固体废弃物产生量(万吨) Volume of Industrial Solid Waste Generated(10 000 tons)	1514.61	2001.08	2038.93	1274.88	1316.23
一般工业固体废弃物综合利用和处置量(万吨) Volume of Industrial Solid Wastes Utilized(10 000 tons)	1517.48	2034.08	2001.3	1263.02	1304.18
一般工业固体废弃物综合处置利用率(%) Percentage of Industrial Solid Wastes Utilized(%)	97.04	95.42	97.64	99.02	99.06

注:1. 2021 年所填数据未经国家审定,最终数据以国家定库后的数据为准。

2. 一般工业固体废弃物综合利用和处置量包括一般工业固体废弃物综合利用量和一般工业固体废弃物处置量,其中一般工业固体废弃物综合利用量包括综合利用往年贮存量;一般工业固体废弃物处置量包括处置往年贮存量。

3. 2021 年机动车排放源目前暂未核算,故 2020 年和 2021 年氮氧化物排放量指标均不包含机动车排放源。

Notes:1. The data of 2021 hasn´t been approved by the state for the time being. The final data shall be subject to the result approved by the state.

2. The volume of industrial solid wastes utilized includes the volume of comprehensive utilization and disposition, and the amount in previous years.

3. The emission source of 2021 motor vehicle hasn´t been approved by the state for the time being, 2020 and 2021 volume of nitrongen oxides doesn´t contains the emission source of motor vehicle.

主要统计指标解释

R&D(研究与试验发展)活动　指在科学技术领域,为增加知识总量以及运用这些知识去创造新的应用进行的系统的创造性的活动,包括基础研究、应用研究、试验发展三类活动。

基础研究　指为了获得关于现象和可观察事实的基本原理的新知识(揭示客观事物的本质、运动规律、获得新发现、新学说)而进行的实验性或理论性研究,它不以任何专门或特定的应用或使用为目的。其成果以科学论文和科学著作为主要形式。

应用研究　指为获得新知识而进行的创造性研究,主要针对某一特定的目的或目标。应用研究是为了确定基础研究成果可能的用途,或是为达到预定的目标探索应采取的新方法(原理性)或新途径。其成果形式以科学论文、专著、原理性模型或发明专利为主。

试验发展　指利用从基础研究、应用研究和实际经验所获得的现有知识,为产生新的产品、材料和装置,建立新的工艺、系统和服务,以及对已产生和建立的上述各项作实质性的改进而进行的系统性工作。其成果形式主要是专利、专有技术、具有新产品基本特征的产品,原型或具有新装置基本特征的原始样机等。在社会科学领域,试验发展是指把通过基础研究、应用研究获得的知识转变成可以实施的计划(包括为进行检验和评估实施示范项目)的过程。人文科学领域没有对应的试验发展活动。

R&D 人员　指单位内部从事基础研究、应用研究和试验发展三类活动的人员。包括直接参加上述三类项目活动的人员以及这三类项目的管理人员和直接服务人员,为研发活动提供直接服务的人员包括直接为研发活动提供资料文献、材料供应、设备维护等服务的人员。

R&D 经费支出　指调查单位在报告年度内用于内部开展 R&D 活动(基础研究、应用研究和应用发展)的实际支出。包括用于 R&D 项目(课题)活动的直接支出,以及间接用于 R&D 活动的管理费、服务费、与 R&D 有关的基本建设支出以及外协加工费等。不包括生产性活动支出、归还贷款支出以及与外单位合作或委托外单位进行 R&D 活动而转拨给对方的经费支出。

普通高等学校　指按照国家规定的设置标准和审批程序批准举办,通过国家统一招生考试,招收高中毕业生为主要培养对象,实施高等教育的全日制大学、独立设置的学院和高等专科学校、短期职业大学。

成人高等学校　指按照国家有关规定审批,招收通过全国成人高教统一招生考试的具有高中毕业或同等学历的在职从业人员利用脱产、半脱产、业余或函授等多种形式对其实施高等学历教育,培养高等教育专科或本科毕业水平的专门人才,修业年限、课程设置和总学时数均按高等学历教育要求付诸实施的学校。包括广播电视大学,职工高等学校、农民高等学校、管理干部学院。教育学院。独立设置的函授学院等。

独立研究与开发机构　指有明确的任务和研究方向,有一定学术水平的业务骨干和一定数量的研究人员,具有研究,开发、开展学术工作的基本条件,主要进行科学研究与技术开发活动,并且在行政上有独立的组织形式,财务上独立核算盈亏,有权与其他单位签订合同,在银行有单独户头的单位。包括国务院各部门、中国科学院、中国社会科学院和各省、自治区、直辖市以及地(市)以上〔含地(市)〕各部门所属的国有独立的科学研究与技术开发机构。

独立研究与开发机构职工　指在科学研究与技术开发机构工作,并由其支付工资的人员。包括长期职工和临时职工,不包括编制以外的离休、退休人员和停薪留职人员,但包括招聘人员。

专利授权量　指报告期内由专利行政部门授予专利权的件数,是发明、实用新型、外观设计三种专利授权量的总和。

高价值发明专利　主要是指符合国家重点产业发展方向、专利质量较高、价值较高的有效发明专利,主要包括 5 种情况:一是战略性新兴产业的发明专利;二是在海外有同族专利权的发明专利;三是维持年限超过 10 年的发明专利;四是实现较高质押融资金额的发明专利;五是获得国家科学技术奖或中国专利奖的发明专利。

发明　指专利法及其实施细则所称的发明,指对有关产品、方法或其改进所提出的新的技术方案。

实用新型　指专利法及其实施细则所称的实用新型,指对产品的形状、构造或者其结合所提出的适于实用的新的技术方案。

外观设计　专利法及其实施细则所称的外观设计是指对产品的形状、图案、色彩或者其结合所作出的富有美感并适于工业上应用的新设计。

文化事业机构　指从事专业文化工作和为专业文化工作服务的独立建制的单位。不包括这些单位另外举办独立核算的其他机构和各部门的业余文化组织。

艺术表演团体　指从事戏曲、音乐、舞蹈、杂技等专业艺术表演,有独立帐户的单位。不包括半工半艺、半农半艺和民间职业剧团。

等级运动员人数　指经考核正式批准授予等级运动员称号的人数。运动员等级分为国际级运动健将、运动健将、一级运动员、二级运动员、三级运动员、少年级运动员。

等级裁判员人数　指经考核正式批准授予等级裁判员称号的人数。裁判员等级分为国际裁判、国家级裁判、一级裁判、二级裁判、三级裁判。

医院　指名称为医院,设有固定床位能收容病人住院并能为病人提供医疗、护理服务的医疗机构。包括县及县以上医院、农村乡卫生院、其他医院三部分。按所属性质分为卫生部门、工业及其他部门,集体经济单位三类。其中县及县以上医院按业务性质分为综合医院和专科医院。

卫生技术人员 指卫生事业机构支付工资的全部固定职工和合同制职工中现任职务为卫生技术工作的专业人员。包括中医师,西医师、中西医结合高级医师、护师、中药师、西药师、检验师,其他技师、中医士、西医士、护士、助产士、中药剂士、西药剂士、检验士、其他技士、其他中医、护理员、中药剂员、西药剂员、检验员,其他初级卫生技术人员。

医生 指经卫生部门审查合格,从事医疗工作的专业人员。分为中医医生和西医医生。包括卫生技术人员中的中医师、西医师、中西医结合高级医师、中医士、西医士和其他中医。

社会福利事业单位 指集中收养社会孤老、残、幼的机构。包括由民政部门管理的社会福利院、儿童福利院、精神病人福利院和城镇集体办的福利院 以及农村集体举办的敬老院。

社会福利事业单位收养人数 包括民政部门管理的和城镇及农村集体举办的社会福利事业单位中收养的老人、少年儿童、缺乏生活自理能力的残疾人员和精神病人。

律师 指受聘参加法律顾问处工作,担任法律顾问、刑(民)事代理人、刑事辩护人,办理非诉讼事件、解答法律询问,代写法律事务文书等主要从事律师业务的专职法律工作者和兼职律师。

公证人员 指在国家公证机关依法办理公证事务的司法人员。包括公证员、助理公证员和在公证处工作的其他人员。

办理公证文书 指公证处在一定时期内办结的公证文书件数。公证文书系按司法部规定或批准的格式制作。包括国内公证和涉外公证两部分。其中国内公证分为经济合同公证和民事法律关系公证两大类。

工业废水排放达标量 指各项指标都达到国家或地方排放标准的外排工业废水量,包括未经处理外排达标的和经过处理后外排达标的两部分。国家排放标准见 GB8978—88。

工业废气排放量 指企业厂区内燃料燃烧和生产工艺过程中产生的各种排粉空气的含有污染物的气体的总量,以标准状态〔273K,101325Pa〕计。

工业粉尘排放量 指企业在生产工艺过程中排放的颗粒物重量。如钢铁企业的耐火材料粉尘、焦化企业的筛焦系统粉尘,烧结机的粉尘、石灰窑的粉尘、建材企业的水泥粉尘等。不包括电厂排入大气的烟尘。

工业固体废物产生量 指企业在生产过程中产生的固体状、半固体状和高浓度液体状废弃物的总量,包括危险废物、冶炼陂渣、粉煤灰、炉渣、煤矸石、尾矿、放射性废物和其他废物等;不包括矿山开采的剥离废石和掘进废石(煤矸石和呈酸性或碱性的废石除外)。酸性或碱性废石是指采掘的废石其流经水、雨淋水的 pH 值小于 4 或 pH 值大于 10. 5 者。

“三废”综合利用产品产值 指利用“三废”(废液、废气、废渣)作为主要原料生产的产品产值(现行价),已经销售或准备销售的,应计算产品产值;但留作生产ヒ自用的,不应计算产品产值。

Explanatory Notes on Main Statistical Indicators

Research and Development(R&D) refers to systematic and creative activities in the field of science and technology aiming at increasing the onowledge and using the knowledge for new application. R&D includes 3 categories of activities: basic research, applied research and experiments and development.

Basic Research Refer to experimental and theoretical researches in order to obtain new knowledge about phenomena and observable facts to the basic principle(to reveal the essence and motion law of the objective things, obtain new discoveries, new theories). It is not for the purpose of any special or specific application or use. The results forms are the scientific papers, monographs in major.

Application research Refers to creative study in order to obtain new knowledge, mainly for a particular purpose or goals. Application research is to determine the possible use of the basis results of research, or exploring new methods (the original rational) or new ways should be taken for achieving the goal. The results forms are the scientific papers, monographs, original rational model or patents for inventions in major.

Experimental Development refers to systematic work of using existing knowledge from basic research, application research and practical experience, to produce new products, materials and devices, build new technology, systems and services, and improve the production and the establishment of the above – mentioned substantial. The results forms are mainly patents, proprietary technology, products and prototypes with basic characteristics of new products, or original prototypes with basic characteristics of the new devices. In the social science area, test development refers to process of converting the knowledge obtained from basic research, application research into plans could be implemented (including the implementation of demonstration projects for inspection and assessment). Humanities area has no corresponding test development activities.

R&D Personnel Refers to personnels engaged in basic research, application research and experimental development activities in units. Including personnels directly participating in the above three kinds of project activities and management and service personnels of the three kinds of projects, and personnels providing direct service for r&d including directly provide information literature, material supply, equipment maintenance and other services.

R&D Expenditure Refers to the actual expenditure of investigation unit used for internal R&D activities (basic research, application research, development of application) in the annual report. Includeing direct spending for R&D items (projects), and indirectly spending for R&D active management, service, and the basic construction spending related to R&D activities and outsourcing processing fee, etc. productive activities expenses, and loan repayment expenses, and expenses turing to other units by cooperating with other units or entrusting other units for R&D activities.

Regular Institutions of Higher Learning refer to educational establishments set up according to the government evaluation and approval procedures, enrolling graduates from senior secondary schools and providing higher eduction courses and training for senior Drofessionals. They include full – time universities, colleges, high professional schools and short – term professional universities.

Institutions of Higher Learning for Adults refer to educational establishments, set up in line with relevant rules approved by the government , enrolling staff and workers with senior secondary school or equivalent education, and providing higher education courses in many forms of full – time, part – time, spare – time, or correspondence for adults. In these institutions, where professionals are trained with higher education specialist or undergraduate course graduate level, length of schooling, curriculum offering and the total number of class hours are set and put into practice in accordance with the requirements of higher curricula education. Institutions of higher learning for adults include Radio and TV universities, school of high education for staff and workers and peasants, colleges for management cadres, pedagogical colleges, and independent correspondence colleges.

Independent Research and Development Institutions refor to the state – – owned institutions that have direct mission and research purpose. a certain number of core members with higher research level and a certain number of research personnel, favorable conditions for R&D and engaging in scientific research and technological development. The institutions also have their own independent organization and finance, authority to sign contracts with other units, with their own accounts in banks. Independent Research and Development Institutions contains stated – owned, independent scientific research and technology development organizations belong to ministries of State Council, Chinese Academy of Sciences, Chinese Academy of Social Sciences and ministries of provinces, autonomous regions, municipalities and others at or above the level of cities.

Personnel of independent Research and Development Institutions refers to the persons who work and receive payment inresearch and development institutions. It includes regular full – time and temporary staff and workers, but excludes retirees and persons who leave their work temporarily without payment but still retain their posts.

Patent Applications Granted refer to the number of patent applications granted by the patent office. It is the sum of creation&invention , utility model and apperrance design.

High – Value Invention Patent refer to the Valid invention patent which is in line with the national key industry development direction, has high quality and value, contains 5 main situations: 1. Invention patent of strategic emerging industries; 2. Invention patent with the same patent rights at overseas; 3. Inventions that last for more than 10 years; 4. Invention patent that realizes higher pledge financing finance; 5. Invention patent that has won the State Science and Technology Award or China Invention Patent Award.

Inventions refer to the inventions as specified by the patent law and its detailed rules and regulations for implementation. They refer to the new technical proposals to the products or methods or their modifications.

Utility Models refer to the utility models as specified by the patent law and its detailed rules and regulations for implementation. They refer to the practical and new technical proposals on the shape and structure of the product or the combination of both.

Appearance Designs refer to the designs as specified by the patent law and its detailed rules and regulation for implementation. They refer to the aesthetics and industry applicable new designs for the shape, pattern and color of the product, or their combinations.

Cultural Institutions refer to units that have their own organizational system and independent accounting system and specialize in or serve cultural development. They exclude other establishments with independent accounting system run by these cultural institutions and amateur cultural groups established by various departments.

Art Troupe refers to the troupe which is engaged in drama, opera, music, dance, acrobatics or other art performance, opens independent accounts with banks and has self supporting accounting system. excluding the troupes which are engaged partly in industrial or agricultural activities, partly in art performance and the professional troupes organized by the people.

Number of Athletes in Grades refers to the number of athletes who have been given titles through examination. The tides of athletes include international masters of sports, masters of sports, first – grade, second – grade and third – grade sportsmen and young athletes.

Number of Referees in Grades refers to he number of referees who have been given titles after examination. They are classifled as international referees. national referees and referees of the first, second and third grades.

Hospitals refer to medical institutions named as" hospital" with permanent hospital beds. which are able to take in – patients and Drovide them with medical and nursing services. Hospitals are classified into three categories: hospitals at or above the county level, hospitals of vural townships. and other hospitals. According to their ownership, hospitals can be classified into three categories: hospitals under the public health departments, hospitals under industrial and other departments and collective – owned hospitals. Hospitals at or above county 1evel are divided into comprehensive and specialized hospitals. according to business nature.

Medical Technical Personnel refers to all permanent medical staff and workers employed by medical institutions, includingdoctors Of Chinese and Western medicine. senior doctors who integrate traditional Chinese therapeutics with Western therapeutics in practice, senior nurses, pharmacists of Chinese and Western medicine, laboratory specialists, other specialists, paramedics of Chinese and Westem medicine, nurses, midwives, druggists in Chinese and Western medicine, laboratory technicians, other technicians, other practiffoners Of Chinese medicine. nursing attendants. pharmacological workers of Chinese and Western medicine, laboratory workers, and other primary medical personnel.

Doctors refer to qualified professional medical workers approved to practice by public health departments. They are classified in to doctors Of Chinese medicine. doctors of Western medicine, senior doctors who integrate traditional Chinese therapeutics with Western therapeutics in practice, paramedicS of Chinese medicine and Western medicine, and other specialists of Chinese medicine.

Social Welfare Institutions refer to institutions taking care of old people without children, handicapped people and orphans, They include social weflare institutions run by civil affairs departments, children's welfare institutions, social welfare institutions for mental patients, and collective – owned old peopleS homes in rural areas.

Number of People Taken in by Social Welfare institutions refers to the number of old people, children, totally dependent handicapped people and mental patients taken in by social welfare institutions run by civil" affairs departments and those run by collective units in urban and rural areas

Lawyers are legal workers who are employed by legal counseling firms to act as legal advisers, agents in criminal or civil lawsuits, or defenders in criminal lawsuits, or to handle non litigious legal affairs, to advise on matters of law or to write legal papers for others. Both full – time and part – time lawyers are included.

Notary Personnel refer to judicial workers of the state notary offices handling notarization work according to law.

They include notaries, assistant notaries, and other people working for notary offices.

Notarized refer to the wuinber of documents settled by notary offices in a certain period. The notarized documents are drawn up in ac – cordance with the regulations of the Ministry of Justice. including domestic documents and foreign related documents. Domestic documents are divided into two major categories。 documents on economic contracts and documents on civil legal relations.

Volume of Industrial Waste Water up to the Standard for Discharge refers to the volume of discharged industrial waste water that, with or without treatment, has come up to the national or local standards for discharge. For the national standards for discharge, plese see GB8978 – 88.

Volume of Industrial Waste Gas Emission refers to the volume waste gas emitted from burning of fuels and from production process in the area of the factory, and is weasured by standard condotion [273k, 101325Pa].

Volume of Industrial Soot Discharged refers to the volume of solid soot, in the smoke discharged in the process of fuel burning in the area of the factory.

Volurme of Industrial Dust Discharged refers to the total weight of solid dust discharged by industrial enterprises in the production process, such as dust of refractory materials from iron plants, dust from coke screening system or from sintering machines of coking plants, dust from lime kilns, cement dust from building material enterprises, etc. , but excluding smoke and dust discharged by power plants.

Volume of industrial Solid Wastes Produced refers to the total volume of solid. semi – solid or highconcentration liquid residue produced by industrial enterprises in their production process, including dangerous wastes, residues from melting, slag, powdered coal ash, gangue, chemical residues, tailings, radioactivc residues; and other residues, but excluding stripped or dug stones in mining(except gangue and acid or alkali stones which stones are washed or soaked by water with a PH value smaller than 4 or larger than 1 0. 5.)

Output Value or Products Made from Utilization of Waste Gas. Waste Water and industrial Solid Wastes refers to the value of products(calculated at current prices) made by industrial enterprises using recovered waste water, waste gas or solid wastes as main raw materials. Only the value of the products that have been sold or are ready to be sold should be included. The value of the products that will be used in the production of the enterprises should not be included.

十二、分区资料

STATISTICS FOR DISTRICT

资料整理人员：张晓勇　吴　麒　徐志黎　黄　萍　帅国豪　王保汉
陈　巍　唐均祥

STAFF FOR DATA PROCESSING：

Zhang Xiaoyong　Wu Qi　Xu Zhili　Huang Pin　Shuai Guohao　Wang Baohan
Chen Wei　Tang Junxiang

简要说明

本篇资料包括分区人口、生产总值、财政收入、规模以上工业主要经济指标、乡村人口与劳动力、耕地面积、农业投入、农林牧渔业产值、主要农作物产量、乡镇企业基本情况、城镇和农村常住居民人均可支配收入、固定资产投资、社会消费品零售额等。有关资料来源与计算方法详见本年鉴各相关分篇说明。

Brief Description

The data in this chapter include population by district, gross domestic product by district, government revenue by district, main economic indicators of industrial enterprises above designated size by district, rural population and labor forces by district, area under cultivation by district, consumption of agricultural producer goods by district, gross agricultural output value by district, yield of farm crops by district, basic conditions of township enterprises by district, per capita dosposable income of urban residents and rural residents, total investment infixed assets by district, total retail sales of consumer goods by district etc. Sources and computational method related data see relevant materials in details in this yearbook.

12 -1 分区户籍人口(2021 年)
STATISTICS ON HOUSEHOLD POPULATION BY DISTRICT(2021)

单位:人 (person)

地区 District	总人口 Total	男 Male	女 Female	城镇人口 Urban population	出生人口 Borned Population
全市 Whole City	**9341016**	**4738994**	**4602022**	**7026069**	**82962**
江岸区 Jiang'an	812820	400616	412204	812820	6015
江汉区 Jianghan	522946	259797	263149	522946	3701
硚口区 Qiaokou	546111	271384	274727	546111	3384
汉阳区 Hanyan	569424	285925	283499	569424	6095
武昌区 Wuchang	1054906	528046	526860	1054906	6607
青山区(武汉化工区) Qingshan(Wuhan Chemical Indurstry Park)	458168	229856	228312	458168	2540
洪山区 Hongshan	745357	384820	360537	745357	9003
汉南区 Hannan	117456	58977	58479	67312	836
蔡甸区 Caidian	472849	238164	234685	146630	3563
江夏区 Jiangxia	666628	342699	323929	357510	7187
黄陂区 Huangpi	1166368	592332	574036	293724	9506
新洲区 Xinzhou	959492	503373	456119	310614	7420
武汉经济技术开发区 Wuhan Economic Technological Development Zone	210784	108723	102061	210784	2508
东湖新技术开发区 East Lake High - Tech Development Zone	609542	320437	289105	571267	9788
临空港开发区(东西湖区) Wuhan Airport Economic Development Zone(Dongxihu)	382352	190873	191479	312683	4390
东湖生态旅游风景区 East Lake Ecotourism Scenic Zone	45813	22972	22841	45813	419

注:从 2015 年起,公安户籍数据调整统计口径,由原来的农业人口、非农业人口调整为乡村人口、城镇人口。

Note:Statistic caliber of population data has changed since 2015, urban and rurall population data replacing agricultural and non - agricultural population data

12－2　分区常住人口(2019－2021年)
STATISTICS ON PERMANET POPULATION BY DISTRICT(2019－2021)

单位:万人　　　　(10 000 persons)

地　区 District	2019	2020	2021
全　市 Whole City	**1121.20**	**1244.77**	**1364.89**
江岸区 Jiang'an	96.28	96.53	105.10
江汉区 Jianghan	72.98	64.79	68.90
硚口区 Qiaokou	86.89	66.67	75.00
汉阳区 Hanyan	67.00	83.73	90.00
武昌区 Wuchang	126.62	109.28	127.00
青山区(武汉化工区) Qingshan(Wuhan Chemical Indurstry Park)	57.54	46.33	56.30
洪山区 Hongshan	118.08	172.88	175.20
蔡甸区 Caidian	47.19	55.44	61.46
江夏区 Jiangxia	71.15	97.47	105.50
黄陂区 Huangpi	102.80	115.16	123.10
新洲区 Xinzhou	91.60	86.04	92.85
武汉经济技术开发区(汉南区) Wuhan Economic Technological Development Zone (Hannan)	44.90	52.15	61.80
东湖高新技术开发区 East Lake High－Tech Development Zone	69.37	101.61	118.38
武汉临空港经济技术开发区(东西湖区) Wuhan Airport Economic Development Zone (Dongxihu)	60.13	84.58	91.70
东湖生态旅游风景区 East Lake Ecotourism Scenic Zone	8.67	12.12	12.60

注:青山区含武汉化工区数据,武汉经济技术开发区含汉南数据。

Note:The data of Qingshan including Wuhan Chemical Indurstry Park, The data of Wuhan Economic Technological Development Zone Including Hannan.

12-3 分区常住人口城镇化率(2019-2021年)
URBANIZATION RATE OF PERMANENT POPULATION(2019-2021)

单位:% (%)

地区 District	2019	2020	2021
全市 Whole City	**83.84**	**84.31**	**84.56**
江岸区 Jiang'an	100.00	100.00	100.00
江汉区 Jianghan	100.00	100.00	100.00
硚口区 Qiaokou	100.00	100.00	100.00
汉阳区 Hanyan	100.00	100.00	100.00
武昌区 Wuchang	100.00	100.00	100.00
青山区(武汉化工区) Qingshan(Wuhan Chemical Indurstry Park)	95.29	96.43	95.35
洪山区 Hongshan	97.80	98.94	98.94
蔡甸区 Caidian	45.30	48.74	50.08
江夏区 Jiangxia	58.35	60.67	61.00
黄陂区 Huangpi	51.05	53.22	53.66
新洲区 Xinzhou	53.07	53.88	54.38
武汉经济技术开发区(汉南区) Wuhan Economic Technological Development Zone (Hannan)	84.12	86.34	86.68
东湖高新技术开发区 East Lake High-Tech Development Zone	95.20	94.91	94.92
武汉临空港经济技术开发区(东西湖区) Wuhan Airport Economic Development Zone (Dongxihu)	73.21	77.61	77.62
东湖生态旅游风景区 East Lake Ecotourism Scenic Zone	93.50	97.82	97.83

注:青山区含武汉化工区数据,武汉经济技术开发区含汉南数据。

Note:The data of Qingshan Including Wuhan Chemical Indurstry Park, The data of Wuhan Economic Technological Development Zone Including Hannan.

12－4　按行政区分常住人口(2019－2021 年)
STATISTICS ON PERMANET POPULATION BY DISTRICT(2019－2021)

单位:万人　　(10 000 persons)

地　区 District	2019	2020	2021
全　市 Whole City	**1121.20**	**1244.77**	**1364.89**
江岸区 Jiang'an	96.28	96.53	105.10
江汉区 Jianghan	72.98	64.79	68.90
硚口区 Qiaokou	86.89	66.67	75.00
汉阳区 Hanyan	67.00	83.73	90.00
武昌区 Wuchang	128.54	110.22	128.10
青山区 Qingshan	52.90	43.18	51.30
洪山区 Hongshan	171.29	255.43	271.10
东西湖区 Dongxihu	60.13	84.58	91.70
汉南区 Hannan	13.60	14.51	16.10
蔡甸区 Caidian	78.49	93.08	107.16
江夏区 Jiangxia	98.70	130.85	144.48
黄陂区 Huangpi	102.80	115.16	123.10
新洲区 Xinzhou	91.60	86.04	92.85

注:行政区常住人口中:武昌区含东湖生态旅游风景区 1.10 万人,洪山区含东湖新技术开发区 79.40 万人、东湖生态旅游风景区 11.50 万人和武汉化工区 5.00 万人,蔡甸区含武汉开发区 45.70 万人,江夏区含东湖新技术开发区 38.98 万人。

Note:The resident population of Wuchang district includes 11.0 thousand people of East Lake Ecotourism Scenic Zone, Hongshan district includes 794.0 thousand people of East Lake High－Tech Development Zone, 115.0 thousand people of East Lake Ecotourism Scenic Zone, 50.0 thousand people of Wuhan Chemical Indurstry Park. Caidian district includes 457.0 thousand people of Wuhan Economic and Technological Development Zone, Jiangxia district includes 389.8 thousand people of East Lake High－Tech Development Zone.

12-5 按行政区分常住人口城镇化率(2019-2021年)
URBANIZATION RATE OF PERMANENT POPULATION BY DISTRICT(2019-2021)

单位:% (%)

地区 District	2019	2020	2021
全市 Whole City	**83.84**	**84.31**	**84.56**
江岸区 Jiang'an	100.00	100.00	100.00
江汉区 Jianghan	100.00	100.00	100.00
硚口区 Qiaokou	100.00	100.00	100.00
汉阳区 Hanyan	100.00	100.00	100.00
武昌区 Wuchang	100.00	100.00	100.00
青山区 Qingshan	100.00	100.00	100.00
洪山区 Hongshan	96.36	98.39	98.39
东西湖区 Dongxihu	73.21	77.61	77.62
汉南区 Hannan	68.70	72.77	72.78
蔡甸区 Caidian	63.46	66.06	66.67
江夏区 Jiangxia	66.97	67.02	67.92
黄陂区 Huangpi	51.05	53.22	53.66
新洲区 Xinzhou	53.07	53.88	54.38

12-6 分区地区生产总值(一)(2021年)
GROSS DOMESTIC PRODUCT BY DISTRICT(TABLE 1)(2021)

单位:亿元　　(100 million yuan)

地区 District	地区生产总值 Gross Dometic Product	比上年增长(%) Growth Rate in 2020over 2019(%)	第一产业 Primary Industry	比上年增长(%) Growth Rate in 2021over 2020(%)
江岸区 Jiang'an	1470.27	13.6	0.00	/
江汉区 Jianghan	1438.46	8.2	0.00	/
硚口区 Qiaokou	900.02	9.4	0.00	/
汉阳区 Hanyang	792.86	12.5	0.00	/
武昌区 Wuchang	1664.44	10.4	0.00	/
青山区(武汉化工区) Qingshan (Wuhan Chemical Indurstry Park)	907.15	19.8	9.06	9.3
洪山区 Hongshan	1131.54	8.3	1.54	5.3
蔡甸区 Caidian	405.29	8.5	55.32	7.9
江夏区 Jiangxia	1010.23	14.0	111.71	8.4
黄陂区 Huangpi	1165.53	13.0	137.03	8.9
新洲区 Xinzhou	1003.65	8.6	89.32	9.0
武汉经济技术开发区(汉南区) Wuhan Economic Technological Development Zone(Hannan)	1861.31	10.0	17.15	4.9
东湖高新技术开发区 East Lake High-Tech Development Zone	2401.44	16.8	5.44	50.0
武汉临空港经济技术开发区 (东西湖区) Wuhan Airport Economic Development Zone (Dongxihu)	1576.06	13.8	17.65	2.3

注:本表GDP总量数据中,有的不等于各产业(行业)之和,是由于数据修约误差所致,未作机械调整。

Note:The compositon of gross domestic product hasn't been adjusted,the items don't add up to the total.

12－7 分区地区生产总值(二)(2021年)
GROSS DOMESTIC PRODUCT BY DISTRICT(TABLE 2)(2021)

单位:亿元　　(100 million yuan)

地区 District	第二产业 Secondary Industry	比上年增长(%) Growth Rate in 2021over 2020(%)	第三产业 Tertiary Industry	比上年增长(%) Growth Rate in 2021over 2020(%)
江岸区 Jiang'an	257.09	16.5	1213.18	13.1
江汉区 Jianghan	67.01	－13.4	1371.44	9.5
硚口区 Qiaokou	209.24	－4.5	690.78	14.4
汉阳区 Hanyang	168.78	9.3	624.09	13.4
武昌区 Wuchang	184.14	6.2	1480.30	10.9
青山区(武汉化工区) Qingshan (Wuhan Chemical Indurstry Park)	559.52	19.2	338.56	21.1
洪山区 Hongshan	255.23	5.0	874.77	9.2
蔡甸区 Caidian	159.32	3.4	190.64	13.2
江夏区 Jiangxia	403.58	18.9	494.95	11.7
黄陂区 Huangpi	399.66	11.5	628.85	14.9
新洲区 Xinzhou	477.93	6.4	436.40	11.0
武汉经济技术开发区(汉南区) Wuhan Economic Technological Development Zone(Hannan)	1196.02	9.8	648.14	10.4
东湖高新技术开发区 East Lake High－Tech Development Zone	1058.21	22.3	1337.80	13.0
武汉临空港经济技术开发区(东西湖区) Wuhan Airport Economic Development Zone (Dongxihu)	808.07	11.9	750.34	16.0

12－8 分区财政收入(2021年)
GOVERNMENT REVENUE BY DISTRICT(2021)

单位:亿元 (100 million yuan)

地区 District	地方一般公共预算收入 Local General Public Budget Revenue	比上年增长(%) Growth Rate in 2021 over 2020(%)
全市 Whole City	**1578.65**	**28.3**
江岸区 Jiang'an	106.61	31.1
江汉区 Jianghan	134.33	39.6
硚口区 Qiaokou	60.68	24.6
汉阳区 Hanyang	99.33	30.9
武昌区 Wuchang	140.13	28.0
青山区(武汉化工区) Qingshan(Wuhan Chemical Indurstry Park)	66.47	35.7
洪山区 Hongshan	106.57	17.7
蔡甸区 Caidian	39.78	16.4
江夏区 Jiangxia	78.51	20.4
黄陂区 Huangpi	54.01	8.1
新洲区 Xinzhou	51.36	15.3
武汉经济技术开发区(汉南区) Wuhan Economic Technological Development Zone(Hannan)	148.77	20.8
东湖新技术开发区 East Lake High－Tech Development Zone	194.55	41.3
武汉临空港经济技术开发区(东西湖区) Wuhan Airport Economic Development Zone (Dongxihu)	123.92	19.8
东湖生态旅游风景区 East Lake Ecotourism Scenic Zone	31.25	220.1

12－9 分区规模以上工业主要经济指标(2021年)
MAIN INDUTRIAL INDEX BY DISTRICT(2021)

单位:亿元 (100 million yuan)

地区 District	企业单位数(个) Number of Enterprise(unit)	流动资产合计 Total Circulating assets	固定资产净额 Net Fixed Assets	营业收入 Sales Income
全市 Whole City	**3135**	**9956.76**	**5103.24**	**15449.52**
江岸区 Jiang'an	23	40.40	3.51	32.02
江汉区 Jianghan	13	19.26	2.63	10.05
硚口区 Qiaokou	26	110.81	107.74	117.68
汉阳区 Hanyang	48	171.74	26.33	188.50
武昌区 Wuchang	27	64.97	18.32	65.52
青山区 (武汉化工区) Qingshan (Wuhan Chemical Indurstry Park)	104	564.91	577.20	1908.62
洪山区 Hongshan	110	383.94	38.48	290.43
蔡甸区 Caidian	350	281.20	77.96	619.59
江夏区 Jiangxia	319	582.11	297.22	1297.23
黄陂区 Huangpi	349	268.90	97.26	1052.05
新洲区 Xinzhou	305	456.17	164.52	652.41
武汉经济技术开发区(汉南区) Wuhan Economic Technological Development Zone(Hannan)	513	2787.74	466.83	2964.85
东湖新技术开发区 East Lake High－Tech Development Zone	554	2806.07	1424.76	3029.91
武汉临空港经济技术开发区(东西湖区) Wuhan Airport Economic Development Zone(Dongxihu)	393	1310.64	608.42	2016.32

注:全市数据含湖北省直管企业,分区数据不含省直管企业。

Note:The municipal data include enterprises directly managed by Hubei Province, the data of district don't include enterprises managed by Hubei Province.

12－9 续 表 Continued

单位:亿元 (100 million yuan)

地 区 District	主营业务收入 Sales income from Principal Business	利税总额 Total Profit and Tax	应交增值税 Value－added Tax Payable	从业人员年平均人数(万人) The average number of employees (10 000 person)
全 市 Whole City	**15019.27**	**2086.61**	**370.42**	**69.27**
江 岸 区 Jiang'an	31.71	1.04	0.59	0.25
江 汉 区 Jianghan	9.90	0.11	0.31	0.36
硚 口 区 Qiaokou	113.27	16.04	2.55	1.07
汉 阳 区 Hanyang	185.76	29.50	6.52	0.97
武 昌 区 Wuchang	65.03	4.95	1.40	0.59
青 山 区 (武汉化工区) Qingshan (Wuhan Chemical Indurstry Park)	1883.35	204.48	36.13	4.48
洪 山 区 Hongshan	269.33	25.37	6.65	2.08
蔡 甸 区 Caidian	604.62	68.11	12.67	3.65
江 夏 区 Jiangxia	1259.67	186.31	37.09	4.84
黄 陂 区 Huangpi	1045.44	105.56	20.93	4.08
新 洲 区 Xinzhou	630.31	35.29	11.86	3.63
武汉经济技术开发区(汉南区) Wuhan Economic Technological Development Zone(Hannan)	2852.86	454.82	79.14	12.45
东湖新技术开发区 East Lake High－Tech Development Zone	2935.12	136.57	26.51	16.78
武汉临空港经济技术开发区(东西湖区) Wuhan Airport Economic Development Zone(Dongxihu)	1931.87	779.41	99.45	7.26

12-10 分区乡村户数、人口、从业人员(2021年)
RURAL HOUSEHOLDS, POPULATION & LABOR FORCES BY DISTRICT(2021)

单位:万人 (10 000 persons)

项目 Item	蔡甸区 Caidian	江夏区 Jiangxia	黄陂区 Huangpi	新洲区 Xinzhou	武汉经济技术开发区(汉南区) Wuhan Economic Technological Development Zone(Hannan)
一、乡村户数(万户) Rural Households(10 000 Households)	**8.99**	**12.10**	**23.80**	**19.90**	**1.87**
乡村人口 Rural Population	31.23	37.67	78.05	75.15	5.94
二、乡村从业人员合计 Total Rural Laborers	**15.79**	**21.35**	**46.20**	**41.50**	**3.01**
#女性 Female	7.36	9.50	20.62	19.75	1.37
三、国营农林牧渔场从业人员 Laborers of State-owned Farms	**0.22**	**0.24**	**1.87**	**0.00**	**0.02**
1. 农业从业人员 Agricultural Laborers	0.04	0.09	0.44	0.00	0.01
2. 非农业从业人员 Non-agricultural Laborers	0.18	0.15	1.43	0.00	0.01

12－10 续 表 Continued

单位:万人 (10 000 persons)

项　　目 Item	武汉临空港经济技术开发区（东西湖区） Wuhan Airport Economic Development Zone(Dongxihu)	东湖高新技术开发区 East Lake High－Tech Development Zone	青山区 Qingshan	洪山区 Hongshan
一、乡村户数(万户) Rural Households(10 000 Households)	**3.33**	**1.37**	**1.62**	**0.10**
乡村人口 Rural Population	9.67	4.51	3.99	0.42
二、乡村从业人员合计 Total Rural Laborers	**5.12**	**2.54**	**1.71**	**0.24**
#女　性 Female	2.43	1.25	0.79	0.11
三、国营农林牧渔场从业人员 Laborers of State－owned Farms	**0.00**	**0.00**	**0.00**	**0.00**
1.农业从业人员 Agricultural Laborers	0.00	0.00	0.00	0.00
2.非农业从业人员 Non－agricultural Laborers	0.00	0.00	0.00	0.00

12－11 分区农业投入(2021 年)
AGRICULTURAL CONSUMPTION BY DISTRICT(2021)

地　　区 District	农村用电量 (万千瓦时) Consumption of Electricity in Rural Area (10 000 kWh)	化肥施用量 (折纯,吨) Consumption of Chemical Fertilizers (100%,ton)	塑料薄膜使用量 (吨) Consumption of Plastic Film (ton)	农用柴油 (吨) Consumption of Diesel Oil for Agri. Production (ton)	农药使用量 (吨) Consumption of Pesticides (ton)
全　市 Whole City	**147066.94**	**104173**	**6093**	**18222**	**3143**
蔡甸区 Caidian	14866	11434	657	1590	452
江夏区 Jiangxia	14151	16688	613	2212	598
黄陂区 Huangpi	66882	31341	1642	5732	638
新洲区 Xinzhou	41752	33335	1069	5541	990
武汉经济技术开发区 (汉南区) Wuhan Economic Technological Development Zone(Hannan)	3612	2100	272	1716	185
武汉临空港经济技术开发区 (东西湖区) Wuhan Airport Economic Development Zone(Dongxihu)	3881	6364	940	1247	234
东湖高新技术开发区 East Lake High－Tech Development Zone	1354	1235	1	90	22
青山区(武汉化工区) Qingshan (Wuhan Chemical Indurstry Park)	248.94	1658	892	84	19
洪山区 Hanyang	320	18	7	10	5

12－12　分区按当年价格计算的农林牧渔业总产值(2021 年)
GROSS AGRICULTURAL OUTPUT VALUE AT CURRENT PRICE BY DISTRICT(2021)

单位:万元　　　　　　　　　　　　　　　　　　　　　　　　　　(10 000 yuan)

地　区 District	合　计 Total	按可比价计算的增长速度(±%) Grouth Rate According to comparable Prices(±%)	农　业 Farming	林　业 Forstry	牧　业 Animal Husbandry	渔　业 Fishery	农林牧渔服务业 Farming Forestry Animal Husbandry Fishery Services
全　市 Whole City	**7754590**	**12.4**	**4461573**	**127965**	**1088831**	**1426364**	**649856**
蔡甸区 Caidian	924214	12.3	588636	4856	68530	201666	60525
江夏区 Jiangxia	1995222	12.5	1101560	6561	437095	312529	137477
黄陂区 Huangpi	2425828	12.4	1446323	64851	354236	345121	215297
新洲区 Xinzhou	1643506	12.4	859575	50550	182903	356479	194000
武汉经济技术开发区(汉南区) Wuhan Economic Technological Development Zone(Hannan)	296136	12.3	158668	716	36271	82107	18374
武汉临空港经济技术开发区(东西湖区) Wuhan Airport Economic Development Zone(Dongxihu)	295707	12.4	145696	230	9160	128463	12158
东湖高新技术开发区 East Lake High－Tech Development Zone	35699	65.8	32720	112	635	0	2232
青山区(武汉化工区) Qingshan (Wuhan Chemical Indurstry Park)	120209	14.0	111488	24	0	0	8697
洪山区 Hongshan	18067	－3.2	16906	65	0	0	1096

注:本表 GDP 总量数据中,有的不等于各产业(区)之和,是由于数值修约误差所致,未作机械调整。

Note:The compositon of gross domestic product hasn´t been adjusted,the items don´t add up to the total.

12－13　分区农作物总产量(2021年)
GROSS OUTPUT OF FARM CROPS BY DISTRICT(2021)

单位:吨　　　　(ton)

地区 District	粮食作物 Grains	夏收粮食 Summer Grains	秋收粮食 Autumn Grains	棉花 Cotton	油料 Oil－bearing Crops
全市 Whole City	**907479**	**32745**	**789123**	**7915**	**142774**
蔡甸区 Caidian	118286	6511	111156	502	10342
江夏区 Jiangxia	204716	1601	183893	38	31773
黄陂区 Huangpi	321208	7078	283931	2743	56032
新洲区 Xinzhou	228421	152523	177598	4621	40476
武汉经济技术开发区(汉南区) Wuhan Economic Technological Development Zone (Hannan)	14639	1928	12711	0	1429
武汉临空港经济技术开发区(东西湖区) Wuhan Airport Economic Development Zone (Dongxihu)	16724	218	16506	11	293
东湖高新技术开发区 East Lake High－Tech Development Zone	3486	156	3329	0	2429
青山区(武汉化工区) Qingshan (Wuhan Chemical Indurstry Park)				0	0
洪山区 Hongshan				0	0

12－13 续 表 Continued

单位:吨 (ton)

地 区 District	麻 类 Fiber Crops	糖 料 Sugar Crops	烟 叶 Tobacco	蔬 菜 Vegetables	瓜 类 Melons
全 市 Whole City		**17886**		**8205857**	**586808**
蔡甸区 Caidian		0		1021926	194087
江夏区 Jiangxia		0		1693292	149266
黄陂区 Huangpi		6110		2682028	112705
新洲区 Xinzhou		9023		1656781	56421
武汉经济技术开发区(汉南区) Wuhan Economic Technological Development Zone(Hannan)		0		311308	37009
武汉临空港经济技术开发区(东西湖区) Wuhan Airport Economic Development Zone (Dongxihu)		2753		485374	18787
东湖高新技术开发区 East Lake High－Tech Development Zone		0		34877	11072
青山区(武汉化工区) Qingshan (Wuhan Chemical Indurstry Park)		0		302979	1784
洪山区 Hongshan		0		17292	5677

12－14　分区全社会固定资产投资同比增速(2021 年)
GROWTH RATE OF TOTAL INVESTMENT IN FIXED ASSETS IN THE WHOLE CITY BY DISTRICT(2021)

单位:%　　　　(%)

地　区	District	比上年增长(%) Growth Rate in 2021 over 2020(%)
全　市	**Whole City**	12.9
江岸区	Jiang'an	22.9
江汉区	Jianghan	－29.5
硚口区	Qiaokou	13.1
汉阳区	Hanyang	13.3
武昌区	Wuchang	31.9
青山区(武汉化工区)	Qingshan (Wuhan Chemical Indurstry Park)	26.6
洪山区	Hongshan	1.7
蔡甸区	Caidian	16.2
江夏区	Jiangxia	18.9
黄陂区	Huangpi	15.4
新洲区	Xinzhou	14.2
武汉经济技术开发区(汉南区)	Wuhan Economic Technological Development Zone(Hannan)	13.1
东湖新技术开发区	East Lake High－Tech Development Zone	20.1
武汉临空港经济技术开发区(东西湖区)	Wuhan Airport Economic Development Zone (Dongxihu)	13.7
东湖生态旅游风景区	East Lake Ecotourism Scenic Zone	－55.7

12－15 分区房地产开发投资(2021年)

THE INVESTMENT OF REAL ESTATE DEVELOPMENT BY DISTRICT(2021)

地　　区 District	房地产开发投资 (亿元) Investment in Real Eatate Development (100 million yuan)	比上年增长 (%) Growth Rate in 2021 over 2020 (%)
全　市 **Whole City**	**3254.62**	**17.2**
江　岸　区 Jiang'an	277.84	15.8
江　汉　区 Jianghan	106.20	-40.2
硚　口　区 Qiaokou	207.25	-4.1
汉　阳　区 Hanyang	413.28	7.9
武　昌　区 Wuchang	256.23	44.1
青　山　区(武汉化工区) Qingshan (Wuhan Chemical Indurstry Park)	100.29	42.6
洪　山　区 Hongshan	301.13	-3.6
蔡　甸　区 Caidian	180.68	36.0
江　夏　区 Jiangxia	185.89	14.7
黄　陂　区 Huangpi	209.90	37.2
新　洲　区 Xinzhou	160.44	38.3
武汉经济技术开发区(汉南区) Wuhan Economic Technological Development Zone(Hannan)	316.58	52.0
东湖新技术开发区 East Lake High-Tech Development Zone	253.55	24.5
武汉临空港经济技术开发区(东西湖区) Wuhan Airport Economic Development Zone (Dongxihu)	285.37	27.1

12 - 16 分区建筑业总产值(2021 年)
TOTAL GROSS OUTPUT VALUE OF CONSTRUCTION BY DISTRICT(2021)

单位:亿元 (100 million yuan)

地区 District	建筑业总产值 Gross Output Value	比上年增长(%) Growth Rate in 2021 over 2020(%)
全市 Whole City	**12292.21**	**16.1**
江岸区 Jiang'an	852.98	19.9
江汉区 Jianghan	284.24	19.5
硚口区 Qiaokou	822.45	15.3
汉阳区 Hanyang	663.32	20.5
武昌区 Wuchang	1234.79	0.1
青山区(武汉化工区) Qingshan (Wuhan Chemical Indurstry Park)	592.37	43.9
洪山区 Hongshan	2022.29	7.8
蔡甸区 Caidian	179.06	16.9
江夏区 Jiangxia	404.73	7.8
黄陂区 Huangpi	543.32	11.9
新洲区 Xinzhou	1643.03	5.4
武汉经济技术开发区(汉南区) Wuhan Economic Technological Development Zone(Hannan)	1255.67	51.8
东湖新技术开发区 East Lake High - Tech Development Zone	787.33	25.2
武汉临空港经济技术开发区(东西湖区) Wuhan Airport Economic Development Zone (Dongxihu)	1006.63	21.7

12－17 分区社会消费品零售额(2021 年)
TOTAL RETAIL SALES OF CONSUMER GOODS BY DISTRICT(2021)

单位:亿元 (100 million yuan)

地区 District	社会消费品零售额 Total Retail Sales of Consumer Goods
全市 Whole City	6795.04
江岸区 Jiang'an	536.16
江汉区 Jianghan	716.75
硚口区 Qiaokou	665.12
汉阳区 Hanyang	563.15
武昌区 Wuchang	676.29
青山区(武汉化工区) Qingshan(Wuhan Chemical Indurstry Park)	222.87
洪山区 Hongshan	548.98
蔡甸区 Caidian	163.62
江夏区 Jiangxia	348.67
黄陂区 Huangpi	677.30
新洲区 Xinzhou	600.50
武汉经济技术开发区(汉南区) Wuhan Economic Technological Development Zone(Hannan)	162.52
东湖新技术开发区 Eeast Lake High－Tech Development Zone	407.74
武汉临空港经济技术开发区(东西湖区) Wuhan Airport Economic Development Zone(Dongxihu)	482.59
东湖生态旅游风景区 East Lake Ecotourism Scenic Zone	22.79

12－18 分区单位 GDP 能耗及规模以上工业单位增加值能耗情况(2020－2021 年)
ENERGY CONSUMPTION PER 10000 YUAN GDP AND PER 10000 YUAN ADDED VALUE OF INDUSTRY ABOVE SCALE BY DISTRICTS(2020－2021)

地区 District	单位 GDP 能耗上升或下降(±%) Growth Rate of Energy consumption per 10000 yuan GDP (±%)		规模以上工业增加值能耗上升或下降(±%) Growth Rate of Energy Consumption per 10000 yuan added Value of industry above scale(±%)	
	2020	2021	2020	2021
江岸区 Jiang'an	－0.87	－2.31	－7.97	－19.05
江汉区 Jianghan	－2.79	0.21	72.29	73.28
硚口区 Qiaokou	－1.70	－2.77	－4.45	－32.94
汉阳区 Hanyang	－0.76	－2.47	1.61	－4.05
武昌区 Wuchang	－1.14	－2.60	－14.51	2.60
青山区(武汉化工区) Qingshan (Wuhan Chemical Industry Park)	－0.85	－4.99	16.94	－10.53
洪山区 Hongshan	－6.50	1.50	－31.29	3.58
蔡甸区 Caidian	－3.25	－2.21	－9.84	－2.29
江夏区 Jiangxia	0.05	－2.20	22.84	－3.99
黄陂区 Huangpi	－3.04	－2.82	－5.46	－6.39
新洲区 Xinzhou	－4.54	－2.31	－2.82	－1.10
武汉经济技术开发(汉南区) Wuhan Economic Technological Development Zone (Hannan)	－	0.92	－14.19	6.11
东湖新技术开发区 Eeast Lake High－Tech Development Zone	－	－1.30	3.16	－1.25
武汉临空港经济技术开发区(东西湖区) Wuhan Airport Economic Development Zone(Dongxihu)	－2.42	1.01	5.68	12.05

12－19　分区文化及相关产业增加值(2014－2020年)

单位:亿元

地　　区 District	2014		2015		2016	
	增加值 Added Value	占GDP比重(%) Percentage of GDP(%)	增加值 Added Value	占GDP比重(%) Percentage of GDP(%)	增加值 Added Value	占GDP比重(%) Percentage of GDP(%)
全　市 Whole City	**360.36**	**3.59**	**409.31**	**3.88**	**477.28**	**4.14**
江岸区 Jiang'an	48.26	6.33	53.51	6.29	63.47	6.71
江汉区 Jianghan	23.34	2.82	28.66	3.25	24.97	2.54
硚口区 Qiaokou	21.09	4.14	22.63	4.08	25.53	4.21
汉阳区 Hanyan	2.44	0.31	2.44	0.30	5.90	0.73
武昌区 Wuchang	99.47	12.50	99.89	10.76	104.54	10.47
青山区(武汉化工区) Qingshan (Wuhan Chemical Indurstry Park)	1.77	0.36	2.56	0.40	3.03	0.47
洪山区 Hongshan	13.14	1.94	10.28	1.66	18.46	2.66
蔡甸区 Caidian	7.74	2.21	4.16	1.56	6.89	2.36
江夏区 Jiangxia	14.40	2.47	17.92	3.03	22.19	3.29
黄陂区 Huangpi	5.31	1.02	8.44	1.21	11.35	1.46
新洲区 Xinzhou	2.10	0.41	2.00	0.33	4.99	0.75
武汉经济技术开发区(汉南区) Wuhan Economic Technological Development Zone (Hannan)	34.05		43.43		43.52	3.45
东湖新技术开发区 East Lake High－Tech Development Zone	27.26		47.43		73.76	5.54
武汉临空港经济技术开发区(东西湖区) Wuhan Airport Economic Development Zone (Dongxihu)	30.99	5.33	35.31	5.47	36.54	5.43
东湖生态旅游风景区 East Lake Ecotourism Scenic Zone	29.02		30.65		32.14	

ADDED VALUE OF REGIONAL CULTURE AND RELATED INDUSTRIES(2014－2020)

(100 million yuan)

2017		2018		2019		2020	
增加值 Added Value	占 GDP 比重 (%) Percentage of GDP(%)	增加值 Added Value	占 GDP 比重 (%) Percentage of GDP(%)	增加值 Added Value	占 GDP 比重 (%) Percentage of GDP(%)	增加值 Added Value	占 GDP 比重 (%) Percentage of GDP(%)
619.1	**4.73**	**733.19**	**4.91**	**811.98**	**5.01**	**697.29**	**4.49**
61.32	5.81	89	7.12	85.64	6.41	83.74	6.71
31.1	2.81	32.6	2.48	36.8	2.58	30.71	2.33
28.65	4.23	37	4.68	41.59	4.76	35.89	4.48
12.25	1.38	24.06	3.49	27.65	3.63	22.44	3.21
113.92	9.81	114.94	8.30	129.49	8.51	107.22	7.18
2.86	0.40	8.15	1.02	9.82	1.14	7.86	1.03
20.28	2.55	24.39	2.55	29.34	2.77	23.01	2.22
11.35	3.50	11.60	3.18	5.25	1.31	8.54	2.30
28.54	3.74	40.28	4.62	36.95	3.89	38.13	4.53
13.79	1.61	29.18	3.02	33.07	3.09	28.29	2.79
5.63	0.76	19.67	2.29	22.26	2.34	17.79	2.00
60.44	4.34	62.06	4.08	68.29	4.15	59.70	3.62
128.71	8.75	173.37	10.18	210.33	11.21	166.59	8.32
46.54	6.20	34.25	2.78	38.12	2.82	35.57	2.60
53.71		32.64		37.38		31.82	–